Mohammed Ahmed Hassen (Zakaria)

Verschollene Utopia im Jenseits der Ungewissheit

Nachahmung der Illusionsideologie

novum pocket

Bibliografische Information
der Deutschen Nationalbibliothek:

Die Deutsche Nationalbibliothek
verzeichnet diese Publikation in der
Deutschen Nationalbibliografie.
Detaillierte bibliografische Daten
sind im Internet über
http://www.d-nb.de abrufbar.

Gedruckt in der Europäischen Union
auf umweltfreundlichem, chlor- und
säurefrei gebleichtem Papier.

© 2024 novum Verlag

ISBN 978-3-903468-69-6
Umschlagfoto:
Bouh Mohammad Wais
Umschlaggestaltung, Layout & Satz:
novum Verlag
Innenabbildung: The Federal
Democratic Republic of Ethiopia
Ministry of Foreign Affairs, Addis
Ababa, 22 December 2023
Autorenfoto: Hassen Zakaria

www.novumverlag.com

Druckprodukt mit finanziellem
Klimabeitrag
ClimatePartner.com/16547-2311-1001

**Verschollene Utopia im Jenseits
der Ungewissheit**

**Horn von Afrika eine selbstgerechte Utopia in
jenseits des destruktiven Abgrunds:**

**Die Nachahmung der Illusionsideologie hat sich
zum Selbstverrat verurteilt und wurde für
Afrika zu Verhängnissen.**

Ich widme dieses Buch an meine Enkelkinder:
Nalima und Nubya Jerome
Neima/Ariane Lucas

Inhaltsverzeichnis

8

Vorwort

Diese Arbeit basiert auf meinen frühen beiden Büchern „Unbewusstheit in der Macht und negative Dialektik des sozialen und politischen Reglementierungszwangs; Fallbeispiel:

Äthiopien und Ägypten" „Die zerstörte nationale Identität und der Zerfall des Nationalstaates; -Fallbeispiel: Somalia".

Dieses Buch handelt von den Staaten, die sich nach der Unabhängigkeit, die die kolonialisierten Bevölkerungen nach einer Utopie-Verheißung erträumt haben, in einen Albtraum verwandelt haben. Das ganze Blutvergießen und die revolutionären Parolen waren nichts anderes als zynische Versprechungen und tiefe Enttäuschungen. Die Menschen erleben eine Unterdrückung, Verstümmelung und Vertreibung, die sie sich von einer elitären Klasse, die die Macht usurpiert hat, richten lassen. Leider wurde die Revolution von Anfang an von den elitären Klassen geführt, und zwar von jenen, die die Revolution als Avantgardisten geführt hatten. Diese Menschen haben sich als die neue Klasse, mit deren Familien sie sich etabliert haben, und führten und führen zu maßlosen Unterdrückungen und Korruption, die die eigne Bevölkerung in Armut und Hunger verdammten.

Die elitären Klassen, die die Macht zum eigenen Besitz machten, die sie sich während des Befreiungskampfes gegen die Kolonialherren angeeignet hatten, haben dennoch die falschen Ideologien der Kolonialherren an geerbten.

Ihre Regierungen haben mit Demut die von den alten Kolonialmächten auferlegten politischen Programme durchgeführt, ohne Rücksicht auf die demokratischen Rechte ihrer eigenen Bevölkerungen.

Wenn die Befehle des Westens, insbesondere wenn sie sich über die Menschenrechte fragen, kritisiert wurden, dann überwechselten sie die Spieltendenzen zur Stalinistisch Maoistischen Ideologie, genauer gesagt zu China oder Russland. Alles, was nicht in ihrer kulturellen Traditionelle-Lebensnorm und -räson im Klang kommen könnte und zur eignen eschatologischen Ideologie als Fremdkörper umgeschlagen hat, wurde in die afrikanischen Gesellschaften als unheilbare Krankheit überführt.

Durch diese Ideologien wurde die Kultur der Menschen in Afrika als nicht identische Wesen erschaffen. Sie hat gleichwohl die Moral-Tradition der Bevölkerungen in Afrika in der Regression der Nutzlosigkeit als archaisch verdammten. Die fremden kulturellen Ideologien haben die Abhängigkeit des Westens sowie Russlands, China in großen Massen anhaftet und jede Form von innovativer Entwicklung und Ideen der Bevölkerung zwangsweise kastrierten.

Dieses Ergebnis führte zu einer korrupten Regierung ohne Ende und führte zu einer erbarmlösen Armut, ohne Perspektive und zu einer endlosen Abhängigkeit an dem internationalen Geldgeber.

Die Ergebnisse, die sie daraus ableiten, sind der Zerfall des Rechtsstaats. Diese Form von Staatsideologien, die das Afrika von den nördlichen alten Kolonien vererbte, hat sich zum totalen Abgrund der Staatenlosen hin entwickelt.

Dieses Buch befasst sich mit drei Ländern, Somalia, Djibouti und Äthiopien.

Somalia ist ein Prototyp des totalen Zerfalls des Staatswesens, ein Staat, der praktisch keinen funktionierenden Staat noch besitzt.

Djibouti ist einer der korruptesten Staaten im Globus, die sich unter einer Familie Betriebsgewalt befindet.

Äthiopien hat seine eigene Ideologie des Äthiopianismus in den Abgrund geführt, indem sie sich weigerte, die kulturelle Vielfalt der verschiedenen Nationen in dem Empire zu nutzen. Sie hat sich ein hegemoniales Monopol, mit archaischer chauvinistischer Ideologie als Staatsform verhärtet und ließ sie sich fest verankert.

I-Kapitel

1 Einleitung: Ende des Utopia: übrig blieb Nachahmung, eine Illusionsideologie

Deshalb wird um uns so leicht betrogen. Von unten bis oben drängt sich die Ausrede ein, um alles zu beschönigen. Wer gerne tanzt, dem ist bald gepfiffen, und der Krieg hat das Seine daran enthüllt. Er wäre nicht da, wenn es kein Geschäft und keine Geschäftseimer gäbe, die am Ende von selbst laufen, und um ihn ist alles unecht gewesen[1].

Die Menschen sind in eine aussichtslose Gewalt geraten, die über ihre eigene Vorstellungskraft hinausläuft, und sich (der Gewalt) außer Kontrolle gerät, nur es bleiben zwei Alternativen: Flucht, Tod im eigenen Land oder den Tod des Odysseus.

Den Akt der Mächtigen nach eigener Beliebigkeit über den Tod und das Leben, sowie den willkürlichen Massenmordverfahren, zu entscheiden, welche der betroffenen Menschen über die Anmaßung machtlos ist, und zu bestimmen, blieb Alternative für betroffene Menschen übrig, außer sich zu resignieren.

---

1 Ernst Bloch, Geist Der Utopie; erschien erstmal 1918 im Verlag Duncker & Humblot, München und Leipzig;
Suhrkamp Verlag Frankfurt am Mainz 1971; Dieser Ausgabe Suhrkamp Verlag 2018, s. 387

Alle Fähigkeiten und Kräfte der Menschen sind erschöpft, um die Situation unter Kontrolle zu bringen. Die Ohnmacht, die die Menschen lähmt, sucht sie durch die Verzweiflung einen Ausweg, um die Gefahr zu entrinnen. Aufgrund der Hilflosigkeit und Ohnmacht wurde der Mensch in einen Zustand der Illusion versetzt und malte gedankenlos und unüberlegt einen Fantasie-Ort aus; das Land der Utopie.

Die Zerstörung und die flächendeckende Auslöschung des menschlichen Lebens haben dazu geführt, dass der betreffende Mensch nicht nur um sein eigenes Leben fürchten muss, dazu die psychische Zerstörung seiner Kinder erleben muss. Mit dieser aussichtslosen Situation zwingt der Mensch ungewollt eine „Frei-Selbst-Bestimmend-Individuum" eine Auswahlentscheidung zu treffen: Bleiben in dem apokalyptischen Abgrund oder begeben sich in die tödliche Odysseus Gefahr, die eine Selbst-Illusion darstellt.

Diese „Freiwillige-Entscheidung", der der Mensch getroffen hat, ist unabhängig, und extrahierte es sich aus seiner Unbewussten, genauer gesagt aus der tiefen Angst zustand. Der Philosoph Spinoza hat dieses Problem erkannt, in den er andeutete, "'Men are mistaken in thinking themselves free; their opinion is made up of consciousness of their own actions, and ignorance of the causes by which they are determined "[2].

2 Elias Canetti, Masse und Macht; Fischer Taschenbuch Verlag, Frankfurter am Main, 1980, s.267

Diese Menschen in Afrika oder Arabien sind aufgrund ihrer Ressourcen in den Konflikt Interessen den Gegenpol-Imperialen-Mächten zum Opfer gefallen. Die Hingabe an die mythologischen Götter, opfern die afrikanischen Herrscher, ihre eigenen Bevölkerungen und ihre Reichen-Ressource für das Wohl der Mythischen-Kapitalistischen-Gesellschaft des Okzidents. Ihre tyrannische Herrschaft und ihre maßlose Korruption werden in Gegenleistungen abgesichert. Diese Herabsetzung der Menschen, die sogar ihre eigenen Naturressourcen mit Gewalt entfremdet haben, schüren diese unter die Bevölkerung sowie unter die Armee Wut, die dazu führt, dass die jeweilige Regierung durch Gewalt entmachtet wird. Diese Entwicklung lässt sich in der aktuellen Lage Nigers beobachten, da die Regierung von Niger durch die Anwesenheit der deutschen Wehrmacht aus dem Amt entfernt wurde.

Wo sind die Versprechen und wirtschaftlichen Entwicklungen, die das Deutschland versprochen hat, um den Exodus von Afrika nach Europa zu verhindern?

Elias Canetti, schreibt in sein Buch: Masse und Macht: *„Die niedrigste Form des Überlebens ist die des Tötens"*[3].

Er schreibt weiterhin: *„Die Genugtuung des Überlebens, die eine Art von Lust ist, kann zu einer gefährlichen und unersättlichen Leidenschaft werden ... Je grösser der Haufen der Töten ist, unter denen man lebend steht, je öfter man*

---

3 Ebd. 270

solche Haufen erlebt, umso stärker unabweislicher wird das Bedürfnis nach ihm[4]".

Staaten, die sie sich unter die Herrschaft von Tyrannen und korrupte Oligarchen stehen, die sie sich an ihren Untertanen in der üblichsten Weise Macht ausüben, und somit alle Formen von Rechten aberkennen, und dennoch mit gezielter Unterdeckungs- und Vernichtungsmaschinerie führten die Menschen in den Aporien, welche ihren Rechten zu Nichts machten. Diese Form der Mensch verachtende Unterdrückung hat dadurch veranlasst, die massenhafter Exodus, welche die Menschen in einer ungewollten Flucht erzwingen, mitsamt versetzenden den Machthabern dem Land in einen ungewissen apokalyptischen Abgrund.

Der Mensch, aufgrund seiner Ohnmacht, es schien, dass er das Land von diesem umwälzenden Übel nicht retten könnte, ebenso von ihm aufgeforderte Herausforderung der Gewalt teilzuhaben seine Breiterklärung sich weigerte, daher den einzigen Weg besteht für den Menschen ist des kleinen Übels, um eignen Leben und das Leben seinen Familien zu retten und in einem sicheren Ort einem Asyl zu suchen. Somit nehmen sie im Kauf einer tödlichen Odysseus Flucht ohne Wiederkehr. Sie unternehmen in einer undefinierten und ungewissen Flucht, egal wohin.

Mit dieser Entscheidung begeben sie sich auf eine gefährliche Reise, die Reise des Odysseus.

---

4 Ebd. 271

Ob sie mit der Gefahr bewusst oder unbewusst sind, sie laufen dennoch in die tödliche Gefahr hinein. Mit allen bedrohlichen Belangen nehmen sie die Gefahr in Kauf und zahlen damit nicht nur Gelder, die an die Schleuserbanden auszahlen, sondern auch Gelder, die an die ungewissen Toten, die in vielen Fällen ihr Leben zu Ende setzen.

Wenn sie das Glück haben, von den Gefahren des Meers, der Wüste und von den bewaffneten Terrorbanditen entkommen zu sein, landen sie in einem entfremdeten Ort, dessen Lebensnormen, sowie dessen Kulturlebens, sowie deren psychologischen Denkformen völlig unbekannt sind.

In diesem Gastland, in dem sie sich Asyl gesucht haben, müssen sie bürokratische Hürden überwinden, um den Asylstatus zu erhalten.

Ein ehrenvolles Leben in einem Gastland ist in manchen Nationen aus dem Süden des Globus eine Fatale-Illusion. In vielen Fällen erleben sie entwürdigende und demütigende Missstände, sowohl von der Gesellschaft als auch von den Behörden. Die Berichte von einigen Menschen, die der Asylsuchenden über die zuständigen Behörden zufolge, sind menschenverachtende und unzumutbare Weise von Amtsmissbrauch. Dennoch kam es vor allem vor, wie den einen Teil der Gesellschaft des Gast-Gebers als aussätziges Alien betrachteten.

Durch ihre unbegründeten Vorurteile unterstellen sie die Menschen unter ihren Schütz als Untermenschen.

Es besteht ein perverser Widerspruch zwischen dem „Ja zur Integration" und dem „Nein zur eigentlichen Integration, genauer gesagt Anpassung". Obwohl die Universalrechte sowie die Deutsche Verfassung, die „Würde der Mensch ist unantastbar" verkündeten, ist die Zwangs-vorstellung der Rassen-Theorie in vielen europäischen Staaten aktuell; der „Super- und Nieder-Rasse-Theorie". Europa, das nach radikaler Recht rückt, ist die Theorie der Darwinismus („Kampf ums Dasein"); die sie die Men-schen überzeugen, in der aktuellen politischen Situation gewinnen das Vorfeld des politischen Spektrums.

Sie sind stets durchdachte und gezielte Gewalt, die aus der Ecke des politisch motivierten Rechtselements her-ausgeht. Ihre Gewalt richtet sich nicht nur gegen Neuan-kömmlinge, sondern auch gegen Menschen mit Migrations-hintergrund und anderen mit liberalen und aufgeklärten Denkweisen, die sich mit ihren menschenverachtenden Diskriminierungen und tödlichen Gewalt an ihren poli-tischen Agenden verweilen.

Die Geschichte wiederholt sich in unterschiedlichen Traditionen: Bewegt sich der heutige deutsche Staat in Richtung der Weimarer Republik, wo die NSDAP die so-ziale, wirtschaftliche und politische Krise ausgenutzt hat, die sich dem ideologischen Unheil, der Zerstörung und der totalen Auslöschung des Holocaust verursacht hat?

Durch ihre Unwissenheit und Unbewusstheit sind sie selbst das Opfer der bestehenden und nachhaltigen fal-schen Ideologie der Parteien der rechtsradikalen popu-listischen Propaganda, dessen politische Agenda und Programme stets mit Hass und rassistischer Rhetorik eingeprägt sind. Die fortwährende rhetorische Hasspro-paganda, die sich an den Autochthonen in ihren Köpfen und Seelen einprägt, schürt und katalysieren die Gewalt gegen andere Aussehende und andere Denker. Ironischer-

weise vermitteln sie ihre falsche Botschaft mit einfachen
Worten, die sie sich in den Psychischen der Bevölkerung
durchdringen, und mit dieser billigen Rhetorik werden
sie es schlechthin empfänglich machen. Die „Begriff
Aufklärung" als ihre kulturellen Werte des Guthabens
würde durch fliesende Propaganda wie eine Musiksym-
phonie untergraben. Folglich sind sie ohne kritische Abwehr gegen diese irreführende ideologische Propaganda
und Rhetorik hinfällig und absorbieren.

Daher konnten die Rechts-Radikalen Populisten ihre
politischen Ambitionen durchsetzen, indem sie das Wahl-
system der realen Demokratie zu ihrem Vorteil ausnutzen. Dem zufolge wurden nicht nur die Volks-Demokra-
tische Parteien verspottet, verhöhnt, als lächerlich und
ohne Bedeutung deklariert, sondern auch die Werte der
Demokratie selbst.

Der Erfolg der radikalen Partei-AfD-Bewegung ist
gekennzeichnet durch die Annahme sich als Volks-nah,
und diese hat sie schlechthin beansprucht. Durch ein-
fache rhetorische Strategien hat sie die Volks-Parteien
in die Ecke gedrängt und die Menschen in das negative
dionysische Reich bezaubert.

Diese ist zurückzuführen, nicht nur auf das Versagen
der Populär- und Volks-Parteien, sondern was hier in
der gesellschaftlichen politischen Plattform verschwun-
den ist, ist die politische Kultur sowie die traditionelle
Moral. Die Träger dieser Revolution der Aufklärung und
der politischen Kultur, die sich aus Organisationen der
Zivilen-Gesellschaft, Universitäten, Schulen und Regie-
rungseinrichtungen zusammensetzen, sind nun durch
die Einführung der staatlichen Neuen-Liberalen-Ideo-
logie der westlichen Regierungen völlig orientierungs-

los gemacht und lahmgelegt. Die Rechte nationalistischer Gruppierungen nutzten das Vakuum, um in alle Ebenen der staatlichen Institutionen einzudringen. Sie nutzten die Institutionen als Übergangstor zum gesellschaftlichen Denken, um das Projekt des Fürchtens in breitere Gesellschaft, den Existenzängsten der Materiellen-Haben-Verlust zu projizieren. Durch die politischen Terrains, die der Kultur-Politik der Aufklärung entzogen wurden, erlangten sie das Denkvermögen in der Gesellschaft.

Die Politiker der populären Parteien haben in den richtigen Augenblicken, aufgrund ihrer Selbstgefälligkeit und damit die politische Orientierung verloren. Die bestehenden Krisen, wie die Flüchtlinge, die Menschen mit Migrationshintergrund, die Integrationspolitik sowie die Frage des gesellschaftlichen Rassismus und die Idee des Multikulturalismus, haben gravierende Versäumnisse und Gleichgültigkeit in Bezug auf die bevorstehende schwierige Lage gezeigt. Sie haben die ständige Situation der sozialen, explosiven politischen Umstände falsch eingeschätzt, um den inneren gesellschaftlichen Widerspruch, sowie die Xenophobie, Anti-Semitismus, Islamophobie und den fremden Hass in den Augen verloren, und wenn sie auch das gewusst hätten, reagierten sie apathisch. Die Gesellschaften des Okzidents, die sich die Flüchtlinge und Migranten als bedrohliche Gefahr für den eigenen Lebensraum und die Entfremdung ihrer kulturellen Werte ansahen, schürten Ängste, Unsicherheit und Bezweiflung unter der Bevölkerung.

Der reale politische Zustand hat schließlich zu einer Tendenz geführt, die die populistischen Parteien mehr und mehr Popularität und Attraktivität an ihre menschenverachtende Ideologie gewonnen hat.

Diese Tendenz der Zustände ist nicht anders zu interpretieren als die Ängste, die mal historisch in dem Abendland herrschten, dem es als „Jetzt-Folge" bekannt ist. Es handelt sich um einen Zustand, in dem es nicht möglich ist, ausreichend zu bekommen und ausreichend zu haben, bzw. Ängste vor der Ressourcenknappheit. Dieser Zustand lenkt den Gedanken an die Vergangenheit, die Europa erlebt hat: die Kriege, Pest und Vertreibungen, die Europa in ihre Geschichte noch nicht richtig verarbeitet hat und noch in ihren Köpfen wie ein „Jetziges Gespenst" herumdreht.

Diese Zustände könnten in zwei verschiedene Ansichten unterteilt werden: Eine davon könnte die Unwissenheit und Unaufgeklärtheit sein, ob eine neue Kultur, die im Land gesiedelt ist, eine Bereicherung für die bestehende Kultur ist, oder ob eine neue Kultur als bedrohlich sich zeichnet für die bestehende Kultur ist?

Eine andere Denkweise geht davon aus, dass das Dasein (der Fremden) nicht anderes als in den vorhandenen Ressourcen auffrisst und den Verlust ihrer „Haben" verursacht? Sie beschuldigen den Staat, dass er zugunsten der Fremden den Autochthonen benachteiligt hat, und versuchen sich in der Position des Opfers zu stellen, welcher den Staat gegenüber den Fremden ungerecht vorgeht, ob der Staat, wie eine Stiefmutter, die Schuld trägt.

Wie kann man diese Ängste Zustände die Bevölkerung bewerten? Sind Ängste der Ressourcenknappheit, genauer gesagt nicht von dem existierenden Haben davon nicht genug zu haben? Oder ist das ein Angst-Zu-

stand von Überfremdung und der Verlust der Kulturel-
le-Wert des Okzidents? Oder von den beiden Zuständen
gemeinsam gemischt?

Mit dieser Betrachtungsweise, der mit Wut und Bezweiflung verbunden ist, agieren sie (Un)Überlegenheit in dem
dafür den Staat durch die Wahlverfahren willkürlich zugunsten der Recht-Populisten bestrafen.

Die Maßnahmen für politische Aufklärungen und
gezielte politische Bildungen in breiteren Ebenen der
Gesellschaft offensiv anzugreifen und die Bevölkerung
zu einem neuen Bewusstsein, derer Ängsten und Sor-
gen; respektive die Ängste der Überbefremdung, und
die Sorge über die Knappheit der Ressourcen aufzuklä-
ren und die bestehende Sicherheit und Vorkehrungen,
der der Staat getroffen hat Transparent und vertraulich zu manchen, um wieder dem Vertrauen des Volks
zu gewinnen.

Der Staat hätte permanenten offenen Dialog und politische Auseinandersetzung an der breiteren Basis der
Bevölkerung führen müssen, um die Bevölkerung den
Gastländern über die Vielfalt der kulturellen Werte, die
den Neuankömmlingen mitbrachten, sich vertraulich
zu machen.

Stattdessen hat der Staat die unwahren Übel und die
Propaganda der Rechts-Populisten, sowie die aggressiven
Parolen und tödlichen Angriffe der Neu-Nazis, welche
den Rechtsstaat wieder in der grausamen apokalyptischen
Erfahrung der Vergangenheit zurückdrehen, zu konfrontieren und anzugreifen. Der Staat hat das gesellschaftliche politische Terrain an Rechtsradikale Populisten

zugelassen und somit hat er an ihren politischen Übeln-Taten als ungeschehenes und Nicht-Gewesen toleriert.

Diese Menschen, die aus den übelsten, unmenschlichen und grausame Vernichtungswellen aus ihren Heimatländern stetig fliehen, und dass sie keine Aussicht auf eine Normalisierung der Lage in der kommenden Zukunft haben, entschieden sie sich in einem friedlichen Ort zu flüchten. Ihre illusorischen Träume offenbaren ihr das Abendland als das Land der utopischen Verheißungen.

Durch die Zeiten des Friedens in ihren Heimaten haben sie ihre Zukunft, die Zukunft ihrer Kinder an den bevorstehenden Odysseus erzwangen sie mit allem ihre Kräfte zu opfern. Alle müssen sie ihr Hab und Gut zwangsweise an die internationale Schläuche-Bande auszahlen: Haupt-Sache, weg vom Krieg und Elend.

Diejenigen, die den vereinbarten Kosten, mit den Schläuchen Bande aus gemachtem Betrag nicht komplett auskommen könnten, werden als Geisel genommen, Männer werden als Sklaven behandelt und verkauft. Frauen und Jugendlichen werden Sexual genötigt, und Frauen wurden als Prostituierte Arbeit gezwungen. Dennoch werden Kinder und Jugendliche als lukrativer Organ-Handel wie experimentellen Tiers festgehalten.

Die Schläuche Bande zeigen an ihren Familien-Mitglieder mit Video-Aufnahmen ihre Grausam-Methoden, wie sie sich die Opfer in ihrer Gewalt foltern, um schnellsten Weg das Geld ausgezahlt zu werden. Kindern und Jugendliche, sowie Frauen werden gezwungen als Sklavenarbeit, wenn sie verweigern werden sie einfach zum Tod verstümmelt. Es ist nicht nur allein diese Grausame Methoden, dass sie für mehr Geld an ihren Geiseln

erpressen, sondern sie erpressen die Familien ihre Geiseln an mehr Geld als vereinbart wurde, die Schläuche
Bande geben den Geiseln das Telefon, sodass ihre Familien Mitgliedern, wo sie immer sind, während sie Foltern,
verfolgen, bzw. hören können wie sie Schreien.

Nach Beurteilung der politischen und psychologischen Logik den Kontrahänden, der sie über den Menschen Lebens
apathisch sind und einfach zu Füße treten, interessieren
sie sich nicht im Geringsten nach Wiederkehr an Vernunft
und Stabilität, sie sind Psychopathen, die der Qual der
Menschen mit ihren sado-masochistischen Methoden der
Vernichtung genießen, und denken sie nicht mal dran diesen grausamen Kriege und Elende zu Ende zu bringen. Sie
zeigen sie mal keine kleine Reue, wie ihre Landsleute, die
in den Händen von den Schläuchen Bande verstümmeln.
Für die Machthaber und ihren Alliierten interessieren sie
sich nur an die Macht und an den wirtschaftlichen Profit.
    Somit verdammten die Menschen in eine ständige
Flucht, die sich nach: Illusionsnachahmung verweilt.
    Hiermit wird die erste Frage die Theorie von Haben
und Nicht-Haben, über das Buch von Erich Fromm (Haben und Sein) als kritische Abhandlung an diese Frage
angestoßen.

Bei der zweiten Frage wird über Kultur Theorie bzw. das
Ende des Multi-Kulturalismus und die wieder Aufruf der
Mono-Kulturalismus.

Die letzte Frage wird über die Ideologie der Rassifizierung
den Anderen der populistische Parteien und deren Rück-
führung der archaische Wahn der „Wir und Die" Ideologie.

2 Haben und Nicht-Haben („Haben oder Sein"-nach Erich Fromm)

Das begriffliche Wesen der Existenzweise des Habens der westlichen kapitalistischen Gesellschaft ist orientiert sie sich vor allen an Profit und Macht, die in das Privateigentum als wichtige Säulen beruhen. Das Individuum in der kapitalistischen Gesellschaft basiert er sich in ein nicht-veräußerlichte eigene fundamentale Rechteprinzipien: „Erwerben, Besitzen und Gewinn erzielen". Diese Spielregel des Prinzips lautet: „'Es geht niemandem etwas an, wo und wie mein Eigentum erworben wurde oder was ich damit tue. Mein Recht ist uneingeschränkt und absolut-solang ich nicht gegen die Gesetze verstoße"'.

Nach Fromm die Normen, die in den Gesellschaften Mitgliedern prägen sind, was er nannte „Gesellschafts-Charakter".

„Gesellschafts-Charakter" ist die Ergebnisse zwischen gesellschaftliche Wechselwirkung, welche es sich eine strukturelle Veränderung und Wandelung versucht: es ist der Interaktion zwischen individueller psychischer Struktur und sozio-ökonomische Struktur, die stetig den Charakter prägt.

Es ist die sozio-ökonomische Struktur, welches gesellschaftlichen Individuums sich identifizieren und formt, sowohl dessen „was sie tun wollen ", als auch "was sie tun sollen". Reziprok prägt und beeinflusst das Gesellschafts-Charakter die sozio-ökonomische Struktur der Gesellschaft: *In der Regel wirkt er als Zement, der der Gesellschaftsordnung zusätzlich Stabilität*

verleiht; unter besonderen Umständen liefert den Spreng-
stoff zu ihrem Umbruch"⁵.

Zwischen Gesellschafts-Charakter und Gesellschafts-
struktur steht gegenseitigen Wechselwirkung, die nie sta-
tisch sind, die Wechselwirkung in den beiden Faktoren
finden dessen Veränderungsprozess gleichzeitig statt.

Es ist offensichtlich, dass in einer neuen strukturellen
Gesellschaftsveränderung kann sich stets ein neues Objekt treten lassen, anstelle der gegenwärtigen des alten
Systems verweilen ließ. Dadurch verändern sich diese
neuen Objekte den Gesellschafts-Charakter schlechthin automatisch.

2.1   Das „Sein"

Es ist ein Phänomen für sich, welchem die wirkliche lebendige Struktur seine Auffassung gehören; die „Werden,
Aktivitäten und Bewegung Elemente des Seins" [3] erfasst.

„Lebende Strukturen können nur sein, indem sie werden, können nur existieren, indem sie sich verändern.
Wachstum und Veränderung sind inhärente Eigenschaften des Lebensprozesses".

---

5 Erich Fromm, Haben oder Sein, Deutsche Taschenbuch Verlag
   GmbH und Co. KG, München, 1979, s. 73

Haben und Konsumieren sind nicht nur die beiden existenziell-weisende Grundlage, aber auch die des Prozesses des Wachstums und der Veränderung revolutionieren, die sie sich weiterhin nach Einverleibung an neuen Objekt-Trieb verlangen.

Besitzeinnahmen, sowohl an Gegenstände als auch an Menschen gehören zu der symbolischen Rangstufe der Gesellschaftliche-Ordnungsstände: Ich besitze „Etwas"; Ich bin ein hoher „Angesehener" Mensch.

Besitzt an Objekt symbolisiert als die Autoritätsausübung in alle Formen von Gesellschaften, sowie in eine bürokratische-kapitalistisch organisierte Gesellschaft, sowie in einer feudalen Gesellschaft, oder sogenannten primitiv organisierten Gesellschaften; alle üben sie sich eine oder der andere in eigener Weise Autoritäten-Herrschaftsformen aus.

Hier es soll zwischen positiver/rationaler Autorität und negativer/irrationaler Autorität unterscheiden werden: „Rationale Autorität fördert das Wachstum des Menschen, der sich ihr anvertraut, und beruht auf Kompetenz. Irrationale Autorität stützt sich Macht und dient zur Ausbeutung der ihr Unterworfenen"[6].

Die Irrational Autorität, die sie an Macht stützt, ist Macht ohne das erworbene Haben undenkbar. Macht allein ist ein Subjektive Begriff, eine leere Fantasie ohne Bedeutung. Aber durch das konkretisierte Objekt und er-

6 Erich Fromm, Haben oder Sein, Deutsche Taschenbuch Verlag GmbH und Co. KG, München, 1979, s. 129

worbene negative Haben bekommt die Macht eine lebendige Gestalt; und damit erwirbt sie sich eine Bedeutung.

2.2 „Haben"

Haben, als Wesen ist das erste erzieherische Vokabular, der das Kind unmittelbar von den Eltern erlernt: „Selbsterhaltungstrieb", wie das Kind erlernen von den Eltern und die umgebende Tradition muss das Kind das Überleben Kunst lernen, um damit auch das Ausmaß an Gluck zu erlangen. Das „Ich" (das Kind) ist herausgefordert in den Standpunkt an der Bewältigung das Realitätsprinzip, der das »Ich« durch die elterliche Autorität obliegt, und zu erfüllen verpflichtet.

„Das Ich als Beauftragter der wirschaftlichen und technischen ‚Realität' teilt sich in die Autorität mit Über-Ich, dass der Beauftragte der elterlichen und der öffentlichen Meinung ist"[7].

„Das Ich muss zwangsweise die gegebenen Lebensverhältnisse des Überlebens als auch der gefühlsmäßigen Realität in seiner Umwelt; sowie Liebe, Hass, Trauer, Freude …; als auch die Affekte der Lust und Schmerz, die sie sich unter die Ägide des Über-Ichs, welchen die Umwandlung des Ich-Charakters verantwortlich sind, vorzieht.

Zuerst ist das eine Ichanpassung; die Eltern stellen die „Realität" dar und das Kind tut das, was notwendig ist, um

---

7 David Riesman; Freud und die Psychoanalyse, Suhrkamp Verlag, Frankfurt am Main, 1969, s. 58

sie zu manipulieren ... In dieser Situation, in der das Kind ökonomisch unter so starkem Druck steht und hin und her gerissen wird zwischen seinem Bedürfnis nach weiterer Befriedigung und der Notwendigkeit, jenes Maß an Befriedigung nicht zu gefährden, das es immerhin durch seine Eltern gewinnt, nimmt es seine Zuflucht zum Mechanismus der Identifizierung"[8].

Das Kind der des Anpassungsmodus des gegebenen Realitätsprinzips der kapitalistischen Wirtschaftsordnung internalisiert hat, lernte als Erwachsene die Habgier des Gewinns, und nach Profit zu erzielen. Dennoch lernte er sowohl von der elterlichen Erziehung, als auch den staatlichen Institutionen über die Habgier des Sparens als alle notwendige Form des Selbsterhaltungstriebs, welches sicherheitshalber ein religiöser Glaube geworden ist; die Ängste, um nach unten abgerutscht zu werden, ist den Horror Vorstellung der Begegnung des Todes.

Von dieser Existenzangst zu entronnen, es wird nach Ersatzbefriedigung an Materialien, Konsumgütern, sowie Alkoholismus und Drogensucht konsumiert.

Das erwachsene »Ich« ist zwanghaft durch die Autorität, nicht nur allein der Eltern, aber sei es der staatlichen Institution, die ideologische Idee, sein Umfeld ... introjizierten sein des Dasein-Wesens; welcher das »Ich« in seinen Lebzeiten internalisiert hat und es in seinen Eingeweiden aufbewahrt (E. Fromm).

---

8 ebd.S. 59

Folglich, diese hat, nicht nur ein Einfluss in den persönlichen »Ich-Charakter« des Menschen einprägen, sondern sie hat in den inneren Affekt des Gefühlsausbruchs inne. Somit teilen sich die Affekte nach dem jeweiligen Zustand in zwei ein: aktive und passive (actions und passiones), die je nach Soziale-Normen der kulturellen Gegebenheit als „werden", die sich als entweder Gut oder Schlecht bewerteten.

Nach der Auffassung der Gedankenfolge von Spinoza ist alle „aktiven Affekte" von Natur aus gut: „Leidenschaft" (passions) können gut oder schlecht sein (E. Fromm; s. 94). Er meint weiter, dass derjenigen, der sich von der Natur aus durch die irrationale Leidenschaft getrieben sind, in Grund genommen seelisch krank sind. „In dem Maß, in dem wir optimales Wachstum erreichen, sind wir nicht nur (relativ) frei, stark, vernünftig und froh, sondern auch psychisch gesund; wenn uns dies nicht gelingt, sind wir unfrei, schwach, irrational und deprimiert."

Nach Gedankenfortsetzung von Spinozas manifestiert sich ein Mensch mit psychischem Gesundheitszustand den letzten Konsequenzen des richtigen Lebens. Hingegen meint er das Symptom, in der eine psychische Krankheit setzt, ist die Unfähigkeit, welche den erforderlichen Einklang mit der Natur des menschlichen Lebens zu Stillstand hervorbringt.

Habgier; voraussetzt den tiefen Angstzustand der Verlust an den angehäuften besitzt Eigentum, sowie den Ruhm, der er durch seinen vorhandenen Besitz erworben hat. Da durchführt an den Zustand der Angst führt ihn, dass er zwangsläufig seiner Ehrgeiziger zu aktivieren, um viel Gewinn zu erzielen; zwangsläufig in dem er die Ausbeutungskapazität ohne Rücksicht auf Menschenleben zu erhöhen. Diese Form von Habgier geht Spinoza davon aus als pathologischer Geisteskrankheit; eine Art des Wahnsinns.

3   Das „Wahnsinns"

Populistischen und die Recht-Radikalen Politik gegen anderes Sein besteht ihrer politischen Abwegigkeit durch die Begrifflichkeit des ausgedachten und luziden Bewusstseins der ausgearbeiteten Übel; der Deformation und Fabrikation von Lügen.

Sie täuschen die Bevölkerung mit einfacher und bewusst ausgewählter Sprachrhetorik und Vokabularien, indem sie sich, die Realitäten abweichen und ableugnen. Diese politische Form ist ein neuer strategischer Diskurs, es ist das Verfahren der Selbstjustierung, um durch ›Kulturrevolution‹ Macht zu gewinnen; welche sie nannten „der Konzentration auf Metapolitik«. Die politische Idee der Metapolitik bezieht sich das Intellektualisieren der Bewegung des Rechtsextremismus und Schaffung einen Hegemonial-Chauvinismus.

„Das politische Ziel der ‚Neue Rechten' lässt sich im Wesentlichen unter zwei Schlagworten zusammenfassen: das Intellektualisieren des Rechtsextremismus durch die Forde-

rung einer Intellektuellen Metapolitik und die Erringung eine
>einer kulturellen Hegemonie<" [9].

Mit bewusster Absicht, sie versuchen eigne (Un)Vernunft, der typisch ist der Rassentheorie, die sie sich die Faschisten ihre Rassenübermacht rechtfertigen um eigene kulturelle Werte hoch bewerten und anderen Werten dagegen als Untermenschen herabsetzen, somit versuchen sie die Bevölkerung mit ihrer scheußlichen Idee durch überfüllte Vollgültigkeit die rationalisierte Vernunft durch verfälschte Beweise in der irrezuführen.

Solcher Wahnsinn verfolgt ihres eigenen ideologischen Rationalismus, die als der Vernünftige in der Gesellschaft justieren lässt, welch letztlich das diesem Zustand des Wahnsinns den unberechenbaren Krieg gegen andere Nationen hinführt; gegebenenfalls sogar zu eigne Selbst-Destruktion bedeuten kann.

Die (Un-)Bewusste Wahnsinns der Rechtsradikale Populisten konstruieren es sich eine dialektische Virtualität von monotonischem Monolog, die sie sich aber keine dialektische Essenz besitzt (Metapolitik), jedoch ist eine fabrizierte Lüge und Fake Information, die sich eine Virtuosität Form modelliert, und das als der vernünftigen Wahrhaftigkeit unablässig ihren unkritischen politischen Diskurs an die Bevölkerung introjizierten. Emile Durkheim schreibt zu seinem Diskurs zur *„Kritik des Dogmatismus" über Selbst-Äußerung der Wahrheit: Zur 1) „Wenn die Wahrheit unpersönlich ist, wird sie dem Men-*

---

9 Volker Weiß: Die Autoritäre Revolte: Die Neue Rechte und der Untergang des Abendlandes; Kletta-Cotta-Verlag, 201, s. 55

schen fremd, wird enthumanisiert und stellt sich außerhalb unseres Lebens. 2) Wenn die Wahrheit für alle Menschen dieselbe ist, wird unverständlich, warum das Denken solche Vielfalt zeigt, obwohl diese Vielfalt dennoch eine Funktion im Leben haben muss. 3) Wenn die Wahrheit für alle dieselbe ist, wird der Konformismus zur Regel, die Abweichung dagegen zu einem Übel, und das „logisch Schlechte" ist ebenso wenig erklärlich wie das moralisch Schlechte[10]".

Die Erscheinungsweisen und Phänomenen des Wahnsinns sind sie nicht bloß eine neue Phänomen-Form, der als Neu-Bewusstseins in den gegenwärtigen Migrationswellen aus Afrika und Nah-Osten in Europa als Existenz bedrohliche Fremdkörper Angriff genommen hat, sondern dieses Wahnsinns der Abneigung gegen Menschen andere Kulturelle Hintergrunde und andere Aussehende ist eine archaische Angst Wahnsinns, die in dem Unterbewusstsein der Abendländer, vorwiegend bei der Deutschen verstaut ist. Die politische Partei der Alternative für Deutschland (AfD) hat mit Bewusstsein des archaischen Wahnsinns erwacht. Sie hat dies als der Negation zu den real bestehenden Realitäten und Wahrheiten, eine kontraversale Konflikte und Widersprüche in der gesellschaftlichen politischen Kultur des Landes auseinander zerreißen ließen.

---

10 Emile Durkheim: Schriften zur Soziologie der Erkenntnis wissenschaftliche Sonderausgabe, Suhrkamp Verlag, 1987, s.43

Michel Foucault schreibt in seinen Diskursen des Wahnsinns und Gesellschaft folgendes: *„Ein analytisches Bewusstsein vom Wahnsinn, ein voll entfaltetes Bewusstsein seiner Formen, Phänomene, Erscheinungsweisen. Wahrscheinlich ist die Gesamtheit diese Formen und Phänomene diesem Bewusstsein niemals gegenwärtig; lange Zeit und vielleicht für immer wird der Wahnsinn das Wesentliche seiner Kräfte und Wahrheiten im Schlecht-Bekannten verbergen, dennoch erlangt er in diesem analytischen Bewusstsein die Ruhe des Wohlbekannten. Selbst falls es stimmen sollte, dass man mit seinen Phänomenen und Ursachen nie fertig werden wird, gehört er mit vollem Recht dem Blick, der ihn beherrscht"*[11].

Diesem Wahnsinn mit ihren (Irr)Rationale Diskurses der Destruktion, die sich aus der Gier nach Geld-Gewinn, Ruhm, nach Macht und Besitz extrahierten, ist nicht etwas allein, welches in der westlichen-kapitalistischen Gesellschaft spezifiziert, auch und sogar in der Orientalische Kultur-Rationalismus, und den in den afrikanischen Kulturelle-Denkweisen angeheftet.

Das aktive Teil der menschlichen Existenzweisen des Seins setzt sich seine Tätigkeit um seine Unabhängigkeit, Freiheit und das Vorhandensein kritischer Vernunft (E. Fromm) voraus. Das wesentliche Merkmal der Tätigkeit ist dem produktiven Gebrauchtteil der menschlichen Kraft zum Nutzen hervorzubringen und dessen kreative Energie zu ermuntern: das Talent und der Reichtum der

---

11 Michel Foucault, Wahnsinn und Gesellschaft Suhrkamp Taschenbuch Wissenschaft, Frankfurt am Main, 1969, s. 161

menschlichen Gaben in den vordersten Grund zu stellen, um die kulturellen Normen, der durch kapitalistisches Denken, welcher sie sich bloß nach Gewinn und Konsum als eschatologischen Monotheismus etabliert hat, und der den Menschen-Kultur-Geist in Besitz nahm, hervorzuheben; Kultur als Befreier des menschlichen Geists, von den Besitz der Habgier des Habens.

„Nur in der Masse, in dem wir die Existenzweise des Habens bzw. des Nichtseins abbauen (das heißt aufhören, Sicherheit und Identität zu suchen, indem wir uns an das anklammern, was wir haben, indem wir es >besitzen<, indem wir an unserem Ich und unserem Besitz festhalten), kann die Existenzweise des Seins durchbrechen. Um zu >sein<, müssen wir unsere Egozentrik und Selbstsucht aufgeben bzw. uns >arm< und >leer< machen, wie es die Mystiker oft ausdrücken[12]*"*.

3.1 Zusammenbruch der Kultur, sowie der die moralische Tradition und die ethische Vernunft durch den Ersatz des Denk-Vermögens der materiellen Habgier

Durch die materielle Habgier, dessen Denkform durch Gewinn-Maximierung an Geld und Güte, die den bestehenden und immer präsenten Existenz-Angst zum Leben aufruft, die es sich wie unheimlich Grusel in der menschlichen Seele und Geist verschlungen hat, errichtet ein Unheil und Unvermögen in den persönlichen menschlichen Charakter, die die Entwicklung der existierenden Kultur, die moralische Tradition sowie der menschlichen Vernunft, als auch die Entfaltung des menschlichen Geists hemmen ließ, in den sie sich aus der negativen Dialektik des Nicht-Seins abgeleitete.

Trotzt der menschlichen Intelligenz von dem Zeitalter der Industriellen-Revolution bis zur Gegenwärtigkeit, der digitale Revolution, welches der Mensch Gattung einer ungeheuren Entwicklung in der Digitalen-Elektronik, die in vielen Teile der menschlichen Leben so ungeheuer erleichtert hat; sowie in der Gesundheitssysteme und Gen-Manipulation, Informationstechnologie, die der Welt vernetzt hat, die Transportwesens, die die kontinentale Entfernung verkürzt ... hat, ist trotzdem die Diskrepanz und die Gabel zwischen Arm und Reich stets großer denn je, und gleichwohl zieht sich der Kluft zwischen Kulturen auseinander.

Den Widerspruch zwischen industrialisiertes Norden und sich selbsthemmende Entwicklung des Südens nahm an einer antagonistischen Verzerrung, denn sie sich gegenseitigen Schuld zu Weisung auf dem bestehenden Elend im Süden der Hemisphäre: Wem lässt sie sich den bestehenden Kriegen und Elende der Schuld zuweisen? Der heutigen Politiker des Westens kämpft für das Wachstum des Bruttoinlandsprodukts; das Wachstum des BIP wurde behauptet, ist Gut: die Sicherung des Sozialwesens, Minderung der Erwerbslosigkeit, mehr Ausgaben für Konsums, Freizeit Aktivitäten, Urlaub, durch Einstieg und Wachstum der BIP gehört, auch die Sicherung das bestehende ideologische System und Erhalt der Macht, dennoch mit dem Blick zu fokussieren, ist durch mehr Ausgaben für Innere Sicherheit und die Militärausrüstung für den Zweck die kriegerische Invention ist eine von dem ersten Gebot der westlichen Imperien.

Es ist selbstverständlich an der Zeit, der die Wirtschaft blüht, dass die Politiker fördern die Bevölkerung mehr für den Konsum auszugeben.

In der Depression und Wirtschaftskrise sowie in der gegenwärtigen Inflation, der Staat unternimmt eine Sparmaßnahme, welches er unternimmt alle Subvention, und Investition in wichtigen Sektoren zu verkürzen, insbesondere in der Sozialen und Kulturellen Sektoren. Er gab frei Hand an das Finanzkapital, bzw.

Arbeitgeber, ihrer üblichen Kapitalverwertung durch massenhafte Entlassungen an vielen Beschäftigten durchzuführen, sowohl in den Dienst-, als auch in den Industrie-Sektor beschäftigten. Hier besteht zwei gegenseitige Widersprüche; auf einer Seite der Staat versucht durch Kredit einnehmen, den verteuerten Grundbedürfnissen gewisse soziale Sektoren den Lohn aufzuheben, worauf er den privaten Sektoren an die Verhandlung an die Sache der Gewehrschaft und Arbeitgeber zugelassen hat; auf die andere Seite er verhängt höhere Steuer an wenig Verdiener, und er entlasteten die Gut-Verdiener und die Reichen, mit dem argumentativen Prämissen; dass die Reichen investieren und schaffen Arbeitsplätzen: Eine Illusion, die die westliche kapitalistische Gesellschaft sich mit diesem Lügen-Rausch in jeder wirtschaftlichen und finanziellen Krise sich stets gegenseitig besänftigen.

Alle Konsumprodukte und Lebensmittel werden teuer, und da durch den vielen Menschen können nicht mal was zu essen haben und Dach auf dem Kopf; bzw. durch die erhöhte Mietwohnung nicht mehr leisten können.

Solche Krisen verursachen nicht allein eine soziale Diskrepanz, dass der Reiche wird reich und der Arme wird ärmer; sondern profitieren sich zwei Gruppen von diesen Krisen, nämlich: die Rechts-Radikalen-Populisten und die Militär-Rüstungsindustrien.

Dem Staat schürt und verbreitet einen neurotischen Angstzustand, der den Menschen tief in den psychischen Ebenen ihrer (Un) Bewusstseins aufgreift: Die bevorstehende Zeit ist schlecht; lautet das Credo der staatlichen Offenbarung.

Der Staat fordert die Bevölkerung zu sparen, wie möglich, und müssen sie die bevorstehende harte Zeit sich den Gürtel enge einschneiden und die unerwarteten Gefahren gefasst machen und Vorbreiten; das bedeutet auch „ein Krieg", als den möglichen Mitteln um den Wirtschaftsschwung wieder zu beleben, bzw. durch Rüstung, und schwachen Ländern unerwarteten Kriege zu erklären und zu überfallen, und damit ihre Infrastruktur und Wirtschaft völlig gnadenlos zu zerstören. Diese beabsichtigte Willkür ist, was sich diesen Ländern an Wirtschaftsentwicklungen in all den Jahren geschafft haben wieder in den NULLPUNKT zu bringen.

Diese Wirtschafts- und Finanzkrisen schüren nicht allein Angstzustande in den Bevölkerungen, sondern beeinträchtigten die Diversitäten der Inter-Kulturellen Austausch und Entwicklungen den Völkern, sowie der moralischen Tradition und ethischen Vernunft.

Albert Schweitzer Frage danach dennoch nicht klar beantwortet und nicht richtig definierten Begriff; „was Kultur ist"? Ist Kultur Verständnissen ein Mittel zum Zweck, um andern Rationalitäten zu beherrschen?

Nach Albert Schweizer ist Kultur, nach Definition der geistige und materielle Fortschritt der Einzelnen wie der Kollektivität, welches der Geist gegenüber dem monotheistischen Glauben die materielle Habgier zu zügeln hat.

*„Die Kultur ist ihrem Wesen nach also zweifach. Sie ver-
wirklicht sich in der Herrschaft der Vernunft über die Naturkräfte und in der Herrschaft der Vernunft über den menschlichen Gesinnungen"*[12].

Aber gelingt es den Kultur-Geist den Rationalismus
der Habgier nach existentialer Notwendigkeit zu zügeln?

Den Rationalismus der existentialen-Notwendigkeit
bedeutet „den Kampf ums Dasein", welches den Geist des
Kulturen-Werts herabsetzt. Der Mensch betrachtet diese existentiale Notwendigkeit als eine gedeihliche Forderung nach Aufhebung der Lebensverhältnisse, die an
sich diese gedeihliche Forderung in Hinblick auf Kultur
als die geistige und sittliche Totalität von der Vollendung,
bzw. als das letzte Ziel, die der Mensch, sowohl als des
Einzelnen, sowie als derer Kollektivität aufgestellte und
erreicht wurde.

Die Unterscheidung die beiden sogenannten Fortschritte nach Albert Schweitzer, sowohl den Fortschritt
der Herrschaft der Vernunft über die Naturkräfte als
auch der Herrschaft der Vernunft über die menschlichen Gesinnungen, beschreibt er Folgendes: *„Wohl sind
die beide Fortschritte geistig in dem Sinne, dass sie auf eine
geistige Leistung des Menschen zurückgehen. Dennoch darf
man den mit der Herrschaft über die Naturkräfte gegebenen
als den materiellen bezeichnen, weil in ihm die Bewältigung
und Dienstbarmachung der Materie zustande kommt. Die
Herrschaft der Vernunft über die menschlichen Gesinnungen
hingegen ist die geistige Errungenschaft im besonderen Sinne,*

---

12 Albert Schweitzer; Kultur und Ethik, Verlag C*H*Beck Mün-
    chen, 1960, s.35 [14]. Ebd. s. 36

*weil sie mit dem Wirken des Geists auf den Geist, das heißt
der überlegenden Kraft auf die überlegende Kraft, zu tun hat.*"

Die Herrschaft der Vernunft über den Gesinnungen
besteht darin das materielle Wollen und geistige Wohl
als Ganzen, die sich ihre Bestimmung bestimmen, welche die Menschen sowohl als Einzelnen, sowie als Kollektivität über ihr Handlungsabsichten begründen lassen, die sich als Ethik bezeichneten.

4   Ethik- und Moral-Theorie

In diesem Thema ist nicht meine Absicht über die Theorie
von Ethik und Moral als ganzen zu behandeln, sondern
um zu deuten, woran Ethik und Moral in eine Gesellschaft, der mit Habgier von Geld und Materiellen-Besitzt
als monotheistischen Glauben in ihren Leben fest verankert hat, bestehen. Daher beziehe ich eine verkürzte
Erklärung **zur Thema-Ethik und Moral.**

4.1   Was ist Ethik

Ethik in sich zählt zu den Disziplinen der praktischen
Philosophie, die sich die Praxis der menschlichen Handlungen zu tun hat.

Nach Aristoteles Ethik zur Philosophie bezieht sie sich
im tiefsten Sinn des Begriffs das menschliche Handeln.
Sie reflektiert dem Handeln, den von den Menschen

bezüglich von der gewonnenen Erfahrung, die sich den tatsächlichen Handlungsabsichten gehören, die Prädikate der moralischen Anwendungen, die sie sich in dem theologischen-religiösen Glauben, sowie in der Rechtswissenschaft zum Ausdruck kommen, wie beispielweise: „geboten/verboten, ‚erlaubt'/nicht erlaubt", „gerecht/ungerecht", oder „angemessen/unangemessen"[13].

Was moralisch als falsch oder richtig determiniert, ist nach der Absicht des Handels und Wollens, die der Mensch als eigne Ziele, Regeln, Vermittlungen, Einstellungen, Tugend ... vornimmt.

Die Philosophie thematisiert, überprüft und bewertet den Grund des Selbstreflexives der praktischen Ethik der individuellen Handlungsabsichten. Die spezifische Art, die den Handlungsregeln des Handelnden bezieht sich nach, bzw. dessen Moralität als richtig, legitim, gut, gutmütig ..., oder als Immoralität bzw. Unmoral sowie: falsch, illegitime, böse, geizig ...

Die philosophische Ethik entwickelt sich dennoch ein umfassender Beitrag zur Theorie der Moralität, die sich nach Gegenständlichkeit der menschlichen Praxis, welche den als praktische Theorie der Moralität bezeichnet ist, und zu vermessen ist.

Trotz die philosophische Ethik als Moralphilosophie bezeichnet wird, unterscheidet der Philosophie dennoch grundsätzlich zwischen Ethik und Moral.

---

13 Matthias Lutz-Bachmann; Grundkurs Philosophie, Band 7, Ethik, Philip Reclam jun. GmbH+Co.KG, Stuttgart, 2013, s.15

Es wird bezeichnet, dass die Ethik als ein Ausdruck der Erkenntnismethoden der Philosophie zu betrachten ist, in hinsichtlich der Behandlung der Begriff „Moral" als Thema oder als Erkenntnisgegenstand.

Die Aufgabe der Ethik in Vergleich zur Moral ist der Ethik bezeichnet; als „Reflexionsform, als Theoriegestalt, sowie als Disziplin, die sie bei den Untersuchungen des Gegenstands auf Moral bezogen.

Der Metaethik dagegen ist in Vergleich zur Ethik, der im Sinne auf der praktischen Theorie des Handels bezogen ist, muss die Metaethik unterschieden werden.

Metaethik anderes als Ethik beschäftigt sich nicht grundsätzlich unmittelbar mit dem Handeln unter den Aspekt der Moralität (oder genannt die moralische Richtigkeit), es ist mehr angehaftet mit dem „logisch-semantischen Sinn und des ontologischen Seins, den zu folgen, die ontologische Bedeutung, die sich in der Moral verwendet, und der an sich in der Ethik reflektiert, genannt als die Prädikate. Die Aussagen der moralischen Prädikate, wie „gut" und „böse", „moralisch richtig", *„moralisch richtig" bilden sich grundsätzlich, in den moralischen Handel.*

4.2   Was ist Moral

„Als >Moral< wird daher im Folgenden im Unterschied zu bloßer Gewohnheit, Üblichkeit, Brauch oder Tradition das intersubjektive, soziale und institutionelle Gefüge von Hand-

lungen, Handlungsregeln, und Handlungspräferenzen be-
zeichnet, ..."[14].

Einige Philosophen sind an der Ansicht, dass sie die
Moral als Emotivismus bezeichnen, das heißt, dass aller
Moral fallen auf Emotion zurück.

David Hum hat beigetragen in seine Position der Moralität (Moral Sentiments), dass Moral sich nicht nur als
bewegende Handel subsumiert lässt, sondern, geht im
Bereich des Gefühls zurück.

Aristoteles vertritt die Ansicht aus, dass jenes Handeln in einer Einmaligkeit Kontingenten von zufälligen
Zügen besitzt, während auf der andererseits die Theorie des ethischen Handelns lässt sich im Generalfall des
entscheidenden Punktes auf Regelmäßigkeiten und Re-
gularitäten formulieren.

Die zentrale Frage, der die zeitgenössische Debatte zur
Metaethik stellt, ist, ob es der Anspruch auf moralische
Richtigkeit gibt, die der Ethik zu untersuchen hat, ra-
tional betrachtet, sowohl kognitiv sowie angemessene
Überprüfung eindeutig mitsamt zu entscheiden ist.

Die Metaethik hat diese Frage in unterschiedlicher
Weise eine Antwort gegeben, trotz dessen unterschiedlichen Bezeichnungen untereinander teilt, vorfallen bestimmten Gemeinsamkeiten oder Grundannahmen mit.

Diese Erkenntnis erklärt sich von den gegensätzlichen
aufgetretenen Positionen sowie: Kognitivismus und Non-

---

14 Ebd. S.19

Kognitivismus, Realismus und Non-Realismus in der Metaethik.

Die These, die Non-Kognitivismus vertritt, besteht darin, dass der Anspruch auf moralische Richtigkeit in Bezug auf Handlungen oder Handlungsregeln, ist eindeutig, im Kognitiven weder erkannt noch abschließend rational begründet werden kann. Während die Kognitive Auffassung im Gegensatz zu dieser These bejahen.

Trotz der widersprüchlichen Unterschiede von den beiden kontroversen Positionen gehen allerdings auf gemeinsame Auffassung aus: Es wird behauptet, dass durch exakte wissenschaftliche Erkenntnisse von einem Objekt der räumlich-physikalischen Welt, könnte mit der Hilfe des empirisch forschenden Wissenschaftsprogramms gewonnen werden.

„Kognitivismus, der von einer rationalen Begründungsmöglichkeit der ethischen Aussagen ausgeht, und der Nonkognitivismus, der gerade diese leugnet und so einem ethischen Irrationalismus das Wort redet, stehen gegeneinander. Eine in der Ausgangskonstellation vergleichbare Lage lässt sich für die aktuelle Auseinandersetzung in der Metaethik zwischen moralischen Realismus und Antirealisten aufzeigen"[15].

Wie sollte es mit allen Debatten, der Metaethik, die Frage nach dem „moral point of view" in Bezug auf Praxis zu beurteilen?

Die verschiedenen Autoren der Metaethik des 20. Jahrhunderts, die die non-kognitivistische Ansicht vertreten, sowie Charels L. Stevenson schließen in ihren Auffüh-

---

15 Ebd. 30

rungen mit dem Ausgangspunkt, der an der grundsätzlichen Prämisse des logischen Positivismus sinnkritisch des Erkenntnisanspruchs der Ethik als unwissenschaftlich zurückweist.

Anderes als das Vertreten des Non-Kognitivismus, vertreten die Repräsentanten die Idee des Naturalismus, zu Folge des Kognitivismus, sowie David K. Lewis und Ralph B. Perry, sind ihre Auffassung, dass moralisch grundsätzlich wissenschaftlich nach rational zu gründen sei.

Dies geschieht aus der empirischen Erklärung der physikalischen Welt des Objekts, den die Bedeutung der Moral ausnahmslos aus dem Prädikat („richtig", „gut", „gerecht" ...) ableitet.

4.3   Worin besteht Ethik in der modernen Welt, die sich als „Zivilisation" bezeichnet?

Die philosophische Ethik nach Aristoteles definiert sich im strengen Sinn des Begriffs auf eine praktische Theorie, die sie sich begrifflich auf den Handel des Tuns der Menschen reflektiert lässt.

Ethik in Bezug auf Erfahrungen gewonnenen Handel nimmt auf von den sie sich für das moralische Handeln vermittelten begrifflicher Einsicht und Analyse, welcher die konstitutiven Elemente dazu beizutragen ist. Die Handelnden, die sich stets eigenes Handeln besser gestalten, ausweist, vermitteln gleichwohl das Ziel der Ethik folgerichtig. Daher bedarf Ethik als das Ziel, die eine praktische Theorie ist: *„Die Adressaten der Ethik sollen*

durch die Lektüre der philosophischen Ethik über die wirklich
wichtigen Ziele ihres Lebens, nämlich das wahrhafte Glück,
das die Menschen in ihrem Handeln erreichen können, und
die dafür angemessenen Haltung und Einstellungen philoso-
phische aufgeklärt werden"[16].

Aristoteles hat seine philosophischen Schriften der
Ethik in drei Aufgabenstellen aufgeteilt und definiert:
Eudemische Ethik, Große Ethik, Nikomachische Ethik.
Aristoteles befasst sich ausführlich über das Thema der
Nikomachischen Ethik. Nikomachische Ethik erklärt
sich als das Lebensziel, die der Mensch durch sein Handeln beabsichtigt ist, zu erfüllen. Diese nach Aristoteles
schriftliche Erklärung bezieht sich nur das Ziel oder die
Absicht, die sich die Ethik abfasst, sondern dennoch das
Programm einer praktischen Theorie, die sich nach Erfahrung benötigen. Er meint denjenigen Akteuren, die
diese Erfahrung im Handeln klug geworden sind, sind
diejenigen, die würdig werden können, und dass sich an
dieser praktischen Theorie, die den als Beitrag zur moralisch besseren Praxis auswirken können. Einige von
seinen Zeitgenossen in Griechenland, den Aristoteles
ihre Auffassungen über Tugendethik kritisch äußerte,
haben die Ansicht vertreten, dass die Tugendethik an den
Gluck des Lebens durch Lustgewinn, die könnte durch
den Erwerb von Reichtum oder errungen von politischer
Macht und gesellschaftliche Ansehen erreicht werden.

---

16 Ebd. S. 54

Diese Ansichten sind in die heutigen „modernen Zivilisation" als die Idee der eschatologischen kulturell-Ethos-Weltweit etabliert.

Das menschliche Handeln ist gekennzeichnet durch einen Spezialfall, bekannt als teleologisch, welches dessen Streben nach einem bestimmten Ziel ausgerichtet ist.

Diesen Streben nach Ziel zu Folge teilte Aristoteles in zwei Richtungen: „Poetische Handlung" (Grieche: Poesie, schaffend): für Aristoteles ist dieses Ziel dadurch bestimmt außerhalb des Handlungsvollzugs zu finden.

Den zweiten Zweig der Zielrichtung ist bekannt als des „praktisches Handeln", die im engeren Sinn ein Ziel innerhalb des Handlungsvollzugs zu erreichen ist.

Das allumfassende Ziel des menschlichen Handels, die denn nach Aristoteles im moralischen Sinn als „gute Praxis", „Eupraxia", oder als „geglückte Leben" oder „Eudaimonia" aufstellte, bestimmen den Zyklus dieser Verfahren.

Dieser Zyklus, der sich als die Bestimmung der Tugendethik gekennzeichnet, schließt sich zusammen, ohne der Erste den Zweiten widerspricht und vice versa.

Tugendethik, die sich als vernünftiger Wille der materiellen Begehrtheit zu definieren lässt, unterwerfe die Menschheit mit Willkür dem vorgegebenen Kausalgesetz des Mundus, den sie sich schlechthin als freie selbst bestimmende anheben.

Nach der Deduktion von I. Kant ist zunächst die Moral als praktische Wirklichkeit mit dem Faktum der reinen Vernunft ohne Weiteres angewiesen, sowie des Bewusstseins des moralischen Grundgesetzes blieb unzertrennbar mit der Willensfreiheit.

Das Moralgesetz ist der Definition nach dem Gesetz eines freien Willens.

„... dass die Vorschriften der Moral >>selbst für die gemeinsten Menschen<< (V35) vernehmbar sind, hebt erneut einige Eigenschaften und Vorzüge des »Grundgesetzes« hervor und entwirft eine Typologie alle materiellen Sittlichkeitsprinzipien"[17].

Mit dieser Ansicht der Ethik-Egoismus haben die Moralphilosophen, sowie David Hume, Adam Smith, Francis Hutcheson gegen Egoismus erhoben, wobei Kant der Denkform der Bernard de Mandeville zur Differenzierung zwischen Egoismus, Altruismus aufgehoben, in dem er folgendes erklärt: „All primär auf die Hervorbringung sinnlich-materialer Objekt zielenden Handlungen sind letztlich durch die eigne Glückseligkeit motiviert"[18].

Kant meinte weiterhin, dass alle praktischen Prinzipien, die sie sich ein Objekt (Materie), die des Willens der Bestimmungsgrund voraussetzen, können keine praktischen Gesetze abgeben, sondern sind insgesamt empirisch zu betrachten. Nach Aussagen von Kant sind allen Materialien praktischen Prinzipen insgesamt von einer und derselben Art, gehören sie sich unter den allgemeinen Prinzipen der Selbstliebe, ergo eignen Glückseligkeit.

---

17 Immanuel Kant, Kritik der praktischen Vernunft, Felix Meiner-Verlag, die Deutsche Bibliothek, 2003, Einleitung, s. XXVI-XXVII
18 Ebd

Die Vorstellung, der die Lust nach einer Sache als Subjekt empfänglich ist, die sie sofern ein Bestimmungsgrund des Begehrens gründet, hängt von dem Dasein des Gegenstandes ab. Die Empfänglichkeit des Subjekts, die sie sich von dem Dasein eines Gegenstandes abhängt, gehört sich mithin nach dem Sinn (Gefühle), und nicht dem Verstand an, der nach Begrifflichkeit eine Beziehung von dem Subjekt der Begier, einer Vorstellung von Objekt ausdruckt.

Somit ist das Bewusstsein eines Wesens ununterbrochen von dem Dasein der Annehmlichkeit des Lebens, genauer gesagt die Glückseligkeit, und das Prinzip, die sie sich als den höchsten Bestimmungsgrund der Willkür, d. i. das „Prinzip der Selbstliebe" zu begründen.

Friedrich Nietzsche meinte Moral an sich, ihr Urteil und Vorurteile ist die „Lieblings-Rache" eines geistig Beschränkten, die sie Moral als eine Art Schadenersatz ersuchen, die von der Natur an sich schlecht bedachten wurden, und damit dachten endlich die Gelegenheit zu haben, den Geist zu erlangen und fein zu werden; aber im Grunde mit Bosheit versiegelt sind.

Er meint weiterhin, es tut die Menschen im Grunde ihres Gewissens zu befriedigen, wenn es einen Maßstab vorhanden ist, den mit derjenigen, die den Gütern und Vorrechten des Geists überhäuften sind, ihnen gleichzustehen: Das bedeutet den Kampf der Gleichheit für alle vor Gott zu bestreben. Subsumiert es sich, dass der Mensch stets an Gottesglauben, dass er nötig hat, im Gegensatz zu den starken Gegnern des Atheismus.

„Vielmehr möchte ich ihnen mit meinem Satze schmeicheln, dass eine hohe Geistigkeit selber nur als letzte Ausge-

burt moralischer Qualitäten besteht; dass sie eine Synthesis aller jener Zustände ist, welche den >>nur moralischen<< Menschen nachgesagt werden ...; dass die hohe Geistigkeit eben die Vergeistigung der Gerechtigkeit und jener gütigen Strenge ist, welche sich beauftragt weiß, die Ordnung des Ranges in der Welt aufrechtzuerhalten, unter den Dingen selbst- und nicht nur unter Menschen"[19].

F. Nietzsche, sagte, es ist gewiss die Forderung, der ich an den Philosophen zu den jenseits von Gut und Böse zu stellen ist, das, was als moralischen Urteils unter sich haben, ist nichts anders als eine Illusion: *„dass es gar keine moralischen Tatsachen gibt"*[20].

Das moralische Urteil fällt mit dem religiösen zusammen, und sie glauben an Realitäten, die keine sind. Die Moral, die aus einem gewissen Phänomen deutet, ist eine Missdeutung in einem bestimmten Grad, den es sich als Einbildung bezeichnet wird. Folglich meint Nietzsche: *„Moral ist bloß Zeichenrede, bloß Symptomatologie: man muss bereits wissen, worum es sich handelt, um von ihr Nutzen zu ziehen"*[21].

Zur Kultur nach F. Nietzsche: er bezeichnet der Kultur als ein Glockenguss, der sich entstanden aus gröberem gemeinem Stoff eines Mantels. Den Mantel besteht aus:

---

19 Friedrich Nietzsche, Jenseits von Gut und Böse (Werk 3) Könemann Verlagsgesellschaft mbH, Bonner Straße 126, D-50968 Köln; Herausgegeben von Rolf Toman, 1994, s. 147 (219)
20 Ebd. S. 321
21 Ebd. S. 147 (219

„Unwahrheit, Gewaltsamkeit, unbegrenzte Ausdehnung aller einzelnen Ichs, aller einzelnen Völker, waren dieser Mantel" [22].

Die Totalität, der die Last die Kultur trägt über Empfindungen, Kenntnisse, Erfahrungen, hat die Kräfte der Nerven und der des Denkens so sehr überreizt, welche sie sich eine Gefahr von neurotischen Zuständen in den kultivierten Klassen den europäischen Ländern und ihren Familien auslöst, den sie noch näher gerückt in dem Glied des Irrsinns.

Trotzt allem, es wird immer einen neuen Spielraum der Renaissance erhofft, sofern man dem Christentum, den Philosophen, Dichtern, Musikern und den überfüllten von tief erregenden Empfindungen hat ...

Die Kultur, den als Bezeichnung eines Rationalismus der Rassischen-Überlegenheit übernommen hat, leiden darunter diejenigen, die der unrechtmäßigen Mittel des Reichtums durch Gewalttaten erworben haben.

Mit diesem unrechtmäßigen Reichtum, dem der Besitzer, mit aller seinen Kräften, Lebenswillen ins gesamt subsumiert hat, um damit sich dem Herrn des über alles darzustellen, gleichsam ohne seinen Ursprung der tiefen Armut und Elend zu vergessen, benutzt er der Kultur als Wesens zum Mittel zum Zweck. Kultur als Wesens ist damit bezweckt die Verwirklichung der Herrschaft der Vernunft über die Naturkräfte, sowie der Herrschaft der Vernunft über den menschlichen Gesinnungen.

---

22 Ebd S. 435

Die Herrschaft der Vernunft über die Gesinnungen besteht, die Einzelnen und Kollektiven Notwendigkeit des materiellen Wollens, sowie das geistige Wohl als Ganzen, die sie sich als Ethik bestimmt.

4.4 Kultur und Zivilisation

In diesem Diskurs über Kultur und Zivilisation ist für sich ein großer Komplex und schwierige Thema hier an sich als spezifische zu behandeln, daher es ist nicht angebracht als Thema so tief und in detailliert hineinzugehen, aber ich versuche nur die relevanten Teile über Kultur in den Bezugnahmen auf den Inhalt des Buches aufzuarbeiten, infolgedessen zu behandeln.

Kultur nach unserem Zeitgeist ist so zu beschreiben; es beinhaltet sich als natürlicher Lebensumgang, der menschlichen Aktion über ihrer Inter-Handel-Kreuzung, aber es definiert sich auch mehr als das; es umfasst sich die Kompliziertheit der menschlichen Lebensentwicklung und Lebenserfahrung, die die kognitive Fähigkeit der menschliche Geist ihre Umwelt aufnimmt und aufarbeitet.

Den Prozess der Kulturbewegung subsumiert sich nicht allein durch die Gebiete des *objektiven Materiellen, aber auch durch die Subjektiven-Geistigen-Ethiken ist gekennzeichnet.*
    Wie n.o erklärte, Kultur ist nicht nur mit einfachen Worten oder Phrasen zu beschreiben. Es besitzt begrifflich ein Komplex von Definitionen.

Kultur/oder Zivilisation an sich ist exzeptionellen, mit Komplexen von Begriffen und Erklärungen verbunden, aber es gibt ein weitverbreitetes Aussagen zur Kultur, die im Allgemeinen als normative Begriffe zur Geltung kommt.

Kultur oder Zivilisation sind von einem und derselben Medaille, die nicht anderes zu beschreiben ist, eine Form der Lebensgestaltung. Das kann bedeuten die Entwicklung der Menschen nach neuer höherer Organisation und höhere Gesittung von intellektueller Bildung.

Den Ausdruck der sprachliche Gebrauch in den Deutschen-Sprach-Raum über diese Form von Lebensgestaltung ist als „Kultur" bekannt, während in den Französischen-Sprach-Raum benutzen den sprachlichen Ausdruck als „Zivilisation".

„Zivilisation" in der Angelo-Sachsen-Raum ist bekanntlich als historischen Epochen; sowie, „die Römische Zivilisation, oder Ägyptische Zivilisation …, die sowohl historisch-politische Entwicklung als auch kulturelle Ereignisse kodifizieren.

Manche bezeichnen Zivilisation als „Modern", sowie neue Musik, Tanz, Bekleidungsstil oder neue Autos, die anderes ist als die Jetzigen oder von der Vergangenheit. Es wird auch den Begriff „Zivilisation" als kultureller Unterschied zwischen die Lebensgestaltungen zwischen diversen Gesellschaften benutzt; sowie „Zivilisierten Gesellschaften", genauer gesagt „Kultiviertheit" und die „Barbaren".

Oswald Spengler hat argumentiert, indem er folgendes Statements darstellte: *„The Decline of the West that all cultures eventually petrify and externalise themselves into* *civilisations, which suggests a decline from the organic to the mechanical. Until the advent of modern cultural technologies, civilisation was a more cosmopolitan phenomenon than culture which has traditionally been a more parochial affair"*[23].

Die Revolution der Hi-Tech ist auf der Stufe der modernen Zivilisation klassifiziert, während Kultur auf der Ebenen der Lebensweise und Kunst subsumiert ist.

Die normativen Begriffe zur Kultur, die im Allgemeinen zur Geltung kommt, sind Folgendes:

1. Werte, Bräuche und Sitten, Glaube und symbolischen Kult, Spiritualität, intellektuell
   Entfaltung und Kunst, sowie Lebensgestaltung
2. Poesie oder Gedichte, Musik, Tanz, Theater, Literatur oder schließlich Ess-Kultur ... sind als Lappische Kultur bezeichnet.

Nach K. Marx gehört Kultur die Tugend der menschlichen Gattung, da der Gattung-Mensch befähigt ist, die sie sich mit Komplexen von Tätigkeiten und Kommunikation, den er kognitiv aufnimmt und aufarbeitet, welche diese als die Grundfeile der Kultur oder der Zivilisation auferlegt und darstellt.

Was an sich tief sitzt, mehr als der Kultur in dem Bewusstsein der menschlichen Gattung ist den materiellen Bedingungen, welches der Kultur je als notwendig und möglich macht. Terry Eagleton verweist darauf, dass der Gattung-Mensch ist eine materielle Spezies, der für

23 Terry Eagleton; Culture, Yale University Press; New Haven And London, 2016 s. 15

sich auf eigne besondere Art besitzt, welche um Werten nach seiner Beliebigkeit verwertet, der er um die Geburt in dem der Kultur auf den Vordergrund stellt, und dennoch, wenn überhaupt die Notwendigkeit der vorhandenen Materiellen-Natur grundsätzlich aufgebracht ist.

Mit dieser Notion heißt es, dass die Kultur kann zu Stand kommen, wenn die Notwendigkeit der Materiellen-Natur als der Bestimmung da ist.

Diese Materiellen-Natur kann durch die Ausbeutung der Natur-Ressourcen und den Menschen als die Notwendigkeit realisierbar machen lassen. In dieser Weise Kultur als Prozess verweist durch die ökonomische Überlegenheit, die sich die Größe Leistungen in alle Ebenen der wirtschaftlichen Zweige fortentwickelt hat, verfügen; sowie, Industrie, Bauwesen, Verwaltung, Handel, Kolonisierung ... gegenüber andere „unterentwickelten Rationalität": Kolonialismus hat an sich und für sich zwei gegensätzliche Entwicklungen hervorgebracht; zu einem durch ihre maßlose Ausbeutung und Verwertung, den Gewinn, ihre wirtschaftliche Entwicklung hat des Progresses ihre Kultur und Lebensstandard einen unvorstellbaren Aufschub hervorgebracht, und zum anderem ließ sich den Mensch des Okzidents die Selbstbehauptung als Super Rasse der Zerstörer und der Erschaffer: Gott auf Erde.

Ist der Kultur oder Zivilisation einer Prämisse, der die Rationalität dessen „Unterentwicklung" voraussetzt, sofern, die Notwendigkeit der materiellen Ressourcen und die Macht der Ausbeutungsmechanismus verfügt?

4.5 Zivilisation voraussetzt ursprünglich Eroberungen und Kolonisierung

Europas kolonial Politik war nicht allein durch ihre inhumane Ausbeutungsmaßnahmen, die die Bevölkerung in den Kolonien ein Ausmaß von Elend hinterlassen hat. Gleichwohl sie hat in ihren eignen Ländern, um aus den Kolonien Eroberte schätzen und Ressourcen zu verarbeiten, mit der hypothetischen Lügen der Beschaffung von Arbeitsplätzen, bzw. Wohlstand und Frieden Sicherung unter eignen Bevölkerungen zu schaffen, sondern mehr sie hat in ihren eigenen Gesellschaften ein psychisches Elend als verweilende Elend in allen Ewigkeiten hinterließen: Angstzustände und Bezweifelung:

Denn Hauptanliegen der Zivilisation ist nur der imperialistischen Eroberung und Ressourcenausbeutung, sondern der Politik der Akkulturation, die Gestaltungsform der Ersetzung eine Kultur durch eine Transvestierte Kultur.

„Die Herrschaft der Vernunft über die menschlichen Gesinnungen hingegen ist die geistige Errungenschaft im besonderen Sinn, weil sie mit dem Wirken des Geists auf den Geist, das heißt der überlegenden Kraft auf die überlegende Kraft, zu tun hat"[24].

Hier, Albert Schweizer als Humanist, überspringt er den tatsächlichen Glauben der Kultur Rassistische-Relativismus, die nach ihrer Kultur Verständnisse nur auf

---

24 Albert Schweitzer; Kultur und Ethik, Verlag C*H*Beck München, 1960, s. 36

diejenigen mit höherem entwickeltem Geist, kann als Kultur-Zivilisatorisch-Mensch bezeichnet wird.

Worauf voraussetzt der Geist-Überlegenheit? Der Kraft und Macht der Gewalt-Superiorität, um andere Nationen und Ländern mit militärischer Gewalt zu erobern und zu kolonisieren, oder als Semi-Kolonial-Staat unter ihre eigne Bevormundung zu stellen. Und damit ihre Materiellen-Natur-Ressourcen gnadenlos Ausbeuten, und die Bevölkerungen, die diesen Reichtum gehörten, in der ewigen Armut zu verdammen, und dann den als Unter-Menschen mit niedrigem Geist zu unterstellen, die nach wirtschaftlicher und kultureller Erziehung bedürftig sind; (die als Innenbegriff Entwicklungshilfe bekannt ist, aufzuzwingen).

Kolonisierung fremden Ländern ist ein Stück Grundsicherung für die europäischen imperialen kolonialen Zentren. Durch die Kolonien und Semi-Kolonien als wirtschaftlichen Grundsicherungen werden unmittelbar den staatlichen Defiziten ausgeglichen durch die Profite, die aus diesen kolonialisierten Ländern erwirtschaftet haben.

Abgesehen durch Ausbeutung und Akkulturation, haben die imperialistischen Mächte die Idee entwickelten, die Menschen in den Kolonien in der ewigen Abhängigkeit zu schaffen und zu unterstellen. Ihre Vorhaben der Unterstellung in der Abhängigkeit im Raum und Zeit ihrer eignen Sphäre, basiert sich grundsätzlich nicht nur durch totale Auslöschung ihre Kultur, Normen und ihre natürliche Umwelt der Lebensweise, sondern mehr tief in der Grundlage des gesellschaftlichen Moral-Denkens, der Zusammenhalt der Lebensnorm der Familien, sowie der Kollektive Solidarität der Familien, sowie ihre Sitten und ihr Religiöse-Glauben der Ahnen durchzudringen und völlig zu zerstören. Die kolonialen-imperialistischen Mächte haben mit Willkür und gut kalkulierter Intention artifizielle Grenzen durch die Familienmitglieder gezogen, und die Gebiete unter sich geteilt, ohne Rücksicht auf die jeweiligen betroffenen Bevölkerungen zu nehmen.

Diese Verdammung die Menschen in jenseits des Nirgendwo; Trotz die zugestehenden Formeln Unabhängigkeit, die diese Kolonien bekommen haben, müssen sie unmittelbar den vorgeschriebenen Status-Quo-Regeln verbeugen und festhalten, mit dessen aktuellen Ursachen der Armut, Elend, Kriege, Flucht, die in der Gegenwart die Welt erlebt, sollte es sich nicht als Natur Gegebenheit Phänomen angesehen werden, sondern, es ist schon längst vorgeplant objektiven Tatsachen.

Diejenigen Staaten, die diese Status-Quo-Regeln verstoßen und widerlegen, müssen sie die Konsequenzen selbst verantworten, in dem sie mit harter Maßnahme von Vergeltung zu rechnen ist: durch direkte militärische Vernichtungsangriffe, in dem der Staatswesen und den Lebensraum der Bevölkerung völlige zu zerstören, ist damit bezweckt das moralische Selbstbewusstsein der existentialen Entscheidungen und dessen Handlung Rationalität; wie die politischen Entscheidungsträger aus den Szenen des politischen Handels komplett ausradieren, und die alten Regeln mit erbärmlicher Situation wiederherzustellen.

Ironischerweise die dobbelte Moral, der imperialistische Mächte, ohne den Vorgeschriebenen des Status-Quo-Regelns zu reformieren, engagierten sie stetig die Programme der Bekämpfung die Armut, Elend und die Unterentwicklung. Die imperialen Kolonialmächte entwickelten eine einmalige Konzeptidee, *„ein Masterwerk",* *die sie den Namen „Entwicklungshilfe eingeweiht haben.* *Dessen Idee der politischen Philosophie ist dazu zu dienen,* *der Bekämpfung der Unterentwicklung" und gegen Armut.* *Den politischen Zweck diese Idee ist nichts anderes als die* *Beschaffung die totale Abhängigkeit.*

Mit Stolz behaupteten sie, dass dieser fantastische Projekt-Idee „könnte",-aber muss nicht-; das Elend und die Unterentwicklung ein-für-allemal beseitigt werden. Die Projektidee ist das hervorragende und einmalige Heilmittelkonstrukt, (nach der Behauptung des Eigners Projektideen), dass sie sich mit Stolz als „die Entwicklungshilfe" auf der Weltbühne präsentierten: Im Grunde genommen ist dieser Wirbel um Nichts einfach als einen aufgeblasenen Schaum zu bezeichnen, sowie eine lächerliche Verspottung, beispielsweise.

Mit dieser Form von Verhöhnung ist immer verankert mit ihren rassistischen Unterstellungen, dass den Afrikanern und anderen Rationalität- nach „ihrer genialen Betrachtungsweise" – noch geistig zurückgeblieben, und sie befinden sich in der Stufe der Entwicklungsstadien der Kindheit.

Diese Projektidee hat zwei psychologische Merkmale zu bezeichnen: Der Retter und der Vernichter: Der Gott und der Dämon in Eins (Gottdämon).

Die moralische Pflicht der Göttlichkeit gegenüber den unterliegenden Untertanen zu erfüllen, gleichwohl zu bestrafen: führt zu einer demonstrativen Darstellung einer deutlichen Anerkennung der Überlegenheit.

Die Präsenz der „Jetzt-Folge„: Es ist eine tiefe Angst: die Angst vor der Wiederkehr der Kriege, Pest, Hunger und dessen übelste Vernichtungswelle, die Europa verwüstet hat. Ein Angstzustand, der wie ein Dämon in den psychischen Bevölkerungen des Okzidents herumwirbelt. Es ist ein ständiges Wachsein und davon Wegrennen, eine Angst zustande, um zu wehren gegen die Wiederkehr des Übels, der sie sich eingebildet zu haben, dass es sich ihres realen Lebens eingeholt zu werden. Es ist ein ständiger Kampf gegen eine subjektive und imaginäre Übermacht. Und diese subjektiven Übel machen die Bevölkerung des Okzidents aggressiv und unberechenbar.

Es ist auch die Angst, der nicht genug gesättigt zu werden, sowie die ständige Angst um den Verlust der Ressourcen, der durch ihren gnadenlosen Ausbeutungsmechanismus und Umweltzerstörung mehr und mehr in der Knappheit geführt hat. Dennoch kommen die ständigen Angriffe und Zerstörungen den schwachen Ländern, um ihre totale Unterwerfung der Imperialen-Macht zu zwingen.

Entwicklungshilfe ist nicht mit dem Fortschritt des Technologietransfers identisch, sondern es besteht ein Kulturtransfer, der sich zur eigentlichen Kultur in einer negativen Dialektik gegenübersteht. Diese fördert mehr die unrechte Herrschaft der Plutokratischen Diktatoren, die für die Unterentwicklung, Kriege, Massen-Exodus und Kultur-Dekadenz in ihren eignen Ländern verantwortlich sind; Selbstverständlich im Auftrag der Impe-

rialen-Mächte und den Wohlstand der eigenen Länder
mit allen Mitteln stetig zu sichern.

Rousseau hat im achtzehnten Jahrhundert diese Aussage über die Primitiven, die nicht zivilisieren wollen, dargestellt:

„Es ist eine außerordentliche bemerkungswerte Sache, dass die Europäer nach den vielen Jahren der Bemühung, die Wilden verschiedener Gegenden der Welt zu ihrer Lebensweise zu bekehren, nicht einen einzigen gewinnen konnten, selbst nicht dank des Christentums ... Wenn dieses arme Wildern so unglücklich ist, wie man vorgibt, aus welcher unbegreiflichen Verderbnis des Urteils weigern sie sich dann beharrlich, sich nach unserem Vorbild zu kultivieren oder unter uns glücklich leben zu lernen"[25]?

Entwicklungshilfe ist die philosophische Fortsetzung der Koloniale-Rassistische-Idee, um die Primitiven zu zivilisieren; sowie Lord Thomas Babington Macaulay. Während seines Besuchs in Afrika behauptete er, es sei die Aufgabe der Britten, was er denn nannte: „to enlighten the Heathens" (Aufklärung der Heiden), die außerhalb Europas leben.

Den Vortrag von Lord Thomas Babington Macaulay, bevor das britische Parlament am 2. Februar 1835 teilte er folgende Statements an das Parlament:

„I have travelled across the length and breadth of Africa and I have not seen one person who is a beggar, who is a

---

25 Stanley Diamond; Kritik der Zivilisation, Anthropology und die Wiederentdeckung des Primitiven, Campus Verlag, Frankfurt/New York, 1976, s. 30-31

thief such wealth I have in the country, such high moral va-
lues, people of such calibre, that I think we would ever con-
quer this country, unless we break the very backbone of this
nation, which is her spiritual and cultural heritage and the-
refore, I propose that we replace her old and ancient educa-
tion system, her culture, for if the Africans think that all is
foreign and English is good and greater than their own, they
will lose their selfesteem, their native culture and they will
become what we want them, a truly dominated nation"[26].

Mit Erfolg hat Europa die afrikanische Kultur in der Mitte der Wirbelsäule gnadenlos gebrochen, und anstatt sie
kreierten Kultur-Mutant-Wesen, die in dem afrikanischen Kontinent und in den arabischen Halbinseln die
Macht mit derer Hilfe aufgegriffen haben.

Einen Mutanten, die kulturell als Hybrid zu bezeichnet werden, oder kulturell Transvestit als Merkmal zu
bezeichnet werden; die weder Europäer noch Afrikaner
oder Orientalen als identisch identifizieren zu können.
Sie beherrschen ihre Länder in Form von „Kommissarisch", beispielsweise im Auftrag der imperialen Mächte. Die Auftragserfüllung soll lauten; mit säuischer und
grausamer Herrschaftsform zu regieren. Alle Form von
Erneuerungen, revolutionären Reformen und Ideen und
mit ihren Trägen müsste mit allen Kräften ausgelöscht
werden. Das Land und die Bevölkerungen müssen mit
dem Ausmaß von Armut und Elend zu verdammen sein,
dass keine Aussicht auf positive Veränderungen in der

---

26 Rede von Lord Thomas Babington Macaulay vor der Briti-
    schen Parlament, 2 Februar 1835 (aus dem Internet)

nahen Zukunft zu erwarten sei, und es müsste mit aller Maßnahme dieses verhindert werden.

Falls die Massenbewegung für Veränderung stark und laut sein sollte, dann die einzige Alternative Maßnahme zu ergreifen ist, die Initiierung mehr Kriege und Bürgerkriege, sowohl intern als auch militärischer Intervention von außen.

Diese Methode des politischen und militärischen Aktionismus erhöht dennoch den Mechanismus des Elends und der Ausbreitungswellen, um mit Willkür die vorgeplanten Intentionen des massenhaften Exodus zu inszenieren und zu verschlungen. Dieser Aktionismus führt zu einem nicht kalkulierbaren Ausmaß von Massenausbruch, die sich eines gefährlichen Odysseus unternommen haben. Die dessen Ursachen hat Tausende von denen, die sie sich in den Wüsten und in das Meer durchkreuzten, in den Tod gerieten. Diejenigen, die das Glück hatten und von dieser tödlichen Gefahr verschönt sind und nach Europa angekommen sind, haben zuerst mit Willkommensgrüßen von den heimlichen Bevölkerungen entgegneten; aber nach dem kurzen Augenblick hat diese Willkommenskultur in dessen negativen Übel umgekippten; den erwarteten Hass, Rassismus und die Degradierung der Menschen als aussätzige Untermenschen wurden den alltäglichen sprachlichen Credos ... Die europäische Kulturpolitik hat der demokratischen Werte den Rücken gekehrt, und die Rechte der Populisten haben das politische Terrain in Europa für sich in Anspruch genommen.

Theodor W. Adorno schrieb an solches gehoffte Utopia folgende Masse:

„Die Brave New World ist ein einziges Konzentrationsla-
ger, das, seines Gegensatze ledig, such Paradise hält. Wenn,
Diner Lehre aus Freuds Massenpsychologie zu Folge, Panic
der Zustand ist, in welchem mächtige kollektive Identifika-
tion zerfallen und die freigesetzte Triebenergie such in jähen
Angst verwandelt, dann vermag der von Panik Ergriffene
das Finstere zu innervieren, das auf dem Grunde der kollek-
tiven Identifikation selber liegt, das falsche Bewusstsein der
Einzelnen, die ohne durchsichtige Solidarität, in blinder Ge-
bundenheit an Bilder der Macht, such eines Sinnes mit einem
Ganzen eminent, des Ubiquität sie erstickt"[27].

Die erhoffte Utopie in den jeweiligen Ländern, in die
sie sich angekommen sind und immigrierten, ist dieser Traum verschollen und anstatt an den illusorischen
Gedanken zu leben, müssen sie gezwungener Weise an
die Realität der Tatsachen an ihren Augen befassen und
nahe spüren, dass sie nicht in dem erhofften Utopia der
Himmel-Paradiese angekommen sind. Diejenigen, die
sich noch in Afrika oder in Arabien befinden, müssen
ihre Enttäuschung weiter mitteilen, mit der Erteilung
der realen Botschaft und tatsächlichen Wahrheit, bei der
sie sich befinden, dass die Nachahmung der Utopie in
Europa nichts anderes war als eine große Enttäuschung
und dass sich als Fehlschlag erwiesen.

---

27 Theodor W. Adorno, Prismen, Kulturkritik und Gesellschaft, dtv. München, 1955 (Copyright), bei Suhrkamp Verlag, Frankfurt a. M. November 1963, s. 94

Die empirische Beobachtung von Lord Thomas Babington Macaulay besaß einige Wahrheiten, als er von sich aus behauptete, dass in Afrika es keinen Hunger gab, Elend ... Somit befasste er in seinen Entdeckungen, dass in Afrika das reale Utopia zu finden sei. Er meinte weiterhin, falls die Europäer diese Zivilisation in Afrika nicht mit Gewalt zerstören durch die Kolonisierung des Kontinents, dann könnte Europa, der unter sich mit kriegerischer Auseinandersetzung beschäftigt ist, in die Nahe-Zukunft zugrunde gehen. Nach seinen Aussagen meinte er, die Kolonisierung des Kontinents muss den afrikanischen Bewohnern ihrer kulturellen Werte und Lebensraum durch unmenschliche Unterdrückung, Ausbeutung und Sklaverei in die totale Demut, die auf keinem identisch ist, zwingen. Ihre Heimaten und Lebensraum müssten zu einer Hölle verwandelt werden, und die Europäer müssen den afrikanischen Kontinent zu einem Utopia verschaffen, bzw. ein Paradies. Durch die maßlose und unmenschliche Ausbeutung der Ressourcen anderer Kontinenten, vorwiegend in Afrika, sollten die Bevölkerungen in europäischen Ländern zu einem Wohlstand und lukrativen Lebensraum entwickeln. Das Kontinent-Europa sollte auf Kosten anderer Rationalität (Afrika, Asia, Arabien, Latein-Amerika) sich blühender und attraktiver entwickeln.

Afrika ist dennoch für die Europäer der Ort der paradiesischen Vergnügungen, während der Kontinent für eigne Bevölkerungen zu einer unerträglichen Hölle geworden ist. Die Europäer haben ungestört ihre Sportvergnügen und abenteuerlichen Herausforderungen sowie die Jagd der afrikanischen Tiere, die ihre Langeweile und monotonische Leben in Europa und Amerika als ein Prestige-Genuss vergnügen. Die Propaganda der Film-Industrie, sowie die Tarzan-Filme, die der weiße Mann als der göttlichen Übernatur, der die Natur und vor allen die Tiere beherrscht, und den schwarzen Mann als den Schwächlingen, der von den weisen Mann in jede Form von Bestimmungen unterlegen, oder sich als der Retter, der den schwarzen Mann von seinem Leiden rettet, sich darstellt.

Jean-Claude Shanda Tonme, ein Journalist aus Cameroun hat in Julie 2005 bei der New York Times protestiert, in dem er schrieb.: ...*they still believe us to be like children that they must save",with "their willingness to propose solutions on our behalf*[28].

Mr. Shanda Tonme hat Unrecht protestiert, weil nach seiner Vorstellung ,du bist nicht ein ,hilfloses Kind', sondern, wie Franz Fanon zu Recht ausgedruckt hat: ein ,schwarzer Antillaner', der ,Weiß' werden will, weil wir (nach der Weiß-Mans-Behauptung) die Mühe gemacht haben, die Zivilisation, die für uns vorgeschrieben wurde, ohne „Wenn und Aber" anzueignen.

Wirtschaftliche Entwicklung voraussetzt sich nicht nur auf Bildung und technisches Know-how, sondern auf kulturelles Bewusstsein. Ein solcher Mensch, der seine Kultur zerstört wurde und nachahmt das europäische Kulturgut, ist wie ein „Antillaner", der noch nicht ein vol-

---

28 William Easterly; The White Man's Burden, Oxford University Press, 2006-2007, s. 23

ler Mensch gewaschen wurde, und muss wie ein kleines Kind in der Zivilisation eingelöst bzw. erzogen werden.

Franz Fanon schrieb weiterhin Folgendes: *„Jedes kolonisierte Volk-das heißt jedes Volk, in dem ein Minderwertigkeitskomplex entstanden ist, weil die lokale kulturelle Eigenart zu Grabe getragen wurde-situiert sich im Hinblick auf der Sprache der zivilisatorischen Nation, das heißt der Kultur der Metropole. Der Kolonisierte wird seinem Busch desto schneller entrinnen, je besser er sich die kulturellen Werte der Metropoller aneignet. Er wird desto weißer sein, je starker er seine Schwarzheit, seinen Busch verleugnet"*[29].

Hier besteht nicht grundsätzlich eine Aneignung der Weisen-Kultur, sondern die Aneignung einer „transvestierten Kultur", die nichts-Identisch ist zu keinem, weder die Kultur des Weisen Manns noch die eigene originale afrikanische Kultur, die dessen großen Teil zerstört ließen und die noch vorhandene traditionelle Kultur Afrikas als archaisch und primitiv eingestuft.

Die koloniale Gewalt hat nicht nur den Zweck, diesen unterdrückten Menschen Respekt einzujagen, sie versucht sie zu entmenschlichen. Mit nichts wird gespart, um ihre Traditionen zu vernichten, um ihre Sprachen durch unsere zu ersetzen, um ihre Kultur zu zerstören, ohne ihnen die unsere zu geben; sie werden durch Erschöpfung abgestumpft[30].

---

29 Franz Fanon, Schwarze Haut, weise Masken; Suhrkamp Taschenbuch, Frankfurt/Main, 1980, s. 15

30 Franz Fanon, Die Verdammten dieser Erde Suhrkamp Taschenbuch, Frankfurt/Main, 1966 s. 15

„Transvestierte Kultur" besitzt keine eigne Dynamik und keine eigne selbstbewusste Freiheit zur Selbstbestimmung, sich zu entwickeln und sich zu reproduzieren, es ist eine nichts gewordene Sterile-Monade. Aufgrund dessen, dass sie sich an alle Ebenen der fortschrittlichen Form sistierten bzw. untersagt worden sind, müssen sie sich zwangsweise an das Teilprinzip, das kapitalistische Ordnungssystem, anpassen und sich assimilieren, aber sie müssen sich vergnügen an die Peripherie des Geschehens, bzw. die Orte des „Decision Making", dementsprechend müssen sie sich an der Stelle der unteren Stufe des Systems schlechthin unterordnen: Sie haben mit rücksichtslosem Zwangsgewalt an jeden vorhandenen ethischen Wert und traditionellen Moral, mit ihrem Übermachtmechanismus, dem sie nicht zu widersprechen ist, entwurzeln. Gleichsam folgt die nachhaltige Zerstörung der natürlichen Umwelt sowie drangen sie gleichwohl in ihrer Lebenserfahrung und Lebensraum, bis hin zum Familienzusammenhalt. Daher haben sie mit Willkür die Selbstidentifikation-Identität des menschlichen Lebenszyklus völlig zerstört. Und dies könnte die objektive Erklärung und grundsätzliche Ursache sein, die eine Antwort geben kann auf den Mechanismus, die die Unterentwicklung erzeugt hat. Und es ist nicht etwas wie übernatürliche pneumatologische Kräfte, die Afrika verflucht, sondern den Fluch zu Folge ist ein Produkt, das die Europäer und Amerikaner durch Gewalt und dessen psychischen Empirismus erzeugten.

Franz Fanon meinte er weiterhin: *„Wenn sie, krank und unterernährt, immer noch Widerstand leisten, wird die Angst ihnen den Rest geben: erst setzt man dem Bauern das Gewehr*

auf die Brust, dann kommen die Zivilisation, die sich auf sei-
nem Niederlassen und ihm mit der Reitpeitsche zwingen, für
sie zu arbeiten. Wenn er Widerstand leistet, schießen die Sol-
daten, und der Mensch ist tot; wenn er nachgibt, verkümmert
er und ist kein Mensch mehr, die Schande und die Furcht wer-
den seinen Charakter brüchig machen, seine Person auflösen"[31].

Durch diese Gewaltausübung wurde ein Geschöpf mit
Transvestit Kultur erschöpft. Diesen Geschöpfen, die
diesen Systemen schufen, sind diejenigen, die die Macht
an den jeweiligen X-Kolonien als kommissarisch und ihren Nachkommenden ausüben, und die, die Interessen
der imperialen Mächte vertreten. Gleichwohl bereichern
sie und ihre eigenen Familien den restlichen Reichtum
des Landes durch ihre beschauliche Korruption, und betreiben sie das politische System des Nepotismus und
Klientelismus, und nehmen sie keinerlei Rücksicht auf
das Interesse der Bevölkerung und die Entwicklung des
Landes: Es bedeutet, dass diese Menschen unter mor-
phogenetischen Zwangsgeistkastration unterzogen sind,
welches alle Formen von Elan-Vital der Selbst-Regenati-
ven Kraft verloren hat.

4.6   Ist Hybrid-Kultur möglich?

**Ist es möglich, einen entfremdeten Fortschritt ein-
zuverleiben, ohne den Wiederaufbau der zerstö-**

---

31 Ebd

ren traditionellen Moral erneut herzustellen und dann Modernisierung der Kulturzellenlebensräume herzuführen?

Entwicklung, Fortschritt und Modernisierung summieren sie sich in die Kategorie der „Zivilisation". Falls ein entfremdetes Körperteil ohne eigenes starkes Immunsystem in den Körper eindringt, der den die Fähigkeit besitzt, unschädlich machen zu lassen, könnte das den Wesens-Körper völlig zerstören. Aber einem Immunsystem, das den fremden Körper zerlegt und es in eigenes System integrieren und es anpassungsfähig machen lässt, könnte eine New Starke verleihen. Dieses fremdes Körperteil könnte manipuliert und sich assimiliert werden, falls dein Körperteil die rezeptive Kraft besitzt, den rezeptiven Mechanismus zum eigenen Zwecke zu zerlegenden und die neue morphologische Genesis zu den eigenen Morphogenesen assimilieren lässt.

Wie es nach oben schön erwähnt ist, ist die Zerstörung aller wichtigen Mechanismen der gesellschaftlichen Entwicklung, sowie die traditionell-moralischen, kulturellen Werte und die vernünftig-ethischen Werte, lässt die Entwicklung zu dem Fortschritt der jeweiligen Gesellschaft sistieren. Im schlimmsten Fall könnte die Gesellschaft in die Entfremdung der Nicht-Identischen führen. Diese könnte schließlich zum Hervorbringen der (inter-kriegerischen) Auseinandersetzung, die sich letztlich in den totalen Abgrund einweihen.

Dies geschieht nicht nur allein durch Kolonialisierung oder militärischen Angriff von einer Übermacht, sondern durch List und Betrug, der eignen Vernunft überlistig zu werden.

All diese Bewegungen, welcher der Natur-Zustand als die Welt-Geschichte, werden in zwei gegensätzliche Blocks aufgeteilt, nämlich: der Jäger und der Gejagten, der eine genießt die absolute Freiheit zu tun, was er als eigne Notwendigkeit erhält, und der andere ist alle notwendige Bestimmung abgehalten. All diese führen zu der fälligen Tendenz der Wirtschaftsinteressen hin.

Hegel, der sich folgenden Aufsatz zu den Wirtschaftsinteressen schrieb, deutet (zitiert aus dem Buch von Ernst Bloch; Subjekt-Objekt-Erläuterungen zu Hegel)*: „Werfen wir einen Blick auf das Schicksal dieser welthistorischen Individuen, so haben sie das Glück gehabt, die Geschäftsführer eines Zwecks zu sein, der eine Stufe im Fortschritt des allgemeinen Geists war." In dem sich die Vernunft dieser Werkzeuge bedient, können wir es eine List derselben nennen, denn sie lässt sie mit aller Wut der Leidenschaft ihre eigenen Zwecke vollführen und erhält sich nicht nur unbeschädigt, sondern bringt sich selbst hervor"* [32]

Der Fortschritt geschieht einfach kampflos, er ist aufgeladen mit einem Trieb des Lebensimpulses, anderes ausgedrückt, einem Elan-vital, dessen Prinzip mit dem Bewusstsein der Freiheit bestimmt ist. Nicht nur eine bloße Formel, sondern eine Zweckerfüllung mit einem bestimmten notwendigen Inhalt; mehr erwirtschaften, folglich Ausbeuten (durch Unterdrückung).

---

32 Ernst Bloch, Subjekt-Objekt-Erläuterungen zu Hegel, Suhrkamp Taschenbuchverlag, Frankfurt am Mainz, 1962, S. 238

Die „Unterdrückung", meint Hegel: „„ ... *hängt mit religiö-*
sem Moment zusammen; es ist aber zuvorderst die Frage, wie
sich dieser Unterschied gemacht habe, zu beantworten. Die
Schwächeren, Ärmeren, die später hinzugekommenen, sind
notwendig im Verhältnis der Geringschätzung und Abhän-
gigkeit gegen diese, welche ursprünglich den Staat begrün-
det hatten, und die, welche sich durch Tapferkeit und auch
Reichtum auszeichneten"[33].

Auf der anderen Seite ist Fortschritt an sich ein Widerspruch der Herausforderung und Konkurrenz. Nur diejenigen, die Intelligenz und Fähigkeiten des unermüdli-
chen Kampfs, List und Betrug besitzen, sind die sie sich
selbst belohnen ihren Erfolg zu der Beherrschung der
Natur und Unterdrückung des unterlegenen Spießes. Mit
diesem Erfolg bereichern sie sich maßlosen Reichtum,
in dem die Unterlegenen, genauer gesagt Unterdrückten,
in der tiefen Armut zu verdammen sind.

Dieser geizige Geist, das ständige Machen und mehr
als nötig anzuhäufen, besitzt ihre eigene dialektische
Dynamik, welche die bürgerliche Gesellschaft mit Eifer
ermutigt, um mehr fremde Märkte durch ihre imperialistische Monopol-Macht zu kontrollieren.

„Das Herabsinken einer großen Masse unter das Maß einer
gewissen Subsistenzweise, die sich von selbst als die für ein
Mitglied der Gesellschaft notwendig reguliert –, und damit
zum Verlust des Gefühls des Rechts, der Rechtlichkeit und die
Ehre, durch eigne Tätigkeit und Arbeit zu bestehen –, bringt
die Erzeugung des Pöbels hervor, dass wiederum zugleich

---

33 Ebd. S. 240

die größere Leichtigkeit, unverhältnismäßige Reichtümer in wenige Hände zu konzentrieren, mit sich führt ... Gegen die Natur kann kein Mensch ein Recht behaupten, aber im Zustand der Gesellschaft gewinnt der Mangel sogleich die Form eines Unrechts, was dieser und jener Klasse angetan wird"[34].

Heidegger hat folglich angemahnt, welche die Europäer in die neue zeitliche Epoche, dass die Europäer durch ihre politische und militärische Überlegenheit und Erscheinungsform der Totalität der Weltherrschaft zu vollenden. Er meint, nur durch Kampf und Rassenzüchtung allein seien die wichtigen Entscheidungen für Weltherrschaft. *"... Kampf um die unbeschränkte Ausnutzung der Erde als Rohstoffarbeit und um die illusionslose Verwendung des Menschenmaterials im Dienst der unbedingten Ermächtigung des ,Willens zur Macht"*[35].

Durch die technische Überlegenheit und die Naturbeherrschung kategorisiert Heidegger die Menschen als Übermensch und niedrige Rassen: *"'Der Übermensch ist der Schlag jenes Menschentums, das sich erstmals als Schlag will und selbst zu diesem Schlag sich schlägt ... Dieser Menschenschlag setzt innerhalb des sinnlosen Ganzen den Willen zur Macht als den ,Sinn der Erde'"*[36].

---

34 Ebd. S. 266

35 Jürgen Habermas; Der philosophische Diskurs der Moderne, Suhrkamp Taschenbuch Wissenschaft Verlag, Frankfurt am Mainz, 1985, S. 159

36 Ebd Jürgen Habermas; Der philosophische Diskurs der Moderne, Suhrkamp Taschenbuch Wissenschaft Verlag, Frankfurt am Mainz, 1985, S. 159

Modernisierungsbegriff bezieht sich auf verschiedene kumulative Bündelung von verstärkenden wechselseitigen Prozessen, genauer hinzuweisen: *„auf Kapitalbildung und Ressourcenmobilisierung; auf die Entwicklung der Produktivkräfte und Steigerung der Arbeitsproduktivität; auf Durchsetzung politischer Zentralgewalten und die Ausbildung nationaler Identitäten; auf die Ausbeutung von politischen Teilnahmerechten, urbanen Lebensformen, formaler Schulbildung; Auf die Säkularisierung von Werten und Normen usw.“*[37].

Max Weber in seiner soziologischen Aufklärung zu den Thesen der „protestantische Ethik“ hat er artikuliert nicht nur den Zusammenschluss der ökonomischen, politischen und ideologischen Modernisierung des deutschen Kapitalismus, sondern seine These artikuliert mehr als das, nämlich die Ermutigung der neuen bürgerlichen Hegemonie, die sie sich zu Folge des westlichen Imperialismus mit der Ausgangsprämisse der technischen Überlegenheit.

Der Anteil der protestantischen Religion, der sich in das wirtschaftliche Subjekt des Kapitalismus auswirkt, eröffnet dem Unternehmertum, der Arbeitsaristokratie sowie der wissenschaftlichen-technischen Intelligenz neue Sphäre der Weltbeherrschung. (Jan Rechmann, Max Weber: Modernisierung als passive Revolution; Argument, Hamburg, 2013, s. 212).

---

37 Ebd. s. 10

Zur Folge der Dialektik der Aufklärung von Horkheimer und Adorno hat die Theorie des Max Webers zur „Modernisierung" thematisierte, dass die neue moderne Welt den alten Göttern entzaubert, in den sie gleichwohl sieht, wie sie sich die Gestalt der unpersönlichen Mächte absteigen lässt, und den Kampf der unversöhnlichen Dämonen wieder zu erneuern.

„Die Vernunft selbst zerstört die Humanität, der sie ermöglicht hat" – diese weitreichende These wird im ersten Exkurs, wie wir gesehen haben, damit begründet, dass sich der Prozess der Aufklärung von allem Anfang an dem Antrieb einer Selbsterhaltung verdankt, der die Vernunft verstümmelt, weil er diese nur in Formen zweckrationaler Natur- und Triebbeherrschung, eben als instrumentelle Vernunft, beansprucht. Damit ist noch nicht gezeigt, dass die Vernunft bis in ihre spätesten Produkte, bis in die moderne Wissenschaft, die universalistischen Rechts- und Moralvorstellungen und die autonome Kunst hinein dem Diktat der Zweckrationalität unterworfen bleibt"[38].

Der Motor für die Entwicklung und Fortschritt einer Nation ist die Bewahrung und die Unterstützung eigenes gesellschaftlichen Ethos, sowie ihrer traditionellen Moral und auch der kulturellen Identität.

Aber das Ethos und die traditionelle Moral sowie die kulturelle Identität der meist afrikanischen Bevölkerung sind durch die Ethik, ergo die ethische Gewalt, der Übermacht der westlichen Imperien, die sich mit Habgier an-

---

38 Ebd, s. 135

gehaftet ist, wurden sie in Jenseits des Anachronismus verweilen: historisch inexistent und bedeutungslos.

Judith Butler hat folgende Statements gemacht über die Bevormundung der westlichen Imperien und die andere Rationalität: „Wir können uns beispielsweise vorstellen, Zwänge der fraglichen Bevölkerung faktisch das Recht zur Wahl ihrer eignen Vertreter vorenthalten. In diesem Zusammenhang wäre etwa an die Vorschläge von Präsident Bush bezüglich der palästinensischen Autonomiebehörde oder an seine Versuche zu denken, im Irak einen Regierungswechsel herbeizuführen. Mit Adorno wäre das ein Fall, in dem das Allgemeine *sich darstellt als ein gewaltsames uns Äußerliches, das für die Menschen selber eigentlich keine Substantialität hat*"[39].

Wenn ein neues Bewusstsein des Umdenken-Verfahrens in der afrikanischen sowie in der arabischen Bevölkerung eintritt, dann würden sie durch das anachronische Ethos wieder rückgängig gemacht und in die real existierende gegenwärtige Epoche anpassungsfähig machen (Unterentwickelte Almosen-Empfänger); und verbietet damit den Aufbruch einer neuen Kulturrevolution.

Die Asiaten hat die Natur die mystische Gewalt des westlichen Kolonialismus überlistet, denn es hat sich zu ihrer Gunst umgeschlagen, und den anachronistischen Versuch des europäischen Kolonialismus, das Ethos der Asiaten durch eigne Ethischen-Gewalt zu zerstören, ha-

---

39 Judith Butler, Kritik der ethischen Gewalt, Suhrkamp, Frankfurt am Mainz, 2002, s. 15.

ben sie sich verfällt, und stattdessen haben die Asiaten die Mythologische Gewalt den kolonialen Mächten gezwungen, sich an ihre traditionellen Normen und Lebensethos anzupassen und zu assimilieren.

Die Gedanken des westlichen Rationalismus, der die Welt zum eigenen Identitätsbild gleichförmig aufzuzwingen, sind an meist anderen Kultur-Rationalismus gescheitert.

Die Philosophie des japanischen Denkvermögens, das meist asiatische Staaten verfolgten:

„Japanese Spirit, Westen Learning" (Emperor-Meji-Theorie): Es bedeutet, die japanische Institution sowie dessen Kultur und Unabhängigkeit zu erhalten und zu schützen. Diese Idee haben viele asiatische Staaten eingenommen und entwickelt, ohne von dem Westen abhängig zu werden. Dies hätte Afrika, ohne sich den Westen zu emittieren, ihre eigenen Afrika-Spirit bewährteren und mutig eigenen „Self-Reliance„ hätte Afrika sich ohne die ständige Abhängigkeit von den Westen loslösen und loslösten.

In jeder Unterstellung, die traditionelle Norm und dessen Kulturidentität, verbunden mit Zwangsverbot, erzeugt einen Reaktionsakt der Selbstgestalt, ein Akt der wieder neuen Form zu reformieren.

„Das Verbot erzwingt den Akt der Selbsterzeugung und Selbstgestaltung. Das bedeutet, das Verbot wirkt nicht einseitig oder deterministisch auf das Subjekt ein, sondern bereitet die Bühne für die Selbstformung des Subjekts vor, die sich immer in Bezug auf eine Menge verhängter Normen vollzieht.

Weder bringt die Norm das Subjekt als ihre notwendige Wirkung hervor, noch steht es dem Subjekt völlig frei, die Norm zu missachten, die seine Reflexivität in Gang setzt; Jede Handlungsfähigkeit, auch die der Freiheit, steht in Bezug zu einem ermöglichenden und begrenzenden Feld von Zwängen"[40].

---

40 Judith Butler, Kritik der ethischen Gewalt, Suhrkamp, Frankfurt am Mainz, 2002, s 28

II-Kapitel

1 Nachahmung einer Illusionsverheißung aus dem Begriff der Unabhängigkeit: Eine Illusionspolitik, der sich zum Scheitern verurteilt wurde

Zwei prominente politische Wissenschaftler aus Stanford University schrieben folgende Statements zum „Neuen amerikanischen Imperialismus":

„The United States is now drawn toward a form of international governance that may be described as neotrusteeship, or provocatively, post-modern imperialism. The terms refer to the complicated mixes of international and domestic governance structures that are in Bosnia, Kosovo, East Timor, Sierra Leone, Afghanistan and possibly in the long run, Iraq. Similar to classical imperialism, these efforts involve a remarkable degree of control over domestic political authority and basic economic functions by foreign countries"[41].

Diese „neo-trusteeship" hat in sich, wenn es sich mit dem alten System des Kolonial »Treuhandschaft«-Systems verglichen wird, zeichnet es sich nichts Neues, außer dass es sich umgeänderte Begrifflichkeit ausgedrückt. Es hat sich mit eleganter Form von imperialistischer Vormund-

---

41 William Easterly; The White Man's Burden, Oxford University Press, 2006-2007, s. 237

schaft, ohne sich von nichts zu verschrecken, mit Öffentlichkeit an den totalen Mitbestimmungsrechten in allen Ebenen der staatlichen politischen Entscheidungen und politischen Lebens mitzutragen, erklärt.

Es wird argumentiert, dass die alte konventionelle Weisheit, die der alte Imperialismus an sich Unheil in vielen Ländern des Globus verursacht, im Vordergrund steht Afrika, die weil in all Form von Übeln heimgesucht ist: Unterentwicklung, Bürgerkriege, Armut, Krankheiten wie Ebola, AIDS, Coronavirus und viele andere Viren, die noch kommen werden, sowie Zwangsaustreibung an vielen Menschen aus ihren Heimaten in die Flucht verdammten: All diese Übel hat ermutigt und beschleunigt den Auseinanderfall der Gesellschaft und des Staates; folglich haben all die von Menschen mit willkürlicher und kalkulierter Intention den sogenannten Fail-State verursacht.

   „It used to be that everybody agreed that colonialism was bad. Frustration with disastrous postcolonial outcomes in Africa has led many to imagine a colonial past of peace and prosperity"[42] ... Nail Ferguson, eine Geschichte von Professor in Harvard hat folgende Aussagen zu den neuen Imperialismus gemacht: *„' ... such a thing as liberal imperialism and that on balance it was a good thing ... in many cases of economic ‚backwardness,' a liberal empire can do better than a nation-state"'* [43].

---

42 Ebd., s. 238
43 Ebd. s. 239

Wie fern ist diese einmalige philosophische Idee der „Neo-Trusteeship„ glaubwürdig überhaupt? Wenn es sich einmalig sein sollte, besitzt es eine wahrhaftige Gültigkeit? Ist Europa, die alte Kolonial- und die neue imperiale Macht, sowie der amerikanische Imperialismus, den sie sich an diesen Übeln des Abgrunds katalysierten und somit zu verantworten haben, und den sie gleichwohl ihre eigenen Länder als die letzte Verheißung und die eschatologische Utopie für Afrikaner und Araber anlocken, während sie Länder in afrikanischen und arabischen Gesellschaften jenseits des Abgrunds verdammen? Und dennoch mehr und mehr von Werten der Demokratie als monotheistischen Glaube predigen, welche es nicht anderes zu beschreiben kann als Zynismus, der von jeglichen Wahrheiten entfernt ist, während in deren Ländern die Recht-Populisten das politische Vorfeld erobern und die Idee der Demokratie als Nichts degradierten und damit an jeglicher politischen Aufklärung zum Scheitern verurteilten?

Der berechtigten Frage zu stellen ist, was passiert mit den langen Jahren erkämpften Befreiungsbewegungen für Unabhängigkeit gegen die kolonialen Mächte? Wie kommt es, dass sie sich die Freiheit, die die Menschen für ihre Leben aufopferten und sie sich nach ihr ersehnten, in den Schrecken des höllischen Albtraums umgeschlagen hat?

Menschen in Afrika oder sonst wo in anderen kolonisierten Ländern in der Welt sind meist durch die Unterstützung der kolonialen Mächte an ihren Einheimischen kolonialen Lakaien überlistenden und der Revolution zur totalen Freiheit pervertierten. Aufgrund ihrer Unzufriedenheit mit der existierenden schrecklichen politischen Status-Quo, die in ihren Ländern heimgesucht hat, geführt von den einheimischen autokratischen Machthabern, sind laut Aussagen von den Menschen; wenn wir das gewusst hätten, dass unsere eigenen Leute mit ihrer Unheimlichkeit gieren – nach Macht und besessen von Habgier, welche sie sich einrichteten von unvorstellbaren Ausmaßen von Unheil und Armut, an die Menschen und das Land; dann wären wir lieber mit den fremden Kolonien geblieben. Die Sorge ist berechtigt, aber meist afrikanische Gesellschaften werden in die „Identität lösen Creole"; ohne Muttersprache verdammt.

Die führenden Kräfte, die die Macht von den Völkern durch Betrug, Putsch und List usurpiert haben, welche sie sich als anti-koloniale Avantgardisten während der Befreiungsbewegung präsentierten und die Bevölkerung zum Kampf aufgerufen, haben sie damit in Anspruch von den Früchten der Freiheit genommen, welche dem aufgeopferten Blut als die heroischen Avantgardisten der Revolution zum Eignen verdienst sich glorifizierten. Den Kampf gegen Kolonialismus und ihr ideologisches Elend der Unterentwicklung; ein für alle Mal zu befreien, nahmen sie als ihr politisches Credo, dass sie die Bevölkerung dazu bewegten und hypnotisierten zum blutigen Kampf.

Anders als die schwarzen Afrikaner unternahmen die europäische Kolonialherrschaft die gleichen Methoden in den arabischen Territorien, ihre Kulturen einzuhämmern in Jenseits des Anachronismus; und damit verhöhnten sie sich mit großer Überheblichkeit, die arabische Kultur als archaisch und barbarisch zu verurteilen. Aber meist von den arabischen Befreiungskämpfen wurde nicht nur ein reiner politischer und wirtschaftlicher Befreiungskampf vorgesehen, der sich für totale Befreiung der arabischen Nation aus dem Joch des Kolonialismus zu befreien, sondern war und ist ein kultureller Kampf um die Wiederentdeckung und Wiedererweckung der Werte des Islams und Arabischen Ethos, welcher für die Araber dies als sein höchstes Gut und Gebot betrachtet. Diese politische und ideologische Idee wurde nach der Unabhängigkeit durch die arabischen plutokratischen Diktatoren und Monarchen durch Unterstützung der alten Kolonial-Imperial-Mächte, welche der arabischen-islamischen Kulturelle-Identität und dessen neu errungenes Bewusstsein in brutaler Form von Unterdrückung zerlegten; und daher setzen sie in das anachronistische Zeitalter zurück, mit der Folge, welche das Kulturleben und die Kulturelle-Dynamik der arabischen Nation endgültig als archaisch Barbaren herabsetzenden und dementierten.

Mit diesem Akt, dessen gezielte Intention besaß, dem politischen Plan eine ewige Abhängigkeit der arabischen Halbinseln zu sichern, haben sie zwangsweise die arabische Bevölkerung jenseits der kulturlosen Hybrid aufgefordert, und sie zu internalisieren; gleichsam bauten sie eine transvestierte Kultur in den Köpfen der Menschen, mit den instinktsicheren Gefühlen minderwertig zu sein, anders ausgedrückt den Gedanken zu vermitteln, dass ein Araber oder Afrikaner geistig unterlegen ist gegenüber der Kultur des weißen Mannes.

Die aufgezwungene fremde Kultur der „Nicht-Identische Identität" ist, hat sich dem endgültigen Ziel verfällt in meist arabische Gesellschaften, aber anstatt es hat sich in einen mystischen Dämon der kollektiven Zerstörung umgewandelt; nicht nur in der islamischen arabischen Welt, sondern auch weltweit: der internationale Terrorismus als „neue Befreier" als Antwort; oder ist das eine bezweifelte Gewalt gegenüber einer Übermacht?

„Überdies wird dieses Ethos zu Gewalt erst dort, wo das Ethos überhaupt zum Anachronismus geworden ist. Historisch – und zeitlich – merkwürdig an dieser Form ethischer Gewalt ist, dass kollektive Ethos, obzwar anachronistisch geworden, nicht vergangen ist; als Anachronismus drängt es sich der Gegenwart auf.

„Das Ethos weigert sich Vergangenheit zu werden, und Gewalt ist der Weg, auf dem es sich der Gegenwart aufzwingt. Und es zwingt sich nicht nur der Gegenwart auf, sondern sucht diese Gegenwart zu verfinstern, worin eben einer seiner gewaltsamen Auswirkungen liegt"[44].

Franz Fanon äußerste er sich, wie der Mechanismus des Verfahrens der Unterdrückung, welche die Nationalkultur zu einen negativen zerstörerischen Einfluss auf sich gebracht hat, in dem er folgendermaßen erklärt: Es wurde festgestellt: Im Jahrhunderten-Ausbeutungs- und Unterdrückungsprozess führte es zum totalen Schwund aus dem Panorama der nationalen Kultur. Die entfremdete

---

44 Judith Butler, Kritik der ethischen Gewalt, Suhrkamp, Frankfurt am Mainz, 2002, s. 15

Kultur, welche normalerweise an sich ein unschöpferischer Wert erzeugt, greift direkt die Ich-Identität der Individuen in der Gesellschaft. Ich, der an sich knüpft und tritt in der sozialen Beziehung mit den anderen, ist die Identität, die Introspektion des Selbst.

George H. Mead hat die inter-soziale Beziehung und Handel zwischen dem Ich und den anderen Ichs in folgenden Massen erklärt:

„Die Identität, die der Identität anderer bewusst gegenübersteht, wird also ein Objekt, ein anderer für sich selbst, allein durch die Tatsache, dass sie sich sprechen und antworten hören. Der Mechanismus der Introspektion ist mithin in der sozialen Haltung gegeben, die der Mensch notwendig sich selbst gegenüber einnimmt, und der Mechanismus des Denkens ist, insofern das Denken Symbole verwendet, die im Gesellschaftsverkehr Verwendung finden, nichts anderes als ein nach innen verlagertem Gespräch." [45]

Franz Fanon sagte, dass die nationale Unterdrückung nicht nur dazu dient, den Ausbeutungsrat zu maximieren, sondern auch eine beabsichtigte Ideologie der veredelten Kultur der Völker zu zerstören, um die kolonisierten Bevölkerungen jenseits der vaterlosen Gesellschaften zu verweilen, in denen sie eine Gesellschaft ohne nationale und kulturelle Identität schaffen.

Nach Jahrhunderten von Unterdrückung, Elend und Hunger kämpften die kolonisierten Völker weltweit gegen die Kolonialmächte, um ihre Freiheit zu erlangen.

---

45 George H. Mead, Gesammelte Aufsätze (Band 1, Herausgegeben von Hans Joas), Suhrkamp Taschenbuch Wissenschaft, Verlag, Frankfurt am Mainz 1980, 245

Nach Jahren von Gewalttaten, in denen Millionen von Menschen ihr Leben für die Freiheit opferten, mussten die kolonialen Mächte auch viele Verluste an Material und Menschenleben hinnehmen.

Die unterdrückten Völker erhielten nach blutigen Kämpfen in Algerien und anderen afrikanisch Ländern, sowie in Asien und Lateinamerika ihre Unabhängigkeit.

Unmittelbar nach der Befreiung, genauer gesagt nach der Unabhängigkeit, haben innerhalb der Gesellschaften dieser Länder zwei gegensätzliche Pole von Interessen gebildet, die sich gegeneinander aufgeprallten. Es bezieht sich zum einen auf die Elitäre-Führende-Gruppe, die sich während in der kolonialen Herrschaftsstruktur als der Lakaien der Kolonialen-Administration tätig waren, die sie sich auch als Inbegriff der Kompradoren-Bourgeoisie bezeichnete, welche während der kolonialen Epoche den kolonialen Herrn wirtschaftlich begünstigten und profitierten aufgrund ihrer Loyalitäten zur Kolonialen-Politik.

Deren Kindern, die sich das koloniale Bildungssystem Zugang hatten, ererbten, indem die Macht usurpierten, die verfälschte Ideologie der Kolonialmächte nach der Unabhängigkeit, welche ihren Vätern als Treuhand an die bestehende Status-Quo des politischen Systems bewahrten, applikative weiterzuführen.

Die Revolutionären-Avantgardisten, die sie mit den breiteren Maßen ihre Leben aufopferten, die sich gegen die Unterdrückung der Koloniale-Politik rebellierten, sind an der Ecke gedrängt und gingen sich leer, in denen sie sich durch Gewalt, Betrug und List von den Machtzentren ferngehalten. Diejenigen, die gegen solches Unrecht ihre Stimme erheben, sind verfolgt – entweder sind sie interniert, oder sie sind liquidiert, beseitigt. Dennoch sind bei der neuen Regierung und ihren Verbündeten den progressiven Kräften als Unruhestifter (incendiary) und Terroristen verteufelt.

Die verleumderische Propaganda der Machthaber gegenüber ihren Gegnern entwickelten zusammen mit ihren alliierten Imperialen-Mächten eine Art von der ideologischen Bigotterie, welche ihren Gegnern mit allen Mitteln bekämpfen: verleumderische Propaganda ist ein Akt der Vernichtungswelle gerechtfertigt, nur um ihre korrupten Interessen und den Raub der Natur Ressourcen durch die fremden Mächte aufrechtzuerhalten. Der zu Folge machten sie den langen Kampf für die Freiheit rückgängig und Nichts-Gewesen, in dem das Land als einer Neu-Koloniale-Treuhand wieder unterstellten.

Mit dieser Politik von Korruption, Nepotismus und Unterentwicklung wurden die politischen Credos, welche Afrika und Arabien zu verweilen haben.

„Politics is the process by which a society chooses the rules that will govern it. Politics surrounds institutions for the simple reason that while inclusive institutions may be good for the economic prosperity of a nation, some people or groups, such as the elite of the communist Party of North Korea or the sugar planters of colonial Barbadors, will be much better off setting up institutions that are extractive. When there is conflict over institutions, what happens depends on which people or group wins out in the games of politics-who can get more support, obtain additional resources, and form more effective alliance. In

short, who Wins depends on the distribution of political power in society"[46].

Den Kampf um die Macht handelt es sich nicht um ideologische Gegensätze von den Kontrahenten, die jede in seine eigene Weise die Macht mit Recht oder Unrecht usurpieren möchten. Sondern deren Kampf handelt es sich um Habgier der Selbst-Bereicherung, ergo eine Politik, die sie sich der Korruption und Nepotismus als Lebenskultur in der breiten Gesellschaft als höchstes Gut mit Gewalt etablierten.

Ihre Handlungspolitik war nicht vorgesehen zu reformieren, den von vererbten ideologischen und politischen Status-Quos, die die koloniale Herrschaft hinterließen, durch neue soziale-kulturelle Revolution sowie soziale-politische Aufklärung und politische Bildung durchzuführen. Sie negierten auch das administrative und politische Erbe der Kolonisatoren, die viele positive Elemente besaßen, fortzusetzen, und mithin die von den schlechten Elementen, die an die Lebens-Kultur der Gesellschaften entfremdet und als schädlich angesehen sind, neu zu reformieren; vorwiegend in politischer Kultur, in Wirtschaft und sozialer Wandel zu konstruieren und zu ersetzen.

---

46 Daron Acemoglu and James A. Robinson: Why National Fail; the Origins of Power, Prosperity and Poverty; Profile Books LTD, 3A Exmouth House, Primer Street, 2012, s 79

Ihr Denkvermögen besaß gleichwohl nicht der Geist, den des zerstörten traditionellen Bewusstseins durch neues Bewusstsein wiederherzustellen, das den breiteren Massen eines dynamischen Selbstbewusstseins verleihen könnte; einen neuen Geist des Umdenkens, der alternativen Wege der Entwicklungsinnovation ermöglicht hatte. Hätten sie diese Politik rigoros ungeachtet der Bevormundung der westlichen Imperial-Mächte durchziehen müssten, dann hätte ungehemmt ein neuer Faden der eigenen Selbstdynamik und Selbstständigkeit übernommen. Eine neue Wirtschaftsstruktur, die alle Formen von Abhängigkeit an der alten Kolonialherren befreien sollte, könnte möglicherweise Afrika und Arabien den Staus der gleichberechtigten Partner mit den westlichen Imperien verliehen.

Aber das ideologische System, das mit Willkür aufgestellt, hat schlechthin zwischen der „Geber und Nehmer" eine Zweiklassengesellschaft geschaffen: auf der einen Seite ein „Geist Überlegender-Imperien" und auf der anderen Seite die unterlegenden Nationen, die sich selbst gestuft in der so genannten Dritten-Welt; diese Herabsetzung ist die eigentliche Ursache der Unterentwicklung, die permanente Not und Hilflosigkeit, die Afrika sich zu schreiben hat.

Hier hat die gesellschaftliche Erwartung nach Freiheit und Wohlstand von einem Utopia sich in eine Tragödie der Enttäuschung und Unzufriedenheit umgeschlagen. Den erhofften Optimismus einer Utopie im eigenen Land nach der Befreiung von kolonialer Unterdrückung und den Traum nach neuer angemessener Lebensweise zu errichten, die anderes ist als Hunger, Unterdrückung und Bevormundung, welche ihre tagtägliche reale Lebensordnung in vielen Teilen dieser Welt verankert ist; vorrangig ist Afrika, die sich in diesen real bestehenden Tatsachen verweilen.

Hannah Arendt schrieb über den unabsehbaren Versprechen, welche es sich in Regel zu permanenten Lüge in der Politik geworden ist: *„Die Unabsehbarkeit des Zukünftigen, dieser Nebel des Ungewissen und Nicht-Weißware, den der Akt des Versprechens hie und da aufhellt und zerstreut, einer auf aus der Unergründbarkeit des menschlichen Herzens, das ‚ein trotzig und verzagt Dinge‘ ist, und hat seinen Ursprung in der grundsätzlichen Unzuverlässigkeit des menschlichen Wesens, das niemals heute dafür einstehen kann, wer es morgen sein wird …“*[47]

1.1 „Nachahmung einer Illusionsideologie: Ein Utopia, der unter dem Monopol-Interesse gestellt wurde, erwies sich in der Tat eine Illusion"

(Ein Utopia, der sich zur dyspeptischen Illusion umgeschlagen hat): Leidet Afrika unter dem Syndrom von »Dysostose-Multiplex-Krankheit«?

---

47 Hannah Arendt, Vita Aktiva: – oder vom tätigen Leben-, 1967, PIPER, GmbH &Co. KG, München, s. 311

„Erst am Ende aller Tage, wenn die Toten auferstehen und Gericht erhalten wird, kehrt das erwirkte in der absoluten Zukunft jenseitiger Erfüllung zurück"[48].

Das Utopia der totalen Freiheit erreichen zu können, die es sich von irgendeiner Form von Abhängigkeit und Bevormundung befreit sein könnte, und die es stets zu einem eigenen dynamischen Geist das Umdenken besitzt und gleichwohl hervorhebt, sollte man von „selbst Verschuldeten der Unmündigkeit" (Kant) unter der Leitung anderer zu bedienen wollen, sich zu emanzipieren. Emanzipation kann sie erlangen durch eigene Lebensentwicklungsvermögen, das sich der des Selbstbewusstseins erhebt, und die sie sich gleichsam eigne Form von fortschrittlichen Denkideen aufrechterhalten kann; welche zu Folge eine neue Renaissance der Kulturentwicklung, politische Aufklärung, soziale und wirtschaftliche Revolution, sowie ein revolutioniertes Bildungssystem entwickeln werden könnte.

Karl Marx meint zu dem Diskurs der Emanzipation folgendes: *„-die Selbstbefreiung, die Selbstverwirklichung, die Selbstbestimmung und die Änderung der Verhältnisse durch Revolution oder Reform"*[49].

Die Entwicklung dieser Vorgängerverfahren wird dem Staatlichen Räson, welchem die Gewalt- und Zwangsmaß-

---

48 Joachim Fest, Der zerstörte Traum; Von dem utopischen Zeitalter, Corso bei Siedler Verlag GmbH, 1991 Berlin, s. 21
49 Ulrich Menzel; Paradoxien der neuen Weltordnung, Politische Essays, Edition Suhrkamp, Frankfurt am Mainz, 2004, s. 16

nahmen auf alle Ebenen der gesellschaftlich innovativen Dynamik durchdachten Willkür zerschlagen, anderes ausgedrückt tabuisieren und tabuisierten.

In dem Vorfeld der politischen Szenarios in Afrika und Arabien herrscht der Irrationalismus, die jegliche Form von Vernunft, Rechtsstaatlichkeit, die sich die Werte von Freiheit verleugnen, und daher glorifizieren sie stattdessen alle negativen Eigenschaften, die das prädikative Kultur-Mensch-Sein möge, erklären sie als den absoluten Feind, welcher ihre aufgestellten Systeme revolutionieren wollen. Sie sind stets an ihrer politischen Idee des Triebhaftes-Egoismus und Habgier angehaftet, welche zu aller Wahrhaftigkeit der ethischen Tugend in Widerspruch steht.

Dieses System, das sie sich zwanghaft beharren und aufrechterhalten, löste sich unter den Bevölkerungen nicht nur mit Pessimismus, Hass, Abneigung und Misstrauen gegenüber den Elitären-Klassen der Machthaber aus, sondern Revolte und Bürgerkriege, derer Ausmaße von Zerstörung unberechenbar sind, aufruft. Diese Ausmaße machen jede Form von Vernunft des Friedens unmöglich, sowie die Wiederherstellung einer Regierung mit Rechtsstaatlichkeit, der nie eine Chance gegeben wird.

Nach der Behauptung der Machiavelli in seinem Diskurs, dass der Mensch aufgrund seines angeborenen Triebs, sobald er die freie Wahl des Regierenden in seinem Besitz enteignet, weil durch seine Natur aus geriet er in die Verwirrung und Unordnung, die ihm psychisch angehaftet ist: der Habgier und Ruhm, wird niemals etwas

Gutes tun können. Letztendlich führen sie gewiss in den kollektiven Abgrund.

Egal, wie der Mensch auf die höchste Staatsmacht gelangt, ob durch demokratische Wahlen oder durch Staatsstreich, dieses Vorgangstrieb der Begierlichkeit der Macht begründet sich auf zwei Denkverläufen: Zum einen ihrem Narzissmus zu befriedigen; zum anderen ihren primitiven sozialen Ur-Ängsten, der „Nicht-Genügen-Haben abgerutscht zu werden", sich zu sichern. Es ist wie ein Dämon, der in der Gegenwart als »Jetztfolge« sich ständig präsentiert.

Narzissmus hat zwei Zweige in einer Achse: ein „Ich" der „Selbst-Liebe", und ein „Ich" der „Selbst-Hass". Ein Diktator befriedigt sich nicht nur allein des materiellen Reichtums, dass er sich durch Korruption und Raub, der staatlichen Ressourcen und Gute für sich und seine Familien an geeinigt hat, sondern auch einige Hauptgründe derer Befriedigung: „Lob", „Ruhm" und „Geehrt" zu werden, wie eines „Gottes Gestalt".

Was ein Diktator oder ein Unrechtssystem des Totalitarismus nicht erträgt und nicht duldet, ist Kritik. Die Kritische-Analyse, der sich mit der Art und Weise des Regierenden auseinandersetzt, beeinträchtigt an sich sein Wesen des Ich-Egos. Die Art und Weise seines politischen Handels, der gleichwohl von Widerstand der Bevölkerung angestoßen, ist nichts anderes zu betrachten als bestialische strukturelle Herrschaftsordnung, dessen irrationalem Aktionismus von einem Trieb der Zerstörung und Verstümmelung, der sich aus dem Wege leitet, anhaftet.

Beide „*Liebe und Hass*" sind angeboren Gefühlsbe-
stimmungen, aber der Mensch nach Freud neigen „*'zum*
„*Bösen, zur Aggression, Destruktion und damit auch zur*
Grausamkeit"'[50].

Weiterhin nimmt Freud an, „*... es müsse außer dem*
Trieb, die Lebende-Substanz zu erhalten und zu immer größe-
ren Einheiten zusammenzufassen, einen anderen, ihm gegen-
sätzlichen, geben, der diese Einheiten aufzulösen und in den
uranfänglichen, anorganischen Zustand zurückzuführen"[51]

Die Begriffe der „Menschenrechte" und „Demokratie"
sind ein Albtraum für die Elitäre-Klasse in Afrika und
andere totalitäre Regime. Diese Begriffe greifen tief in
ihr inneres Psychisch-Ego an und flammen inneren Wut
und versuchen jedes Mittel, die Bewegungen, die sie Ideen
vertreten, zu vernichten.

Die Forderung nach jeglicher Reform zu Demokratie
und Achtung der universalen Menschenrechte löst unter den totalitären Regierungen empor Abneigungen, in
denen sie unterdessen ein schrecklicher Angstzustand
herruft; kurzgefasst: Sie betrachten solchen Werten als
Fluch, dass sich Unheil für das gesamte Staatswesen her-
vorruft, und müssten mit allen Mitteln beseitigt werden.

Die progressiven Elemente in der Gesellschaft, also diejenigen, die von sich aus als aufgeklärte Intellektuelle
deklariert werden, verlangen den unterdrückten Bevöl-

---

50 Max Horkheimer; Tradition und Kritische Theorie II; Frank-
furt/Main, 1969, s. 458
51 ebd.

kerungen, ein Aufstand gegen ihre Regierungen vorzugehen, in dem sie sich mit allen vorhandenen Mitteln ausnutzen. Nach ihrer politischen Logik propagieren sie, wenn es nötig sein müsste, gegen die Machthaber mit Gewalt zu stürzen, es möge auch durch zerstörerischen, bewaffneten Kampf als Mittel zum Zweck sein; selbstverständlich, ohne sie sich dessen verehrenden Ursachen und ihres zerstörerischen Mechanismus nachzudenken.

Die Ursache zu Folge ist nicht nur das Ausmaß, das sich über das Menschenleben ausbreitet, sondern auch die Folge, die dazu gehört, ist der unmittelbare Zusammenbruch des Staates: Staatszerfall, der sich als dessen Endergebnis bedeuten kann, Staatenlosigkeit ohne funktionierende Rechtsstaatlichkeit, die sie sich mit Bewusstem oder Unbewusstem in achtzugeben: komplette Chaos.

Diese irrsinnige politische Strategie, die Gewalt als einzige Lösung mit militärischer Härte als einzige Methode der Konfliktlösung beharrlichen. Anstatt, dass sie durch politische Räson zu einer friedlichen, demokratischen Konfliktlösung fördern, und zu überzeugen die Konfliktparteien, die schließlich vorweisen, die Macht an die Bevölkerung zu übertragen. Sie sind bewusst, dass eine solche militärische Auseinanderersetzung ein unlösbares Machtvakuum verbirgt, das sie mit ihrem Kalkül dazu führt, die üblichen Vermittlungsverhandlungen der internationalen Gemeinschaft, vor allen der westlichen Imperien, führen zu eigenen Strategien, die nie eine legitime Konfliktlösung auf dem Verhandlungstisch zu Frieden stellen können: Entweder sollte eine Lösung unter einer von der Westen unterstützten Regierung der Machtgewalt aufgestellt werden, oder die Konfliktparteien sollten Interessen der fremden Mächte berücksichtigen. Eine gemeinsame Koalition der Macht-Teilung als Lösung unter den Parteien wird die Verhandlung unter den Tisch gezogen und wird zum Scheitern verurteilt. Dadurch werden die Konflikte fortgesetzt und intensiviert.

Allzu Möglichkeiten zu friedlichem Weg zum Machtwechsel sperren die Machthaber und ihren alliierten fremden Mächten. Die politischen Rahmenbedingungen, die in jeder Verhandlung betrieben werden, sind ihre Interessen. Hier wird stets ignoriert, das Staatswesen nach Willen der mehrheitlichen Bevölkerung zu reformieren, welche sie sich schlechthin willkürlich alle Notwendigkeiten zu friedlicher Lösung, das Land wieder zu stabilisieren, und funktionierenden Staat wiederherzustellen, übergehen.

Ironischerweise versuchen die Kontrahenten, jede auf eigene Weise an die Bevölkerung das Versprechen von Souveränität zu Dionysien. Angesichts dieser hypothetischen Denkweise verbirgt sich der Betrug, welche demokratischen Wege der »Free und Fair Election« als Mittel zum Zweck der Machtergreifung. Dieses (il) legitime Wahlverfahren, das an sich als eschatologische Freiheit des höchsten Gebots monetisieren, resultierte in gleicher Masse der militärischen Gewalt des Totalitarismus.

Die großen Aktoren, die sich einmischen an solche Agitationen, abgesehen von den elitären Autochthonen, die sich spielen politischer Doppelmoral, sind die westlichen Imperien. Mit ihrem Verleugnen politischen Doppelmoral ermutigen sie auf einer Seite die Aufstände, die Waffen zu ergreifen gegen die Machthaber, und bieten ihnen ihre volle Unterstützung, und zum anderen stiften sie den geistig verdummten Machthabern in Afrika und Arabern mit falscher Prophezeiung, wie ein „Wudu-Hellseher", über den bevorstehenden Sieg und dessen folgender Prosperität danach, wenn sie unverzüglich durch unzulängliche Härte gegen die oppositionellen Gruppen vorgehen. Mit diesem prophezeiten sagenhaft richteten sie damit ihrer eignen Bevölkerung und das Land jenseits des kollektiven Abgrunds ein.

Sie haben durch diese Zwangsgewalt sich als absolute totalitäre Diktatoren, Autokraten und Plutokraten fest an der Macht etabliert. Es bedeutet, dass sie bis zum Tod sich scheiden lässt, kleben sie an der Macht fest.

Abgesehen von ihrer militärischen Vernichtungsgewalt, die sie mit Schreck, Einschüchterung und Demütigung regieren, die sie Willkür beabsichtigten, um ihre Macht zu behalten, ermunterten sie dennoch das politische System des Nepotismus und der Klientelpolitik, um ihre Familien, Freunde und Anhänger in allen wichtigen Top-Regierungsposten ließe sie zu besitzen. Nicht nur dieser Vorgangsakt der Umverteilung, sondern alle wirtschaftlichen und wichtigen staatlichen Institutionen zu begünstigen und zu verteilen; dieser politische Ansatz ist gedacht, um ihre Herrschaft zu sichern. Diese Regierungsformen bekamen volle Unterstützung und Anerkennung von den westlichen imperialistischen Mächten.

Max Horkheimer hat folgende Aussagen über der Irrationalismus zu der Macht gemacht: *„Der Irrationalismus in seiner heutigen Gestalt hat dagegen mit jenen Traditionen ganz gebrochen: auch in ihm spiegelt sich freilich noch das Leiden der Individuen in der herrschenden Ordnung, die unvernünftig geworden ist, wider, aber diese Spiegelung ist jetzt gleichsam verkehrt; denn die Unvernunft und das aus* *ihr fließende Leiden der Einzelnen wird als Notwendigkeit hingenommen und gedanklich in ein Gut umgedreht*"[52].

Viele Menschen, die gegen das Koloniale-Herrschaftssystem für Freiheit, Gleichheit und eignen Selbstwert und Selbstständigkeit erkämpften, die dafür ihre Blutergüsse haben, gingen durch Betrug und List leer aus. Ihren objektiven Zweck der Selbstaufopferung begründete es unter den Prämissen von Freiheit, Würde und nach anständigem Leben ohne Furcht in ihrem Land zu führen. Diesen Gedanken der Befreiung gegen den fremden Kolonialismus an sich war eine betrügerische Offenbarung, welche eine utopische Verheißung propagierten, an welche die unterdrückten Menschen stets eine falsche Hoffnung glauben ließen. Die Verheißung für Freiheit erwies sich offenkundig nichts anderes als von einem Übel zu entronnen zu dem nächsten Übel zu begeben, gemeint in dieser Ansicht, die Autochthonen, die sich als Partisanen gegen die Kolonialmächte gekämpft haben. Diese Kräfte etablierten sie nach der Unabhängigkeit, nicht nur als die Elitäre-Klasse in Anspruch, sondern als die neue Bourgeoisie, die sie sich schließlich das System der diktatorischen Tyrannei entwickelten.

Das Herrschaftssystem in Afrika und Arabien wurde ein Teufelskreis, der sich ständig in der gleichen Form wiederholt.

Meistens diese Elitäre-Klasse stiegen an der Macht, jedoch ohne demokratische Wahlprozesse, sondern wäh-

---

52 Max Horkheimer; Tradition und Kritische Theorie; Frankfurt/Main, 1969, s.123

rend des Revolutionskampfs stellten sie mit List und demagogischer Rhetorik als die Avantgardisten der Revolution an die höchste Position der Revolutionäre Kader. Dadurch versuchten sie sich das Vertrauen und die Anerkennung unter die Bevölkerung zu gewinnen: „Art Vertrauenstrick„.

„Mit der ambivalenten Bezugnahme auf die eigene Person – als zugleich menschlich und übermenschlich, schwach und stark, nahe und fern – liefert er das Model für eben die Einstellung, die er in seinen Hörern festigen will.

Die Bekenntnisse, ob wahr oder geheuchelt, erfüllen außerdem den Zweck, die Neugierde des Publikums, ein universales Merkmal der heutigen Massengesellschaft, zu befriedigen"[53].

Innerhalb dieser sogenannten revolutionären Kader toppt Neid und inneren Hass, um der Macht willen. Es ist offensichtlich vorgesehen, dass in absehbarer Zeit eines gegenseitigen Putsches kontra Putsch auf jeden in seiner Tagesordnung steht. Aufgrund ihrer Habgier ohne Rücksicht auf das Land und Volk richteten sie auch sie selbst in den kollektiven Abgrund. Es ist eine gegenseitige Jagd; der Fitteste und der Starke überleben wird; wenn überhaupt. Sie stiften und rufen die Bevölkerung auf, nach Aufständen, Protesten oder bewaffnetem Kampf, jede auf seine Weise, mit dem Credo des funktionierenden Rechtsstaats zu jenseits zu scheren, ohne alternative politische Programme zu präsentieren, wie sie ihre

---

53 Theodor W. Adorno: Studien zum Autoritären Charakter; Frankfurt am Mainz, Suhrkamp Verlag Taschenbuch Wissenschaft, 1973, s. 361

nächste Regierungsform des Regierenden aussehen wird, und wie sie eigene politische Programme von ihren Gegnern unterscheiden.

Die politische Tatsache in Afrika und anderen Ländern in der „Dritten-Welt" entwickelt zwei gegensätzliche Richtungen: eine, die für den Willen des Volkes die Macht als Regierendes betrachtet, und der andere, der die Macht als Selbstzweck der Selbstbereicherung und Ruhm zu eigenem Interesse usurpieren mag. Der eine, der nach Willen und dem Interesse des Volkes regiert, ist von den Imperien unerwünscht.

Die beiden Gruppen haben die erwartete emanzipatorischer politische Reform jede auf seine Weise interpretiert und hervoravanciert. Der eine hielt den Status Quo der Kolonialerben, ohne es zu reformieren und es bewahrte, nur mit ihm hat er gewisse chirurgische Operationen unterziehen lassen, die Korruption und Nepotismus als System verankerten. Sie haben das alte koloniale System so umstrukturiert, dass es eignen politischen Interessen als anpassungsfähig aufzuschneiden. Damit haben sie ihre eigene Bevölkerung als Anteil das »MitHaben« kategorisch entsagten und die revolutionäre Idee verdammten. Daher werden mit ihrem pseudorevolutionären Denken eine Form von diffuser und unbewusster Errichtung eine Diktatorial Macht.

Der andere, der die Regierung durch seine politischen Programme verfolgt, mit der Versuchung, eine gute Politik zu entwickeln und mit »good Governance« regiert zu wollen, in der die Interessen der eigenen Bevölkerung wahrnimmt und möge revolutionäre Reform durchzuführen, stößt sich Gewissheit eines Counter-Konfliktes, welche er im Hinblick auf die Interessen des westlichen Imperialismus missachtet und das System mit derer Interessen nicht im Klang zu bringen ignorierte. Schließlich wurde er als der Feind des Okzidents diskreditiert und wird mit allem Mitteln bekämpft, bis er aus der Macht beseitigte und ihre eigne »Yes-Master-Puppet« auf der Macht krönen.

Mit dieser hypothetischen Denkweise haben die Imperien des Westens empor einer Angst zu Stande, dass sie sich einen Alarm der höchsten Stufe herrufen. Es ist ein Angstzustand, ob berechtigt oder/und unberechtigt ist, in den Militärputsch im Niger zu beobachten. In den gesamten westlichen Imperien, bis hin zu ihren Medien, sind die besorgt, über die Ressourcen, die sie ungehindert an maßlos berauben, welche den Eigentümern keinen Zugang hatten. Mit diesem archaischen Denken agieren sie bewusst oder unbewusst mit aggressivem Akt und stiften – anders ausgedrückt, katalysieren sie die militärischen Generäle und Offizieren, gegen die funktionierende Regierung aus dem Amt herauszuragen, oder setzen ihre Marionetten-Satelliten der Nachbarstaaten an, die Souveräne Staat anzugreifen.

Falls diese beiden Optionen verfallen, werden sie selbst mit einem militäroffensiven, massiven zerstörerischen Akt vorgehen, mit den propagandistischen Verleumdungen, die ihre Aggression gerechtfertigten. Sie werden, nachdem der Staat lahmgelegt wird und ihre Mission hiermit erfüllt, stellen Kommissariat-Treuhand auf. Mit ihrer überheblichen Selbstgefährlichkeit zertreten sie die demokratischen Rechte der Bevölkerung in dem Kommissionellen-Treuhand, das im Auftrag der Imperial-Macht des Okzidents verwaltet in dem Land, das es nicht ihres ist, zu unterdrücken und zu verwalten nach Willen, nach ihrer Rationalität und Räson zählt nicht die Verletzung des Menschenrechts.

Dies neues System, der „Treuhand", der anderes ist als die Fortsetzung der Ideologie des alten Neue-Kolonialismus und sich als der „Neuen-Ankömmling", der sich als Retter, nichts anderes ist als „sublimierte Henker". Das neue System der Treuhand greift der politischen Sphäre des gesellschaftlichen Alltageslebens der Autochthonen, die nichts anderes zu betrachten haben als eines Unheils in Fremdkörpern. Mit diesem System wird die Gesellschaft systematisch von ihrer Kultur und Sitten befremdet, und wird durch ein »Oberflächenphänomen«, die Anonymisierung, der Zusammenhalt zwischen der gesellschaftlichen historischen Erfahrung und kulturellen Entwicklungsprozessen nicht nur verhüllt, aber vernichtet: Solche Systeme haben nicht nur den Basic des ökonomischen Lebens der Bevölkerung angegriffen, sondern ließen sich die Zugehörigkeit und die Solidarität der Individuen undurchsichtig, aber unpersönlich: ohne eigene Identität.

Mit diesem unbeholfenen Denken ließe die Menschen ihren Glauben starr befestigen, indem sie sich als Ersatz vermeintliche Allmacht, sowie Religionen oder subjektive Dämonen, oder von sich durch eigne soziale Ohnmacht erfundene Sehnsucht an mythologische heroische Figuren als Befreier zu fanatisieren, Einigen werden Konformisten, die durch ihre Unfähigkeiten an der Zwangshaft vorgeführten Ideologie und deren diktatorischem Herrschaftssystem zu unterwerfen, und somit endlich zu gehorchen. Ihre Unterwürfigkeit an solche ist gekennzeichnet, nicht nur als Zweck zu betrachten, sondern akzeptierten sie wesentlich als „Mittel" für an der vorgegebenen Machtstruktur stetig anzupassen.

Die anderen sind schlechthin bewusst über den inhumanen Unterdrückungsmechanismus und sind unzufrieden mit dem System, der »Neue-Ankömmling«, daher rebellieren sie maßgeblich gegen die Ideologie, der die eigene „Komprador Bourgeoisie" im Auftrag der Fremdlinge-Treuhand, und dessen politischen Maßnahmen durchführen. Sie stellen mithin infrage an sich die Herrschaftspolitik, mit der Annahme, dass die angeblich vorgeschriebene Ideologie in Widerspruch zu der wahren freiheitlichen Meinung, die den zum unmittelbar ersehnten Wunsch, welcher dennoch für sich Unstimmigkeiten zu deren Bedürfnissen für Freiheit und Gerechtigkeit erwies.

Nach Jünger gibt es nicht ein Individuum, das von sich aus behaupten kann, dass er autonom ist, oder es ist eine freiheitliche Selbstgestaltung, sondern das Leben der Mensch ist durch das Interesse der Machthaber, der als stellvertretender Missionar das Monopol der westlichen Imperien unterstellt und vereinnahmt.

Nach Jünger Äußerung steht Folgendes:

„'Jede Haltung, der ein wirkliches Verhältnis zur Macht gegeben ist, lässt sich auch daran erkennen, dass sie den Menschen nicht als das Ziel, sondern als ein Mittel, als den Träger sowohl der Macht wie der Freiheit begreift. Der Mensch ent-

*faltet seine höchste Kraft, entfaltet Herrschaft überall dort
wo er im Dienste steht"*[54].

Während des fortdauernden Befreiungskrieges haben
viele von der Elitäre-Führung zwei politische Strategien
gespielt: Zum einen heuchelten sie über ihren revolutionären Gedanken und die Erneuerung der zerstörten
Kultur; zum anderen hielten sie sich fest an die Ideologie der Kolonialen-Kultur und gleichwohl unbemerkt
verdrängten sie geschickt ihren Triebhaftes-Egoismus,
dessen es sich offenbarte nach der Machtübernahme:
Macht-Usurpation.

Die langen Unabhängigkeitskämpfe der Völker haben
nicht das bestehende Status quo der kolonialen Ideologie ausradieren können. Anstatt fand die koloniale Ideologie eine Einnahmequelle, die seine Herrschaftsstruktur mehr grausamer durchsetzen konnte als bisher. Der
Ausbeutungsmechanismus, den es während des Kolonialismus nie gab, hat sich vervielfacht und somit erzielten
sie mehr Erträge als während der Kolonial-Epoche. Die
Autochthonen Machthaber mit ihrem pseudorevolutionären Denken haben sich zum Vollstrecker des Übels
umgeschlagen.

  Zu diese äußerte Erich Fromm zufolge: *„Der ausbeute-
rischen Orientierung liegt genau wie der rezeptiven das Gefühl zugrunde, dass die Quelle alles Guten außerhalb liegt,
dass man alles, was man haben möchte, dort suchen muss
und dass man nichts selber hervorbringen kann. Der Unter-*

---

54 Ebd. S. 124

schied zwischen diesen beiden Orientierungen ist jedoch der,
dass der ausbeuterische Mensch nicht erwartet, von den an-
deren etwas geschenkt zu bekommen, sondern dass er sich
die Dinge mit Gewalt oder List nimmt"[55].

Wie funktioniert sich anderes das Herrschaftssystem der
neuen Elitären an der Macht im Vergleich zu dem kolonialen Herrschaftssystem? Die europäischen kolonialen
Mächte angesichts ihrer Unterdrückungspolitik und Ver-
nichtungsmechanismus führten sie mit Selbstständigkeit,
um ihre Untertanen zum Schweigen zu bringen, ohne
sich von ihren Grausamkeiten zurückzuschrecken und
sich davon nicht geschämt zu haben. Eine haben wohl die
kolonialen Mächte nicht gegen ihre Untertanen zu tun
gelassen; und zwar die Bevölkerung, die sich kolonial-
sierten, haben sie nicht in Hunger und in totales Elend
verdammten. Während die autochthonen Machthaber
mit den zynischen und selbst Verleumdung-Parolen die
Macht legal oder illegal usurpiert haben, regieren in dem
Land nicht nur mit Akt der Grausamkeit, sondern rau-
ben sie das Land mit skrupelloser und triebhafter Gier.
Somit, ohne von nichts zu schrecken und zu schämen
von ihren inhumanen Verstümmelungsmaßnahmen, die
sie zur flächendeckenden Unterdrückungswelle und Einschüchterung gegen ihre eigenen Bevölkerungen durchführen, verweilen sie ihre Bevölkerung in Hunger, Elend,
ohne Bildung und schlechtes Gesundheitssystem, wel-

---

55 Erich Fromm, Jenseits der Illusion: Die Bedeutung von Max
und Freud, rororo Sachbuch, Rowohlt, Frankfurt am Mainz,
1965, s. 71

ches die Jungen-Leute in den ungewisse und lebensge-
fährlichen Odysseus treibt.

1.2 Der Befreiungskampf für die Unabhängigkeit war ein Kampf des Mittels zum Zweck (Einer Farce!)

*„Die Utopie drängte zur Wirklichkeit. Ungezählte Besserungs-
und Rettungsvorschläge für die unvollkommene oder in die
Irre gelaufene Welt versprachen das Glück, die Eintracht, Gerechtigkeit und ewigen Frieden"*[56].

Es wurde offensichtlich, dass zwei Gruppen, die sich als
Opponentin und bitteren Feinde gegenüberstanden, welche der eine sich als Pseudobefreier darstellte und der
andere sich an seine Neu-Kolonialismus-Idee und als der
allwissende alte Master hartnäckig beharre. Beide Gruppen haben durch ihre Habgier, in der jede eigene Weise
seine Interessen durchsetzen wolle, aber mit gleichem
Interesse, dass sie sich dafür eine gemeinsame Strategie
verfolgen, aber in zwei philosophischen Richtungen ebenen: Eine ist der »Donator« (Extractive), der seine Ressourcen als Notwendigkeit Wille billig oder umsonst an
den »Mächtigen-Empfänger« (Inklusive) aufopfert, und
somit durch maßlose Unterdrückung ließe die eigene
Bevölkerung in tiefe Armut. Aber es gibt zwischen den

---

56 Joachim Fest; Der zerstörte Traum (Vom Ende des utopischen Zeitalters),Corso bei Siedler, Berlin, 1991, s. 25

beiden einen kleinen Unterschied, aber mit großer Wirkung: Der >>Extractive<< sorgt zum Wohl der Entwicklung seiner Bevölkerung, während der >>Inklusive<< zerstört jene Form von Innovativem, der sein Land und Volk zu Entwicklung und Wohlstand hervorbringen könnte.

Hier habe ich den Begriff »Donator« mit Absicht nicht für die sogenannten »Hilfsgeber« (Geldgeber) des Industrialisierten Okzidents angewendet. Sondern für der »Hilfsempfänger« der Dritte-Welt-Länder, weil durch ihre Ressourcen, welche des Okzidents sich billig oder umsonst durch Gewalt bekommen, die sie stets für den Wohlstand und die Prosperität eigener Gesellschaften nicht nur hervorgebracht haben, sondern soziale Sicherheit schlechthin versicherten. Während den Eigentümern von ihren gegebenen Natur Ressourcen, die sie sich nur dem Wohlhabenden des Okzidents und eigenen Machthabern ohne Gegenleistung befriedigen, aber gleichwohl ließe er sich den Eigentümern von ihrem eigenen natürlichen Reichtum entfremdeten.

Diesen Akt von Ausbeutung und Unterdrückung, die noch soziale Unsicherheit und soziale Unzufriedenheit, die sich Volksexplosion schürte, verwandelten sie das Land in eine unbewohnbare Hölle, die die Bevölkerung in Exodus treibt. Gleichwohl die noch gebliebene Bevölkerung, die sich von ihrer produzierenden Produktion als Teilhaber verweigerten, leben von den Almosen, die sich von den westlichen Industrieländern betteln. Diese Form von Geste, die die Position der Überheblichkeit der westlichen Imperien in den Ebenen des »Allmächtigen Donators« positionierte, nahmen sie sich ohne Widerspruch als Selbstverständlichkeit: die Götter auf Erde zu sein.

Aber weitgehend, wer ist in dieser Hinsicht der aktuelle »Donator«? Ist es derjenige, der von dem Teilhaber eigene Natur-Ressourcen entfremdete und durch Gewalt ferngehalten ist, der gleichwohl sich unfreiwillig forcierten als »Almosen-Rezepten«? Oder ist es nicht die westlichen Imperien, der eigentliche »Almosen Rezipient«, der ungerecht die Ressourcen aus der sogenannten Dritte-Welt ausschöpft?

Ein Kilogramm Gold kostet 61.452,29 $USD. Und 56.250,30€= Euro

1 USD = 55.15770 ETB (Äthiopien Bir): Folglich, die Frage zu stellen ist: Äthiopien gehört zu einem der Länder auf dem afrikanischen Kontinent, die Gold produzieren, und eines der ärmsten Länder in der Welt; wobei Bürgerkrieg heimgesucht hat. Daher, wie vereinbart sich dieser mit der menschlichen Logik? Der mit reichen Ressourcen so arm sein kann und der ohne Ressourcen Reich werden kann?

Die Begriffe nach D. Acemoglu und J. A. Robinson, die sich versucht haben, derer unterschiedliche Erklärungen explikativ darzustellen, nämlich »Inclusive« und »Extraktive«, die sie inhaltlich von den Begriffen »Donator« und »Rezipienten« nicht viel zu unterscheiden sind. Die Frage, die sich zu stellen ist, warum Länder in der nördlichen Hemisphäre reich und florierend sind im Vergleich zu den Ländern der Sud-Sahara (Afrika) und Lateinamerika?

Acemoglu und Robinson zu Folge erklären die beiden Begriffe folgendermaßen:

„Inclusive economic institutions that enforce property rights, crest a level playing field, and encourage investments in new technologies and skills are more conducive to econo-

*mic growth than extractive economic institutions that are
structured to extract resources from the many by the few
and that fail to protect property rights or provide incentives
for economic activity. Inclusive economic institutions are in
turn supported by, and support ... those that distribute political power widely in a pluralistic manner and are able to
achieve some amount of political centralisation so as to es-
tablish law and order"*[57] ...

Weiterhin meinten, dass »Extractive Wirtschaft Institutionen«, wenn sie überhaupt zu lassen, unabhängige Institutionen, nicht mit den Machthabern synergistisch im
Klang kommen. Grund sei, dass die politischen Institutionen sich unter die Macht von wenigen konzentrierten,
die sie sich für eigene Zwecke und Habgier Interessen die
Ressourcen und die Wirtschaft des Landes für den Erhalt ihrer politischen Macht dienen zu lassen, während
ihre eigene Bevölkerung dafür aufopferte.

Historisch gesehen (Extractive) konnte als historische Institution definiert werden, welche die Elitäre-
Klasse mit Intention ihre eigene Bevölkerung und Land
in den Teufelskreis von Armut und Krieg verweilen will
oder stets verweilen.

Mohammed El-Baradei, der frühere Internationale Atoma-
re-Energie-Agentur (International Atomic Energy Agen-

---

57 Why Nations Fail; The Origins of Power, Prosperity and Po-
    verty, Daron ACEMOGLU & James A. ROBINSON, Profile
    Books 3A Exmouth House. Pine Street. London ECIR OJH,
    2013, s. 430).

cy), hat den Rückfall in institutionelle wirtschafts- und politische Entwicklung der arabischen Staaten so angedeutet: „Repression + Fehlende soziale Gerechtigkeit + Aberkennung von Wegen oder politischen Programmen zu friedlichen Veränderungen = eine tickende Zeitbombe."

Acemoglu und Robinson stellten sich folgender Fragen: Warum und wieso in allgemein die armen Länder arm geblieben sind im Vergleich zu Amerika oder Großbritannien? Diese können folgendermaßen erklärt werden: Die Staaten im Okzident, wo Rechtsstaatlichkeit als höchstes Gebot des Regierenden ist, haben derer Bevölkerung eine demokratische Räumlichkeit zugesprochen, im Gegensatz zu den Bevölkerungen der Südsahara, welche ihren Elitäre-Machthabern alle fundamentalen Rechte usurpierten. In den westlichen Imperien wesentlich jede politische Handlung ist durch den Sozialvertrag der Rechtsordnungen a priori festgelegt. Somit räumt das Gesetz die Gesellschaften des Okzidents als Mitteilhaber an den vorhandenen Ressourcen auf.

Im Gegensatz zu den westlichen Imperien, die Gesellschaften in Afrika ließen sich in der betrügerischen List ihre Elitären-Klassen in den Armen fallen; woran in jede politische Handlung dreht sich nur um die Interessen der Machthaber und ihren alliierten westlichen Imperialismus.

Die Gesellschaften in Afrika und Lateinamerika teilen sich in drei Gruppen: Eine Gruppe, die gegen das System rebellieren, aber mit weniger Wirkung. Die andere Gruppe, die entweder käuflich sind und agieren als die lange Hand des Systems, indem sie sich die propagandistischen Instrumente der Regierung durch Lüge und

Betrug verbreiten, oder die verstummte Mehrheit; die Bevölkerung, welche von den allen leeren rhetorischen Versprechungen müde geworden ist, unterwerfet sich an das System und ist schlechthin apathisch, was immer an die Staatsmacht kommt.

Die beiden Seiten, die sich gegenseitig mit ausführendem Vernichtungskrieg ausführen, beschwören jede auf seine Weise, den anderen total zu vernichten, ohne Rücksichtnahmen über die allgemeinen Verluste von Menschenleben, materiellen und die Naturzerstörung.

Den Grund, dass die mehrheitliche Bevölkerung sich resignierte vor der existierenden Politik in ihrem Staat und dabei alle Hoffnungen aufgegeben habe, ist zurückzuführen, mit der Erfahrung, dass es in absehbarer Zeit keine legitime Veränderung geben wird: Derjenige, der an die Macht aufsteigt, ist nicht besser als seine Vorgänger; was zu hören und zu erwarten ist nichts anderes als der gleiche verleumderische Unsinn und leere Versprechungen. Die dritte Gruppe ist das Militär, der am meisten vom Ausland gesteuert ist. Was die zivile Regierung an die Macht am meisten fürchtet, ist das Militär, der unberechenbar ist und jede beliebige Zeit der Regierung putscht.

Jede, der an der Macht einsteigt, entfernt sich von dem Humanismus, in dem sie inneren Terror als Mittel zur Besänftigung des Volks verherrlichen und verklären.

Der Prozess der Befreiungsbewegung hat ihrem wahren Ziel verfehlt und sich zum anderen in repressive Form von falscher Wahrheit umgeschlagen. Es wurde offensichtlich, dass die revolutionäre Idee und der Traum von Utopia sich nun wieder in das präformierte alte Struktursystem zurückgekehrt; folglich mit intensiver Oppression. Der kleine Unterschied zu dem alten kolonialen System ist, dass die koloniale Verwaltung mindestens eine gewisse Ordnung und zivilisierte Form des Regierenden bestand. Woran die Staaten, die sich ihre Unabhängigkeit erlangten, die institutionelle Verwaltung, die die europäische Kolonie hinterließen, auf dem Kopf gestellten und sie zum Chaos errichteten.

Die Freiheit, die die Menschen erkämpft haben, und die Staatspolitik, die sich von den fremden Kolonien übernommen hat, pervertierte in einer bedingungslosen Unterordnung von totalitären rückständischen Regierungen. Den Nepotismus und Klientel ist die alltägliche Politik, in der die oberste Verwaltung der Regierung herrscht, sind Gründe, warum der Staat unterentwickelt ist. Es ist nicht mehr die Qualifikation und die Bildung das Individuum, was denn überhaupt mehr in den Ländern von Afrika zählt (was an sich als die Voraussetzung die Chancengleichheit gelten lässt und Fortschritte hervorführt), sondern das politische Credo ist, das auf der Tatsache herrscht: »wer du bist und wem kannst du«.

Diejenigen, die mit den Machthabern verwandt sind oder enge Freunde haben an dem höchsten Verwaltungsorgan, haben Chancen, einen Job zu bekommen, aufräumten.

Diese Menschen, die aufgrund dieser unerträglichen Lagen, sei es Krieg, Elend, Armut, Krankheit, Zerstörung ihrer Lebensräume, sowie der Zerstörung ihres „Moral Consciousness", und „Traditionelle-Moral", sind die Voraussetzungen des »zerfallenen Staates«, ohne Perspektiven.

Diese Fälle von Zerstörung sind eine willkürliche Instrumentalisierung, die bestimmt nicht nur durch die Destruktion des Menschenlebens, sondern durch die Willkür der Austreibung und Veresterung, die Menschen im Ausland zu fliehen.

Die philosophische Politik, die hier getrieben ist, geht die Ressourcen nicht umsonst zu erwerben, sondern darum, ihre langfristige Nutzung zu sichern. Dazu ist eine psychologische chirurgische Operation erforderlich. Um eine Gesellschaft mit nicht-identischen Wesen zu schaffen, die sich voneinander entfremden, soll das moralische Bewusstsein der gesellschaftlichen Lebensnormen umgerissen und die kulturelle Identität vernichte t werden. Dessen experimenteller Versuch hat diese Idee in vielen Teilen Afrika verwirklicht. Es hat die Grundsätze der menschlichen Vernunft aus ihren Gehirnen entfernt und gleichzeitig eine Gewalt gegenseitiger Rache, Verbrechen ohne Reue ausgelöst, die sich zur alltäglichen Normalität entwickelt hat.

Nach Aussage von Freud, *„dass der Destruktionstrieb aus kulturellen Gründen jeweils einen Vorwand, eine Rationalisierung braucht – die Schlechtigkeit des Gegners, die pädagogische Zweckmäßigkeit, die Verteidigung der Ehre, einen Krieg oder irgendeine Volkserhebung …*

Unter veränderten Umständen können die Wirklichkeit und Erkenntnis gemeinschaftlicher Interessen die gesellschaftlichen Beziehungen der Menschen bestimmen; der ›Destruktionstrieb‹ wird sie nicht mehr stören"[58].

---

58 Max Horkheimer; Tradition und Kritische Theorie II; Frankfurt/Main, 1968, s. 462

III-Kapitel

1 „Destruktionstrieb wird sie nicht mehr stören, und der Abgrund des Menschen-Lebens zählt zu dem normalen Alltag"[59]

Die Idee eines verlorenen Paradieses, in dem nicht nur Harmonie zwischen dem ersten Menschenpaar herrschte, sondern auch zwischen Mensch und Natur sowie zwischen den Menschen, die Gott verehrten, deutet darauf hin, dass der Zwist erst mit dem Sündenfall in die Welt trat. Die Vertreibung war somit der Auslöser für jeglichen Mangel, den Kampf ums Überleben, die Ausübung von Macht, Ungerechtigkeit und Gier, kurz gesagt: für das Böse insgesamt. (Joachim Fest , Der zerstörte Traum (Vom Ende des utopischen Zeitalters), Corso Siedler Verlag, Berlin 1991).

Solches Ausmaß von unmenschlicher Barbarei kann man sich erleben in den Ländern von Somalia, in Äthiopien und in anderen afrikanischen Ländern, sowie in nordafrikanischen Ländern hin bis zu den arabischen Halbinseln, wo sie sich ihre Selbstzerstörungswelle und dessen Mechanismus zur Gegenwärtigkeit der modernen Zeit als normalen Naturzustand betrachten.

Theodor Adorno äußert er sich folgendermaßen: *„Autorität und Aggression"* meinte er, als einen Akt der Macht-

---

59 Max Horkheimer; Tradition und Kritische Theorie II; Frankfurt/Main, 196, s. 462

Demonstration: „es ist nur natürlich und rechtens, dass Frauen in gewissen Dingen Beschränkung auferlegt wird, in denen Männer mehr Freiheit haben"[60].

Hier meinte Adorno, in jeder Kriegsführung sind Frauen und Kinder das Opfer, die sich meistens unter diese Auseinandersetzung der machtgierigen Tyrannen und deren Selbstverherrlichungstrieb leiden.

Eine von vielen Beispielen über Menschenrechtsverletzung in Globus geschieht in der Gegenwärtigkeit in Äthiopien, vor allem in den Tigray-Amhara-Regionen als auch in der Somalischen Region unter der äthiopischen Verwaltungskolonie.

«Der Tigray-Konflikt in Äthiopien ist geprägt durch extreme Brutalität», sagte Bachelet. „Die Täter auf allen Seiten müssten zur Rechenschaft gezogen werden. Die äthiopischen Behörden hätten versichert, dass gut ein Dutzend Täter bestraft worden seien und gegen weitere rund 20 ermittelt werde. Es gebe aber keine Transparenz bei diesen Prozessen. Wenn die nationalen Behörden nicht in der Lage seien, sämtliche Verstöße zu verfolgen, müsse eine unabhängige Kommission eingerichtet werden, die Beweismaterial für Gerichtsprozesse sammeln könne"[61].

---

60 Joachim Feast, Der zerstörte Traum (Vom Ende des utopischen Zeitalters), Corso Siedler Verlag, Berlin 1991, s. 18-19
61 Zeit-Online, © dpa-infocom, dpa:211103-99-846213/2 (UN-Menschenrechtsbüro zur Tigray-Untersuchung)

1.1 Wie die somalischen Bürger die grausame Erfahrung des Bürgerkriegs mit ihren Familien durchmachten und erlebten

Die somalischen Warlords, sowie die sogenannten Politiker und ihre Mitläufer, haben ihr dreckiges Geschäft in vielen Richtungen gemacht, um Geld und Waffen zu erwerben. Sie haben nicht nur mit der internationalen Mafia und viele Regierungen einen Handelsaustausch mit dem gefährlichen, giftigen Müll vereinbart, den sie in vielen Teilen Somalia, sowohl im Land als auch im Meer, deponiert sind. Aber sie haben mit den fremden Regierungen und internationaler Mafia andere als Giftmüll die somalischen Natur-Ressourcen, die sie ohne mit einer funktionierenden Regierung zu verhandeln, ihre dreckigen Geschäfte durchführten.

Die Fremden bedienen sich illegal nach ihrer Beliebigkeit und berauben das Uran, Öl, Gas und andere Ressourcen. Abgesehen von dem oben erwähnten Handelsaustausch mit Waffen, Menschenhandel ist vorwiegend auch ihre finanziellen Quellen. Die Erwerbung, um das notwendige Geld für die somalischen Politiker, die damit ihre dreckigen Machenschaften durch Bestechung und Betrug erlangen, handelnde sie als Waren die Menschen: sowohl junge Mädchen von den Alten zwischen 15 und 20 Jahren, als Jugendliche und Kinder, die sie in die arabischen Länder exportieren, als Sex-Sklaven. Dennoch, Organhandel von Kindern und Jugendlichen, um ihren schmutzigen und verbrecherischen Krieg fortzuführen, ist die alltägliche Situation in Somalia, welche die skrupellosen Machthaber betreiben.

Den Einschüchterungstrick der Warlords, um junge Mädchen und Fräulein Angst und Schreck aufzujagen, um dabei ihre Wüstlinge zum Geschäft zu zwingen, haben entweder ihren Müttern oder andere ältere Frauen vor ihren Augen den Bussen mit lebendigem Leib durch Schlachtmesser herausgeschnitten. Oder die somalischen Politiker versprechen lukrative Arbeit mit viel Geld in den Vereinigten Arabischen Emiraten, Saudi-Arabien ..., die nichts anderes ist als Sex- und Sklavenarbeit.

Die Männer, die solchen Schreck von Verstümmlung ausübten, sind zu Zeit als Funktionäre in den hohen Ämtern der somalischen Regierung und darüber hinaus kandidieren für die somalische Präsidentschaft ohne gewisse Sanktionen oder Hindernisse der Gesetzgebung des Staates zu konfrontieren.

Die Warlords sowie die Politiker haben bewusst oder unbewusst die gesellschaftliche Norm und ethische Moral in der Entfremdung geführt, sie ließen sich jegliche Tugend über Wahrheit und Wirklichkeit aus dem menschlichen Geist erlöschen. Was aus dem Mund der sogenannten Politiker herauskommt, ist nur Lüge und Selbstgefälligkeit.

Theodor Lessing schrieb zu der Frage der Geist folgende Masse: *„Geist ist: was befähigt einzutreten in das Reich der >>Wahrheit<<. Diese >> Reich der Wahrheit<< ist nicht lebendig und nicht wirklich! ... Leben – Wirklichkeit – Wahrheit (vitalié, rèalité, véritè) das ist die letzte Dreiheit menschlichen Bewusstseins"*[62].

---

62 Theodor Lessing, Die verfluchte Kultur, Matthes & Seitz Verlag, München, 1995, s. 34

Am 26. April 2021 war der Versuch, den X-Präsidenten Mohammad Abdullahi Farmajo, der sich bemühte, eine Rechtsstaatlichkeit wieder in Somalia wiederherzustellen, von dem heutigen Präsidenten Hassan Sheikh durch organisierte Clan-Milizen, die von ihm geführt wurden, durch Gewalt zu entmachten. Die Gedanken von einer Gruppe, die sich Al-Jazira nannten, die sie sich von ausländischen Mächten, die sich sowohl bei der europäischen als auch bei den arabischen Staaten sowie den Nachbarländern unterstützen, wollten Somalia wieder die Zeit der Apokalypse von 1991 zurückzusetzen.

Der Präsident, Mohammed Abdullahi Farmajo, war clever genug, und hatte er an dieser Provokation Versuch, nicht mit gegen Angriff gestattet, sondern mit Dialogen, in denen er durch die zivile Bevölkerung als Vermittler und Schlichtung die Situation engagierte. Er hat damit die prekäre Situation, welche die Clan-War-Lords wieder damit versucht haben, das Land in den Abgrund zu richten, mit taktischer Gabe den Vorhaben der Verbrechen zu nichtig gemacht. Und schlechthin die parlamentarische Wahl zu gesichert, in der seine Wiederwahl gekostet.

Adorno hat folgendermaßen zu der moralischen Vorstellung geäußert: „Neigung, andere aus moralischen Gründen zu verdammen, mag noch weiteren Grund haben: *Der Autorität muss die moralische Lässigkeit, die er bei anderen sieht, nicht nur verurteilen, er wird getrieben, sie zu sehen, ob Anhaltspunkte gegeben sind oder nicht. Auch das ist ein Mechanismus zur Abwehr der eignen gehemmten Strebungen; der Autoritäre sagt gleichsam zu sich selbst:*

>>Nicht ich bin so schlecht, dass ich Strafe verdiente, er ist es<< In anderen Worten, das in Individuum projiziert die

eignen, ihm unakzeptabel scheinenden Triebe auf andere, um
diese dann verurteilen zu können ...[63].

Adorno weiterhin meinte: „*Konventionalismus, auto-*
ritäre Unterwürfigkeit und autoritäre Aggression berühren
alle das Moralproblem – die Verhaltensnormen, die Beziehun-
gen, den Mächten, die sie uns auferlegen, zu denen, die gegen
sie verstoßen und daher Strafe verdienen. Versuchspersonen
mit hohen Punktwerten auf einer diese Variablen werden
vermutlich auch auf den beiden anderen hoch rangieren, da
alle drei Ausdrucke einer besonderen Charakterstruktur zu
sehen sind. Ihr wesentlichstes Merkmal ist die mangelnde
Integration des Moralgesetzes, nach dem Individuum lebt,
mit der übrigen Charakterstruktur ..."[66].

1.2 Wie die negative Ethik des westlichen Kolonialismus (die Nachahmung derer Illusionsideologie) die afrikanischen Gesellschaften zum Grunde richtet: am Beispiel, wie sich die somalische traditionelle Ethik sowie die moralische Tradition zerstört hat

Friedrich Nietzsche äußerte sich zu der menschlichen
Moral folgendermaßen: „*Das moralische Urteilen und Ver-*

---

63 Theodor W. Adorno, Studien zum autoritären Charakter,
   Suhrkamp Taschenbuch Wissenschaft, s.50
66 ebd

urteilen ist die Lieblings-Rache der Geistig-Beschränkten an denen, die es weniger sind, auch eine Art Schadenersatz dafür, dass sie von der Natur schlecht bedacht wurden, endlich eine Gelegenheit, Geist zu bekommen und fein zu werden: Bosheit vergeistigt".[64]

1.2.1 In Somalia ist es nicht nur das Staatswesen, das an sich zusammengebrochen ist, aber dazu alle Formen von moralischer Tradition sowie des Moralgesetzes sind mit sich zusammenerloschen

Hier werde eine Geschichte erzählen, wie die zu den somalischen Frauen, Kindern und Jugendlichen, die die Grausamkeit des Krieges von Somalia erlebten, unterliegen und sogar bis zur Gegenwärtigkeit erleiden. Die Somalischen Frauen, sowie Kinder und Männer, die den grausamen Krieg erlebten, leiden bis zum heutigen Tag an psychischen mentalen Zerstörungen. Diejenigen, die sich davon der Gefahr entkommen sind, um friedliche Orte zu flüchten, sowie „Utopia-Europa" oder Nordamerika, endeten ihre Hoffnungen entweder in Wüsten oder ins Meer. Die Einigen, die durch die arabischen Länder oder andere afrikanische Länder in Richtung des gelob-

---

64 Friedrich Nietzsche, jenseits von Gut und Böse, Werk 3); Könemann Verlagsgesellschaft GmbH, Köln, 1994, s.147

ten Europas anzukommen, wurden gefangen gehalten und missbraucht. Sie wurden entweder körperlich verstümmelten oder als Ware gehandelt; sowie Sex-Sklaverei, Organen Handel.

Die Kinder wurden von ihren Eltern mit Gewalt getrennt und wurden in den „Pädophilie"-Markt oder in die Märkte der Organe Suchende-Laboren verkauft. Falls sie sich von der grausamen Odysseus-Gefahr entkommen, entrüstete es sich ihres Utopia-Traums im Ausland auch gewaltig, und sie erlebten eine unwürdige Form von Diskriminierungen und wurden als unerwünschte Aussätzige weg angeekelten. Einige von den schlimmsten Orten, abgesehen von den arabischen Ländern, waren Da-Daab-Flüchtlingslager in Kenia und Libyen, wo der größte Menschenhandel stattfindet.

„*Die Transformation des Opfers in Subjektivität finden im Zeichen jener List statt, die am Opfer stets schon Anteil hatte. In der Unwahrheit der List wird der im Opfer gesetzte Betrug zum Element des Charakters, zur Verstümmelung des 'Verschlagenen' selbst, dessen Physiognomie von den Schlägen geprägt ward, die er zur Selbsterhaltung gegen sich führte.*"[65].

---

65 Max Horkheimer, Theodor W. Adorno; Dialektik der Aufklärung (Philosophische Fragmente), Fischer Taschenbuch Verlag, Frankfurt am Main, Mai 1988, s.65

1.3 Habgier treibt die Menschen durch ihren skrupellosen Trieb nach „Macht, Geld, Lüge und Sex" als Selbstbehauptung

Da-Daab, das größte Flüchtlingslager auf der Erde: Ein großes Konzentrationslager, das für die somalische Bevölkerung eingerichtet ist: Eine Sodomie und Gomorrha in diesseits der Welt: Eine Einrichtung, die willkürlich ausgedacht ist, um jegliches Moralgesetz und Moraltradition auszulöschen: ein experimenteller Fall der vaterlosen Geschöpfe.

„Dahinterstand die Idee des verlorenen Paradieses, in dem nicht Eintracht zwischen dem Urmenschen Paar, sondern auch zwischen Menschen und Natur sowie zwischen Menschen und Gott geherrscht hat. Erst mit dem Sündenfall war, diesem Bild zufolge, die Zwietracht in die Welt gekommen, und die Vertreibung war die Ursache aller Entbehrung und damit des Lebenskampfes, der Macht und folglich des Unrechts und der Gier, kurzum des Bösen überhaupt"[66].

Die Lage in Kenia wurde errichtet nach dem Aufbruch des dauernden Bürgerkrieges in Somalia im Jahr 1991 bis 1992, als des Rechtsstaates entmachtet wurde durch die verschiedenen Clan-Organisationen, die folglich ein Mensch-Exodus und Zwangsnussvertreibung erfolgten.

---

66 Joachim Fest, Der zerstörte Traum: Vom Ende des utopischen Zeitalters, (Coroso) by Wolf Jobst Siedler Verlag-Berlin, 1991, s.18-19

Der Gedanke, der dahinterstand, war vorwiegend, die somalischen Geflüchteten weit im inneren Gebiet des kenianischen Territoriums zu verhindern. Somit hat die UNO, USA, EU und AU, mit der Einverständnisse der kenianischen Regierung in dem Nord-Ost von Kenia eine Aufnahmelage an der Grenze zwischen Somalia und Kenia errichtet.

Hier im DA-DAAB-Flüchtlingslager spiegelt sich die reale Wirklichkeit von Menschen aus, der ausgedachte Plan des Untergangs der menschlichen Moralvorstellung und wie die kulturelle Identität der Somalischen Bevölkerung völlig in die Abgründe richtet.

Es ist die größte Flüchtlingslage in der Welt, die sich fast wie eine eigene Stadt entwickelt hat.

Nach der Schätzung der UNHCR wurde am Ende Juli 2020 über 218,873 registriert.

Da-Daab-Flüchtlingslager besteht aus drei Komplexen: Der erste Kamp wurde erreicht in der Lage, der (Da-Daab) Distrikt, als der somalische Bürgerkrieg aufgebrochen ist.

Die andere Zwei wurde errichtet, nach UNHCR-Bericht zufolge, während der Größe Dürre 2011 am Horn von Afrika aufgebrochen hat. Die Lagen wurden in den Regionen von Ifo und Kambioos errichtet.

Dieses Flüchtlingscamp hat sich zu einer eigenständigen Stadt entwickelt, aber die wesentlichen Gründe, aus denen die Lagen gebaut wurden, waren nicht darauf ausgerichtet, Flüchtlinge humanitär zu betreuen. Es hat sich als die Lage für Menschenhandel, sowohl Drogengeschäfte als auch Prostitution und Rekrutierung junger Somalis für Terrorismus und Inter-Clan-Auseinandersetzungen, die es in Somalia unmöglich macht, zu einer stabilen Regierung zu errichten. Das Camp Da-Daab, dessen Funktionsbetrieb ist eine Industrie, welche sie sich zur internationalen Kreuzung für dreckige Geschäfte etablierte.

An der Geschäftsbeteiligung sind vorwiegend die humanistischen Organisationen, die Regierung von Kenia, die Internationale-Mafia, Al-Shebab, somalische Terrorist-Gruppe, einige somalische Zwischenhändler, die die jungen Frauen und Kinder ausliefern. Im klaren Text, die Art von Geschäften, die sie sich in der Da-Daab-Flüchtlingslager laufen, über den Menschenhandel sind, vorwiegend: Zwangsprostitution, Pädophilie in seiner brutalsten Form, Kindern Handel, Organen Handel, Drogen-, Alkohol- und Qat (Kat).

„Dann wagen wir es beiläufig zu sagen: wenn das Verbrechen nicht der Art von Feinheit hat, die man in der Tugend findet, ist es nicht immer erhabener? Hat es nicht stets einen Charakter von Großen und Überlegenheit, der emporhebt und immer emporheben wird, über die langweiligen und weiblichen Reize der Tugend? Werdet ihr jetzt von Nützlichkeit des einen oder der anderen reden.

Ist es an uns, die Gesetze der Natur zu untersuchen, an uns, zu entscheiden, ob das Laster ihr ebenso nötig ist wie die Tugend? Sie flößt uns vielleicht ihren respektive Bedürfnissen entsprechend, nicht in gleichen-m Masse den Hang zum einen oder zur anderen ein. Doch fahren wir fort"[67].

---

67 Marquis De Sade; Die Hundertzwanzig Tage von Sodom, oder Schule der Ausschweifung, Werk 1, Könemann Verlagsgesellschaft mbH, 1995, Bonner Straße 126, D-50968 Köln, s.13-14

Meist Kinder, die in Da-Daab geboren sind, sind vorwiegend vaterlose Kinder; sie wissen nicht und haben mal keine Ahnung von den erzeugten Vätern. Entweder die Frauen sind zur Zwangsprostitution gezwungen, oder aus Not haben sie ihre Körper als Ware, um zu überleben, verkauft, oder sie sind ohne ihren Willen mit Gewalt vergewaltigt worden.

In der tragischen Geschichte über die Ereignisse, die in der Flüchtlingslage passiert, sind ein unvorstellbares Szenario: meist Frauen vor allem junge-Frauen und Mädchen aus der Furcht vor ihren Eltern oder von der Gesellschaft treiben in primitiver Form, bzw. à la „traditionelle Medizin", das Kind aus. Einige Frauen überleben nicht durch diese operativen Maßnahmen oder werden durch diese Maßnahme für ewig sterilisiert. Die von diesem Abtreibungszwang überleben und überlebten, schmeißen ihre neu geborenen Kinder nach ihrer Entbindung an einen beliebigen Ort, oder sie übergeben als »Adoption« an die Organisationen und die Behörde, die die Lage betreuen; wenn überhaupt zum „Adoption" kommt, ist fraglich? Aber keine weiß, was mit den Kindern passiert, nach der Mutter, die entweder an humanitäre Organisationen oder private Menschen außerhalb der Lage weggegeben haben.

Größtenteils der Kinder, die in Da-Daab geboren sind, sind eine Mischung von verschiedenen Rassen, nur die Muttern sind Somalis. Viele Männer, die in Kenia einreisen von Europa, Amerika, Asien, oder die kenianischen Autochthonen, die ihre Sexualvergnügungen suchen, werden in die Lage eingeladen, und suchen sie aus, je nach ihren sexuellen Perversitäten.

Die Kinder, die in diesen Situationen aufgewachsen, bekommen nicht mal die Lebensnorm von Erziehung, kulturelle Werte, jegliche moralische Vorstellungen von Familienerziehung sowie von der Außenwelt. Sie sind abgebrüht zur Bestie, bzw. als kriminelle Delikte, welche sie sehen als existenzielle Chancen zum Überleben, oder sie sind gezwungen, und als Sex Betrieb zu betätigen, mithin sind sie mit Willkür von der Außenwelt isoliert und abgeschnitten. Vorwiegend sind die Jugendlichen und Mädchen, die in der Lage aufgehalten sind, werden kriminalisiert und die Mädchen als Zwangsprostitution unterstellten.

Al-Shebab; die islamistische Terrorgruppe rekrutiert die Jugendlichen und Mädchen als die Selbstmordattentäter von der Flüchtlingslage der Da-Daab. Die Lage dient auch für die Terroristen als die »Safe-Hafen«, um Somalia mehr zu destabilisieren, und um eine funktionierende Regierung unmöglich zu machen.

Die Behörde von Kenia, bzw. die Regierung von Kenia, die kein Interesse hat am Wiederaufbau eines funktionierenden somalischen Staates in der Region, vereinbart sie mit der Terrorgruppe, die junge Leute ohne ihr Willen zu liefern. Regierungen von Kenia, den Arabischen Emiraten, Äthiopien, sowie westlichen Regierungen unterstützen sowohl finanziell als auch mit modernen Waffen die Terrorgruppe (Al-Shebab), und die somalischen Clan-Milizen. Dazu werden die unschuldigen und naiven Kinder, Jugendlichen und Mädchen rekrutiert und sie als Zeitbomben gebildet: Selbstmordattentäter.

Die Terrorgruppe verwöhnte die Kinder mit Geld und guter Verpflegung, die sie nicht in der Flüchtlingslage je erlebt haben oder hätten.

Die Kinder werden ohne ihren Willen in Somalia auf-
genommen und als Zeitbomben Kommandos ausgebildet.

Sie unterrichten sie mit billigen religiösen Rhetori-
kern, die die Verse des Korans in falschen Formen interpretieren.

Sie verbreiten billige politische Propaganda wie „Wenn
Sie den Ungläubigen töteten, wird Gott euch in den Him-
mel belohnen". Sie Gehirnwäsche mit billiger politischer
Rhetorik, und wenn die Jugendlichen verweigern, die
Missionen der Selbstattentäter gegen unschuldige Menschen in dem Tod zu reisen; Sie werden ihn mit Gewalt
Rauschgift anpumpen und die Bomben in den Körper
des Jungmanns verfestigen. Dann stellen sie den Jungmann an den Ort, wo sie am Ziel hatten, und Sünden
mit Fernbedienung den Jungmann; und mit ihm reisen
viele Menschen im Jenseits.

Dieser anhaltende Terrorakt der Selbstmörder hat die somalische Bevölkerung in Atem gehalten und in jeglichem
gesellschaftlichen Alltagsleben Lärm gelegt, sowie es hat
den somalischen Regierungen, das Land in Frieden zu regieren, den Weg abgeschnitten und unmöglich gemacht.

Somalia ist verständlicherweise ein gutes Beispiel für die
Wahrhaftigkeit, was im wahrsten Sinn des Wortes, was
hinter die Hilfe angeheftete Doppelmoral ist; was Humanismus und Entwicklungspolitik der westlichen Mächte
und der Araber bedeuten kann. Ihre Doppelmoralpolitik
hat das somalische Utopia in eine Hölle umgewandelt,
welche die somalische Bevölkerung, die in Somalia lebt,
sowie in den vielen Teilen dieser Welt ihre Hoffnungen

völlig zerstört hat: Mit diesen falschen Hoffnungen verweilen sie sich in eine Ideologie der Nachahmung von völlig zerstörter Illusion (zerstörte Souveränität); die sie sich (die Somalis) auch der Schuld selbst tragen bzw. mitverantwortlich sind.

Hannah Arendt hat folgendermaßen angedeutet: die unabsehbaren Aktionen und leere Versprechungen zu einem Utopia:

Eine Illusion des eigenen vorhandenen Real-Souveränität zerstört; den Willen einer zu Macht, die sich das eigene Interesse und eigene Ruhmprofile gehorchen sollte, zu verfolgen, denn es letztlich zur kollektiven Selbstzerstörung führte:

„Die Souveränität eine Gemeinschaft, die zusammengehalten und aneinandergebunden ist- nicht durch den sie beherrschenden Willen eines Einzelnen, der aus vielen einen macht, sondern durch ein Vorhaben, auf das die Vielen sich geeinigt und um dessen willen zeigt sich in der fraglosen Überlegenheit gegenüber allen Gruppen, die so >>frei<< sind, dass kein Versprechen sie bindet und kein Vorhaben sie zusammenhält. Diese Überlegenheit entspringt der Möglichkeit, mit der Zukunft so zu schalten und so über sie zu disponieren, als wäre sie eine Gegenwart, was ja nichts anderes heißt, als dass man auf eine ungeheure und wie ein Wunder anmutende Weise diejenige Dimension erweitert hat, in der Macht sich auswirken kann"[68].

---

68 Hannah Arendt; Vita activa; oder Vom tätigen Leben, Serie Piper, GmbH&Co.KG, München, 1976, s.313-314

Bis zur Gegenwärtigkeit viele Menschen, vor allen Frauen, Kindern, Jugendlichen ..., sind psychisch traumatisiert. Nicht dass sie nur unter physischen Erkrankungen in Folge von den Misshandlungen, die zu gefügte sind, leiden. Sondern physischen und psychischen Zerstörungen mit der Folge von Albträumen, Aggressionen, Selbstmord und anderen Delikten. Die Vorgehensweise von Misshandlung und der grausame Akt von Demütigung, den sie sich durchmachten, bis zur Gegenwärtigkeit, lässt sich nicht los. Die somalische Gesellschaft in Somalia ist mental verwirrt, welche es sich nicht besitzen, die Fähigkeit und die Kraft, sich von der Gewalt der gegenseitigen Verstümmlung zu beenden.

IV-Kapitel

1 Nachahmung der westlichen Illusions-Ideologie

Der Anti-Kolonialismus nahm die Gestalt des Neu-Kolonialismus und schließlich hat sich zu der Treuhandschaft subsumiert: „Unterentwicklung" als Inbegriff fällt zusammen mit dem Begriff „Unzivilisiert": Ungeist:

Somalia ist ein klares Beispiel dafür, dass sie sich unter die militärischen Kontingente der sogenannten internationalen Gemeinschaft sowie unter AU- und UN-Kommissariat unterstellt. Der somalische Staat ist jeder Schritt und Tritt bewachen und kontrolliert. Somalische Regierung besitzt keinen Freiraum, den sie sich freilich ihre politischen Aufgaben und Vorhaben ungehindert auszuüben und zu erfüllen. Somalia ist genau wie die anderen afrikanischen Staaten verdammt durch die „Illusion Ideologie der westlichen imperialen Mächte, die sie stets nachahmen"! Somalias Souveränität ist bevormundet und besitzt keine Staatsgewalt, die allein Entscheidung treffen kann.

„Chez eux tout est commun. Chez eux tout eux égal. Comme ils sont sans palais, ils sont sans hôpital"[69]

---

69 Justin Stagl: Kultur-Anthropologie und Gesellschaft: Dietrich Reimer Verlag Berlin 1981, s.71

«Die ursprünglichen Verbrechen der Zivilisation, Eroberung und politische Unterdrückung, wurden schweigend begangen, und das ist immer nicht ihre Absicht, wenn auch immer das Ergebnis. Die meisten der Opfer nämlich konnten während des größten Teils der Menschheitsgeschichte nicht lesen und schreiben, und können dies immer noch nicht. Bisweilen wird behauptet, dass sie keine Geschichte hatte"[70].

Es wurden berichtet nach verschiedenen UN-Organisationen, viele Kinder haben nicht die Möglichkeiten oder einen Zugang zu Schulbildung, und denjenigen Kindern, die die Chancen hatten, die Schule zu besuchen, brechen sie aus, ohne die primäre Schule absolviert zu haben. Viele Kinder sind unterernährt und leiden an verschiedenen Krankheiten. Aufgrund der tiefen Armut können meist Kinder regelrecht während des Schulunterrichts nicht verfolgen oder konzentrieren, weil sie mit leerem Magen die Schule besuchen, und leider haben die Schulen kein Mittel, um den Kindern Mahlzeiten ihren Hunger zu milden.

Die Politik des Gesundheitssystems in vielen sogenannten „Unterentwicklungsländern" ist erbärmlich. AIDS, Ebola, Covid-19 und andere tödliche Viren und Scheuchen, die zur massenhaften Tötung führen, an vielen Millionen Menschen im Globus und vor allem in Afrika, sind bis zum heutigen Tag unter Kontrolle zu bringen gescheitert, aufgrund der fehlenden Medikamente,

---

70 Stanley Diamond; Kritik der Zivilisation (Anthropologie und die Wiederentdeckung des Primitives, Campus Verlag, Frankfurt am Mainz/New York, 1976, s.7

und moderne Krankenhäuser machen es aussichtslos. Was dennoch befremdet in Afrika ist, ist die politische Aufklärung zur Prävention, insbesondere Maßnahmen gegen AIDS oder andere Viren, vorzugehen. Negieren die Regierungen die Macht besitzen, willkürlich um die Gesundheit ihrer Bürger auf den Vordergrund zu stellen.

Es wurden berichtet von verschiedenen UN-Organisationen.

(UN-Report: Weltweit leiden rund 690 Millionen Menschen an Hunger: UNICEF):

„Laut dem jährlich veröffentlichten Bericht litten 2019 rund 690 Millionen Menschen an Hunger. Damit ist die Zahl der hungernden Menschen im Vergleich zum Vorjahr um zehn Millionen gestiegen, innerhalb der letzten fünf Jahren hat sie sich um 60 Millionen erhöht. Hohe Nahrungsmittelpreise erschweren für Milliarden von Menschen eine gesunde und nahrhafte Ernährung. Die meisten sind unterernährten Menschen leben in Asien. Am stärksten angestiegen ist die Zahl der an Hunger leidenden Menschen allerdings auf dem afrikanischen Kontinent"[71].

AIDS-Hilfe von World Bank an Afrika fließt nicht in die Kasse das Gesundheitssystem, um von AIDS betroffen Menschen, die sich Medikamente benötigen, zu besorgen, um ihre Leiden an der Unheil Krankheit zu melden, stattdessen es fließt direkt an Taschen den Machthabern. Gelde für AIDS-Hilfe sind ein Teil der Korruptionspolitik, welche es zählt als wichtiges Lukratives einnahm,

---

71 UNICEF Report 2019

Quelle zu eignen Nutzungsgenuss. Sie verweigern mit bewussten Absichten die leidenden Menschen, die mit den Krankheiten infizierten, an den mit den Hilfsgeldern des AIDS sowie die des Covid-19 um eine bestimmte Schutzmaßnahme für eigne Bevölkerung gegen die unvorhersehbare massenhafte Ausrottung zu bewahren, aber füllen sie sich gierig damit in ihren Taschen.

Meist die internationalen Geldgeber haben viele Gelder zu Hilfsmaßnahmen an die Regierungen in Afrika fließen lassen, aber wo diese Hilfe ausgegeben wurde, gibt's keine Anhaltspunkte, aufgrund des nicht kontrollierbares und zuverlässigen Transparenzverfahrens, welche den Machthabern mit ihren Machtbefugnissen versperren ließen.

Nach Berichterstattung der Weltbank (Gesundheit, 03.03.2020-D-W) zu Folge hat es genehmigt, eine Soforthilfeleistung in Höhe von zwölf Milliarden Dollar an Ländern mit Corona-Virusfällen zu unterstützen, woran der Präsident der Weltbank, David Mapass, folgende Aussage angedeutete: „Ziel sei es, ‚schnell' und ‚effektive' zu helfen.

Er sagte weiter: „Es ist wichtig anzuerkennen, dass das Coronavirus für arme Länder eine zusätzliche Last bedeutete." Arme Staaten seien am wenigsten gut ausgestattet, um die weitere Ausbreitung des Virus aufzuhalten„… notwendigen Medikamenten vorsorglich zu versorgen, werden diese Maßnahmen in Erfüllung durchgesetzt?

Nach Erklärung der Weltbank wurden vier Milliarden Dollar an Hilfspakete an ärmste Länder für medizinische Ausstattung und Gesundheitsdienst angesetzt zu werden.

Allein Djibouti, einer der kleinsten Staaten im Kontinent von Afrika, dessen Fläche beträgt 23,200 Quadrat KM und eine Bevölkerung von ca. 865.265, hat schätzungsweise vom IWF-Exekutive-Board eine Summe von 43,4 Millionen US-Dollar erhalten.

Djibouti erhielt in den nächsten zwei Jahren vom Trust Fund ein zusätzliches Hilfspaket von 10,5 Millionen Dollar.

Die Frage, die sich zu stellen ist, hat die bedürftigen Menschen die nötigen Medikamentenverpflegungen bekommen? Wie sie immer mit den Geldgebern Katze und Maus stetig spielen, zeigen sie einigen kosmetischen Einrichtungen, um die Geldgeber zu überlisten. Vorwiegend die Hilfspakete schlechthin verschwinden in ihren eigenen Taschen, und die erkrankten Menschen gehen leer, nur was sie sich zu warten, ist der Tod.

Viele Länder im Vergleich zu den 25 reichsten Ländern, vor allen in Afrika, sind ohne Schulbildung bzw. Analphabet.

Die Schulen in dem ländlichen Gebiet sind sehr ärmlich ausgestattet, meist existieren nicht Stühle, Tische sowie Tafeln, es fehlen auch fachlich qualifiziert Lehrer, die nie über höhere Bildungskenntnisse verfügen.

Parallel dazu gibt es islamische Länder, insbesondere islamische Länder in Afrika, die nur den Koran als Lehrplan anbieten.

Dennoch mangelt es in vielen Teilen der sogenannten Entwicklungsländer auf das saubere Wasser. Aufgrund der Trockenheit und fehlenden technischen Know-hows können sie nicht aus dem Untergrundboden das Wasser bohren. Die Umweltverschmutzung und Klimaveränderung, die die Dürre und Trockenheit verursachten, welche in vielen Ländern die Agrarwirtschaft und Viehsucht ihr Leben bestreiten, würden ihren Lebensraum völlig fast erlöschen bzw. zerstört. Die Mehrheit von diesen Menschen siedelte in den Städten und sie sind die Ärmsten von den Armen und bildeten städtische Lumpen; wo Kriminalität, Drogen, Prostitution sind, dem täglichen Überleben Chancen.

Es sind nicht nur die industrialisierten Länder, die für ökologische Zerstörung verantwortlich sind, gleichwohl durch Abholzung der Pflanzen in der Dritten Welt ist auch ein großer Faktor der Klimaveränderung. Entweder wird die Abholzung als Energiequelle genutzt, die die Bevölkerungen in den ländlichen Regionen für das tägliche Leben benötigen, oder die Abholzung des Regenwaldes dient zum Zweck der Industrien-Verwertung an verschiedene Produkte der Kapitalverwertung; sowie Papier.

Durch die Armut, welche in vielen Familien in den meisten Ländern in der Dritten Welt heimgesucht hat, schicken zwangsweise die Eltern ihre Kinder, um dem Hunger zu entkommen, in die Sklavenarbeit, anstatt zu Schule zu schicken. Jeden Tag gehen die Kinder zu Wald, um Brennhölzer abzuschleppen, oder in Fabriken, oder in gefährlicher Grubenarbeit das Gold oder Diamanten zu suchen und auszugraben, um damit die Familien ernähren zu können, anstatt Schulen zu besuchen und zu spielen. Viele Kinder in der Dritten-Welt werden ihrer Kindheit, ein Kind zu sein, beraubt, und werden gezwungen, das Harte und somit gefährden des Lebens des Erwachsenseins, an das sie sich zwangsweiser anzupassen müssen.

Viele Familien geben zusammen eine bestimmte Summe von Geldern aus, um ihre Kinder oder Jugendlichen eine Perspektive zu geben, in der sie Unwissenheit eines Odysseus-Reises ohne Rückkehr hinschicken können, um dem erbarmlösen Elend zu entkommen. Die Regierungen, trotz dass sie der bevorstehenden Gefahren bewusst sind, statt das System zu reformieren und mehr Chancen in Bezug auf Bildung, soziale Gerechtigkeit und Arbeitsbeschaffungsmaßnahmen auf politische Agenden zu machen, ist denen apathisch, was ihre Bürger auf der Flucht erleben.

Es besteht eine unversöhnliche Kritik gegenüber der Weißmanns im Norden, aber was unbegreiflich ist, ist, wie die Menschen im Norden, die als Christen und Rassisten verurteilt werden, aber gleichwohl die Menschen auf der Flucht, die sie im Versinken retten, und sogar ihre Regierungen Asyl gewährleisten, beziehungsweise ihren Humanismus in Beweis stellen und damit ernst meinen. Während ihre Regierungen in Afrika und Arabien, was mit ihrer eigenen Bevölkerung geschieht, einfach ignorieren und niemals als ihres Lebens als Menschen einen Wert geben. Ja, die Arroganz, die Nordbevölkerung und Maximierung ihres Kapitals sind unbestreitbar; es ist eine ambivalente Kontradiktion zwischen „ihrer Tun und ihrer Tun"; die „Eine und der „Andere"; zwischen der Bevölkerung und ihren Imperialistischen Regierungen.

Der westlichen Imperien, mit ihren Double-Moralischen Denk-Ideen, posieren sie schlechthin als wären der „Übernatürlichen-Gottheit": „Der Retter und der Zerstörer". Mit deren Selbst-Gefälligkeit Fantasie-Idee; „Wir", die als Auserwählten-Rasse tragen die Last, um die restliche Welt in den Abgrund zu scheren oder gleichwohl davon zu retten. Aber im Grunde ist es ein Selbstverrat der offenen List und des Betrugs.

Adorno und Horkheimer zur Folge: „*Die Widervernunft des totalitären Kapitalismus, dessen Technik, Bedürfnisse zu befriedigen, in ihrer vergegenständlichen, von Herrschaft determinierten Gestalt die Befriedigung der Bedürfnisse unmöglich macht und zur Ausrottung der Menschen treibt – diese Widervernunft ist prototypische im Heros ausgebildet, der dem Opfer sich entzieht, in dem er sich opfert. Die Geschichte der Zivilisation ist die Geschichte der Introversion des Opfers. Mit anderem Wort: die Geschichte der Entsagung*"[72].

Als der „White Man's Burden", die Position, in der sie sich der westlichen Imperien ihre Überlegenheit-Macht demonstrieren ließe, dirigieren weiterhin die Direktionen, wohin es langgeht, in dem sie ihre Rettungshilfe mit Bedingungen verknüpft und den Empfängern erniedrigen nach ihrer Beliebigkeit und bevormunden alle ihre Würde.

Hunger als solche macht alle Lebewesen erfinderisch, besonders die Menschen. Tieren haben die Bedingungen ihrer Umwelt, in der sie leben, anzupassen, sie entwickeln nach ihrer intelligenten Stinkt-Gabe eigene Strategien, um zu überleben. Die Raubtiere haben die Strategien entwickelt, wie sie sich seine Opfer überlisten und einwirken: In den gleichen Mustern spielt sich bei dem

---

72 Max Horkheimer, Theodor W. Adorno; Dialektik der Aufklärung (Philosophische Fragmente), Fischer Taschenbuch Verlag GmbH, Frankfurt am Main, 1988 s.62

Menschen: Der Fittest Survives ist das Credo der politischen Ökonomie.

Für die Raubtiere: Wenn ein Tier, das er vorgenommen hat zu fressen, und seine viel Starke ist, so versucht es durch kollektive Solidarität mit eignen Genossen, das Tier zu überwältigen, werden sie gemeinsam ihre Opfer zugrunde richten und sie zerreißen es auseinander gnadenlos.

In diesem Wilden-Savannah kann nur die Starken und denjenigen, der die Gefahren überlisten kann, überleben. Die schwachen Tiere, die wieder nicht rennen können, noch nicht in der Lage sind, sich zu verteidigen, sind geliefert und werden hilflos an den Mund ihres Opfers fallen und werden zerfleischt.

Die Wilden-Savannah und der Welt-Markt sind eine und dasselbe Medaillon, nur mit kleinem Unterschied: Den wilden Tieren bestimmen nicht die Regeln der Wilden-Savannah, sie jagen nur ihren Hunger zu stillen, sobald sie sich gesättigten, entweder sie entspannen, oder sie paaren, nur in dem Augenblicke, wenn irgendein Fremdling in ihre Gebiete eindringt, dann starrten einen Gegenangriff, um ihre Jagdgebiete zu sichern.

Beim Weltmarkt, im Gegensatz zu der Wild-Savannah, die Bestimmungsregeln sind von den Mächtigen-Imperien diktierter, und zwingen den Ländern, an den Peripherien ihre vorgeschriebenen Bedingungen zu verbeugen.

Hier im Weltmarkt, die Jagd der Mächtigen-Imperien auf die Ressourcen der Dritt-Welt Länder nimmt kein Ende. Es scheint aus, dass sie in ihren Lebenserfahrungen den Begriff „Gesättigt" zu sein nie gehört zu haben und nach ihren Ohren als überflüssiges fremdes Vokabular anhört.

Der Kampf für Freiheit während der Unabhängigkeitsbewegung war nicht allein eine formelle politische Freiheit, sondern es war eine emanzipatorische Totalität der absoluten Freiheit, ohne Bevormundung von irgend fremder Macht. Freiheit ist nicht nur eine politische Freiheit, sondern eine ökonomische Freiheit, um die Negation der herrschenden Überwachungsgewalt zu entkommen und notwendigerweise die absolute Freiheit in jene Ebene zu erlangen. Aber die Denkweise des Okzidents besteht darin: Wirtschaftliche Entwicklung in einem afrikanischen Land, ohne politische Krise, Hunger, Krankheit, kann es bedeuten den wirtschaftlichen Untergang des Okzidents, es voraussetzt den Verlust des Wohlstands, soziale Krise, Hunger, Kriege und Pest …, was im Grunde nichts anderes zu interpretieren ist, als eine „Jetzt-Folge" der archaischen Angstzustände und des imaginären Feinds, welche in deren Psyche wie ein Gespenst herumwirbeln: Angst vor der Rückkehr des Übels in Europa wieder.

Herbert Marcuse hat folgende Masse angedeutet zu der absoluten Freiheit und meinte: *So würde ökonomische Freiheit von Wirtschaft bedeuten – von Kontrolle durch ökonomische Kraft und Verhältnisse; Freiheit vom täglichen Kampf ums Dasein, davon, sich seinen Lebensunterhalt verdienen zu müssen. Politische Freiheit würde die Befreiung der Individuen von der Politik bedeuten, über die sie keine wirksame Kontrolle ausüben. Entsprechend würde geistige Freiheit die Wiederstellung des individuellen Denkens bedeuten, das jetzt durch Massenkommunikation und -schulung aufgesogen wird, die Abschaffung der >>öffentlichen Meinung<< mitsamt ihrem Herstellen. Der unrealistische Klang dieser Behauptung deutet nicht auf ihren utopischen Charakter hin, sondern auf die Gewalt der Kräfte, die* *ihrer Verwirklichung im Wege stehen. Die wirksame, und zähste Form des Kampfes gegen die Befreiung besteht darin, den Menschen materielle und geistige Bedürfnisse einzuimpfen, welche die veralteten Formen des Kampfes ums Dasein verewigen".*[73]

Genauso wie Politik ist auch wichtig, ohne Restriktionen die Rechte der ökonomischen Freiheit zu üben, ohne Ordnungsbefehle und dem Diktat von irgendeine („quasi") Mächtige bestimmt zu werden.

Ein souveränes Land soll freilich das Recht zur Selbstlegitimation besitzen, ohne es bevormundet wird; was es zu produzieren hat, oder zu verkaufen oder zu konsumieren. Es soll besitzen die Freiheit der Machtbefugnisse, ohne von irgendeiner fremden Macht ein Befehl erteilt zu werden oder zu bekommen. Ihre Bürger sollen die Auswahlrechte freilich besitzen, um einen Beruf, in dem sie praktisch die Grundlage des Wissensvermögens beinhalten, ohne sie diskriminiert seien, egal von welchem Geschlecht/Gender, Hautfarbe oder Standesordnung zu gehören, müssen sie unverzüglich objektiv allerlei Rechte genießen können.

Die Auswahl der Freiheit und die persönliche Intelligenz ist wichtiger als ein Fremdling der Besserwisser, der nichts anderem Ziel hat, außer eigenem Interesse zu verfolgen, um die Kosten der andere Gewinn zu erwirtschaften.

Es wird behauptet, nach der Marktphilosophie der Neue-Liberale, Folgendes: Wenn es komponiert wird, zusammen

---

73 Herbert Marcuse; Schriften 7, Der eindimensionale Mensch, Suhrkamp, Frankfurt am Mainz, 1989, s. 24

ein guter Markt mit dem finanziellen Markt, man bekommt eine positive Feedbackschleife, welche alle Notwendigkeiten für die eigene Bevölkerung mit Erfolg zufriedenstellt.

Welche denn dem Angebot und Nachfrage Produkten im Markt sich pokern und nach ihrer Beliebigkeit die Preise erhöhen, um damit einen fortdauernden höheren Profit erwirtschaftet zu können; mit den Prämissen Gedanken, welche sie sich durch diese manipulativen Verfahren der Märkte könnten schließlich den Wohlstand, Sozialsicherheit und Sozialfrieden eigenes Land garantieren und sichern.

Wie theoretisch behauptet wird, bei den Arbeitgebern und neu-liberalen Parteien, könnten durch Profit-Erzeugung Produkte expandieren, Arbeitsplätze geschaffen werden, wenn auch der Staat schlechthin die Steuer ganz herabsetzt. Dies Engagement verlangt ständig mehr Rohmaterial aus den Drittweltländern, das zu billig erkauft wird, gleichwohl mehr neue Produkte mit höherem Preis zu produzieren und teuer an die Länder, die die Rohstoffe fast umsonst erworben, wieder zu verkaufen.

Das Dasein des Weltmarktes ist nichts anderes als ein Überwachungsinstitut, dessen Machtmonopol unter den kapitalistischen Lobbyisten Institutionen sich steht. Marktregulierungsmechanismus und dessen methodische Verfahren sind zwangsweise gebunden an den Deal, den sie unter sich ausmachen, sowie sie nutzen die verschiedenen Einwendung-Tricks, wie sie die Weltwirtschaft manipulieren und die Welt-Finanzkrise mit Willkür inszenieren; Wann und in welchen Bedingungen die komplette Rezession und Wirtschaftskrise geschürten und aufrufen werden. Mit dieser erpresserischen Politik halten sie den Staat vollkommen in Schach, und damit von dem Staat viel Kapitalgelde, die sich Hilfspakete nennen, herauszupressen.

Die Hierarchie des Frei-Marktes ist stets nach „Oben" für die reichen Industrieländer aufgeräumt, während nach „Unten" für die „Unterentwickelten" Länder, die ohne nennenswerte Rechte besitzen, aber als dekorative Farbe ihre Präsenz als Mitglied gebraucht machen. Trotz der Präsenz der unterentwickelten Länder in verschiedenen internationalen Geldgebern, sowie IWF, OECD (Organisation für wirtschaftliche Zusammenarbeit und Entwicklung), der Weltbank, besitzen ihre Stimmen in den Gremien kaum Gewicht. Im Jahr 2016 allein diese Organisation, hauptsächlich die OECD, hat dementsprechend für die Armutsbekämpfung einen Kredit sowie Zuschüsse in Höhe von 64 Milliarden US-Dollar an Entwicklungsarbeit angestiftet zu haben; die Frage ist: Wie viel an von diesen Summen kämmen an die bedürftigen Menschen? Und umgekehrt: Wie viele Milliarden erwirtschaften sie von den Rohstoffen, die sie fast billig bekommen, oder umsonst?

Die Vergabe dieser Gelder an ärmsten Ländern ist nicht an Gottesgnade zu verschenken, sondern sie sind mit bestimmten Konditionalitäten verbunden, welche die Erschaffung dieser Institution mit List, Betrug und Einschüchterung in die Tagesordnung aufgestellt, die den Ländern an die Peripherien in alle Ewigkeiten die Schuld verschlingt, und die Möglichkeiten, diesen Krediten zu tilgen, nicht davon entkommen werden und können. Diese Länder müssen ihre Ressourcen und Staatswesen als Hypothek sicherheitshalber darzulegen; aber ohne Weiteres, es ist gewiss, dass diese im Endergebnis zur ewigen

Armut zu verweilen hat und schließlich zum totalen Abgrund des Staates und der Gesellschaft hinführen kann.

Diejenigen, die den Markt unter ihr Monopol eingenommen haben, die sich den Oberherrn der Darlehensgeber etablierten, versuchen mit vielen Formen von Tricks und Betrug ihre Gelder an die Darlehensnehmer zu verleihen, aber mit der Voraussetzung, viel unnötige Gelder, die nie an die Adressaten; bzw. die Projekte der Armut Bekämpfung ankommt, aber mehr an die korrupten plutokratischen Machthaber.

In Vergleich zu den armen Ländern verfügt die kapitalistische Gesellschaft über ein weit entwickeltes Kreditsystem, das aus der Ersparnis und nicht unbedingt mit einer Wertschöpfung eingebundenes Geld, das sich als sicheres Geldkapital dient.

„Es ist aber eben die Entwicklung des Kredits- und Banksystems, das einerseits dahin treibt, alles Geldkapital in den Dienst der Produktion zu pressen (oder was auf dasselbe hinauskommt, alles Geldeinkommen in Kapital zu verwandeln) und das andererseits in einer gewissen Phase des Zyklus die Metallreserve auf einem Minimum reduziert; worin sie die ihr zukommenden Funktionen nicht mehr vollziehen kann es ist diese ausgebildete Kredit- und Banksystem, das diese Überempfindlichkeit des ganzen Organismus erzeugt."[74]

Das von der kapitalistischen Gesellschaft akkumulierte Geldkapital treibt den Herausbildungstrieb aus, welchem

---

74 Joachim Bischoff; Die Herrschaft der Finanzmärkte (Politische Ökonomie der Schuldenkrise) VSA; Verlag 2012, St Georgs Kirchhoff 6, 20099 Hamburg, s. 40-41

sie sich ihre hegemoniale Macht, der Finanzmarkt, mit allen Mitteln sichern wollen. Mit diesem Wachstums- eifer dient die Disponibilität der Förderung des Kredit- systems und das Geldkapital in Wert von der Masse der *„zinsentragenden Papiere, Staatspapiere, Aktien ...“*[75], die sich ermutigen lässt, den Spekulationsgeschäften voran- zutreiben, welches solche Vertreibung für den Geldmarkt als die wichtige Hauptrolle spielen lässt. Das Geldkapital und die zirkulierenden Wertpapiere, die es sich in dem Finanzmarkt beherrschen, widmeten dem Weg der Spiel- regel des Systems der Leihkapital, die die Spekulanten mit ihren Kreditausgaben unbarmherzigen Konditionali- täten sich vorschreiben, die schlechthin nichts anderes zu definieren ist, als ihre unterschwellige List und Betrug ungehindert anknüpfen, für denjenigen, die sich an ihre Konditionalität Vorschriften vorzubeugen, regulieren.

„Another trick by the supplier could be to appear before the lunchtime peak and demand extra payment above what I have already paid, knowing he has me in a tight spot-it being too late for me to find another supplier. This is the "hold- up" problem-often at a point in a transaction, one party has stronghold on the other and can extort additional payment".[76]

Die Produkte, die die Bauern in Afrika produzieren, sowie Mais, Hirse, Milch oder Butter, und alle wichtigen Nah- rungsmittel sind durch die Industrie-Länder des Westens in den afrikanischen Produkten ausgewischt, in denen sie

---

75 Ebd. S. 32
76 William Easterly, The White Man's Burden, Oxford Universi- ty Press (UK), 2006, s.69

die afrikanischen Märkte unter ihre Monopole stellten. Sie haben durch propagandistische Werbungen ihre Produkte, die sie in ihren Industrien künstlich produzieren, als gesund, billig, exotisch und genießbar im Gegensatz zu den afrikanischen Produkten durch ihre psychologischen propagandistischen Mittel aufgehoben, indem sie die Denkform der meisten afrikanischen Gesellschaften manipulierten und dadurch die Märkte in Afrika eroberten.

In bestimmten Ländern, wo Dürre und Mangel an Regen herrscht, ist diese Naturereignisse stets fortwährend ein tödliches Gift für die Landwirtschaft, welches den armen Bauern in Exodus hintreiben, wo sie jenseits der tiefen Armut des Almosenempfängers/Lumpen in den Städten anfesseln lässt. Dennoch durch anhaltende Dürren werden dabei viele Herden draufgehen, die Wasserquellen und Flüsse stets einfach vertrocknen; praktisch ein ökologischer Abgrund.

Dieses verheerende apokalyptische Szenario ist von Menschen verursachten ökologische Katastrophen, die den Menschen in massenhafte Flucht treibt, um nach Nahrung des Überlebens in den Städten Asyl zu suchen. Wenn ihre Regierungen versagen, die Katastrophe in den Griff zu bekommen, dann, wie es normalerweise gehört und natürlichen Übel (Üblich) geworden ist, der „Super-Natürliche-Gottheit des Westens„ ist zur Stelle; und wieder die Almosenhilfen kommen zu lassen: „WIEDER HUNGER IN AFRIKA IST DEN ÜBLICHEN ROUTINEN".

„Katastrophenhelfer des Westens an den armen Ländern ist Symbolische der Selbstverständlichkeit geworden, die den Westen mit Stolz posieren sich wie Poseidon (Menschlichen mit Gefühl, aber in sich verbirgt des Vernichtungsunheils).

*„... Selbstverständlich müssen wir helfen, wenn Menschen
leiden, wenn Menschenleben in Gefahr sind, wenn der Him-
mel seine Schleusen öffnet oder die Erde verdorrt".*[77]

Mit dieser Aktion des Hilfeaufrufs und der Geste des Altruismus verbirgt sich eine doppelmoralische Denkform: Zum
einen; mit diesem Hilfeaufruf, dem Tam-Tam des Medien-
rummels, profitieren die Wohlfahrtsverbände, Nicht-Re-
gierungsorganisationen und die plutokratischen korrupten
Regierungen, und was betrifft die betroffenen Menschen,
bzw. die hilfebedürftigen Menschen, sind sie zu Frieden
mit den kleinen Almosen, die sie für Stunden lang in der
Schlange stehen müssen, hauptsächlich handvoller Reis
und Pulvermilch von den Gebern, die sie aus der großen
Zahl von ihren Bürgern gesammelten Hilfsaktion als Got-
tesgnaden gespendet haben, angereichert zu bekommen.
   Zum anderen: Die kapitalistische bürgerliche Gesellschaft des Westens verweigert und wollen nicht irgendeine politische sowie soziale Veränderung, die in Widerspruch steht zu den bestehenden Status-Quos, die sich
in den elenden Tragödien verweilen, die für die Länder
in der Dritten Welt angefesselt haben, zu akzeptieren.

Falls ein Staat in der Dritten-Welt versucht, mit unila-
teralem Akt die Vorgeordneten des Status-Quos zu brechen und eignen Weg zu verfolgen, dann müsste es mit
einer harten Strafe des militärischen Angriffes rechnen,

---

77 Graham Hancocok, Händler der Armut (Wohin verschwinden unsere Entwicklungs-Milliarden?), Droemersche Verlagsanstalt Th. Knauer., München, 1989, s. 16

der mit willkürlichen Zerstörungen, Verwüstungen und schließlich mit militärischen Besatzungen rechnen muss; bis hin, dass sie eigener skrupellose Marionetten aufstellen, der er >ohne Wenn und Aber< alle vorgeschriebenen Bedingungen mit Demut verbeugt und schlechthin ausführt, ohne der leidenden eignen Bevölkerung Rücksicht zu nehmen; und müsste er stetig mit Eisenhand regieren.

Hier bezieht sich das politische philosophische Bild von Max Weber, die „freiwillige Unterordnung", dass die Bevölkerungen in den Kolonien als Herrenvolk nur die Chancen ihres Überlebens bestehen, wenn die Obere Macht „freiwillig unterordnen".

„Eine bürokratischer >>Obrigkeitsstaat<<, der die Staatsbürger wie eine Viehherde >>verwaltet<<, bewirkt, dass alle Kräfte der Masse >>gegen einen Staat engagiert (sind), in dem sie nur Objekt und an dem sie nicht Teilhaber sind ...<<. 'Nur Herrenvolk haben den Beruf, in die Speichen der Entwicklung einzugreifen'<<, und eine Nation, die eine ,eine >>kontrollfreie Beamtenherrschaft' unter pseudomonarchischen Phrasen über sich gehen ließe, ... wäre kein Herrenvolk<<. (595/442). An die Stelle eine >>Diktator ohne Hegemonie<< (Gef7, H.15, § 59,1779), die außenpolitisch auf eine Niederlage und innenpolitisch auf ihren Untergang in einer Revolution zusteuert, soll ein hegemoniefähiges politisches System treten, das die innenpolitische >> Mit Herrschaft<< relevanter Bevölkerungsteile mit Fähigkeit zu imperialistischer Herrschaft verbindet".[78]

---

78 Jan Rehmann; Max Weber: Modernisierung als passive Revolution; Kontextstudien zu Politik, Philosophie und Religion im Übergang zu Fordismus, Argument Verlag, 2013, s.102

1.1 Wird das Rettungspaket und die Entwicklungshilfe schlechte Regierung (Bad Gouvernance) erzeugen?

Mächtige-Regierungen der Geldgeber, die die Finanzwelt unter ihren Monopolen besitzen, wie der vereinigte Staat, das Vereinigte Königreich, Deutschland und Frankreich, besitzen das letzte Wort, welches Land bekommt einen Kredit des Rettungspakets. Faktisch ist, die Agenten der reichen Geldgeberländer setzen nach Prioritäten und Interesse; es ist eine kategoriale Auswahl und nicht nach Ärmsten den ärmeren Ländern, das Geld zu verleihen, aber sie setzen ihre Prioritäten nach, welches Land eine schlechte Regierung ist, die korrupt ist und mit skrupelloser Härte regiert, im Gegensatz zu den anderen. Meistens wird das zentrale Organ vom Club of Rom konsultiert, dessen Mitglieder hundert Mitglieder ausmachen- die sie von hohen Regierungsbeamten und Politikern sowie UN-Administratoren, Geschäftsleuten, Wissenschaftlern und Ökonomen zusammengestellt und die spezifisch nur für diese Aufgaben aus selektiert sind.

Andere bewundernswerte Denkweise der Vergabe eines Darlehens an Entwicklungshilfe ist zu Folge für ein projektbezogenes Sektoren bestimmt. Welche sie als Anpassungskredite bekannt ist, werden von den Agenten der reichen Industrieländer des Westens nach „Leistung" vergeben; D. h. es wird gemessen, nach welcher kategorialen Skala ein Machthaber verdorben ist und die Ausmaße seiner Korruption ausweisen kann, um den die Belohnung dem Darlehen zugesprochen werden wird.

„Sie dürfen das Geld, das sie bekommen, nach eigenem Gutdünken nahezu für beliebige Projekte verwenden"[79].

Die Gelder, die sie als Darlehen erhalten, mussten sie durch das Diktat der Programme der Strukturanpassung, die von dem IWF vorgeschrieben ist, verbeugen, mit dem Ausdrucksausweis, das Geld soll und nicht für irgendein beliebiges Projekt nach eigenem Willen zu verwenden. Aber solche Kreditvergabe ist an folgende Konditionalität verknüpft: *„Senkung von Zöllen und Entschärfung anderer protektionistischer Maßnahmen; Anpassung des Wechselkurses (bis hin zur Abwertung): Änderungen in der Haushaltspolitik in der Regierung; Rückzug des Staats aus bestimmten Bereichen der Wirtschaft".*[83][2]

Die Konditionalität der Strukturanpassungskredit ist gekennzeichnet, zumal die Auslandsschulden zu begleichen, welche sie sich eine Ironie der Verdummung erweist; wie könnte ein schon verschuldetes Land einen anderen Kredit aufnehmen, der mit vielen Zinsen verbunden ist, um den aufgenommenen Kredit an die bereits vorhandenen Schulden zu begleichen?

Solche Konditionalität hat Theodor W. Adorno folgendermaßen dargestellt *„Bei Huxley meint „condtioning" vollkommene Präformation des Menschen durch gesellschaftlichen Eingriff von künstlicher Zeugung und technifizierter Bewusstseins- und Unbewusstseinslenkung im frühsten Sta-*

---

79 Graham Hancock, Händler der Armut (Wohin verschwinden unsere Entwicklungs-Milliarden?) Droemersche Verlagsanstalt Th.Knauer., München, 1989, s. 93

83 Ebd.

dium bis zum death conditioning, einem Training, das Kindern das Grauen vor dem Tod austreibt, indem ihnen Sterbende vorgeführt und sie gleichzeitig mit Süßigkeiten gefüttert werden, mit denen sie den Tod für alle Zukunft assoziieren.".[80]

Diese politisch vorgehende Weise ist nichts anderes zu bewerten als ein gezielter Angriff auf die bestehende moralische Tradition sowie es ist ein Angriff auf das gesellschaftliche traditionelle Bewusstsein als auch die kulturelle Identität, die sie sich mit Willkürlichkeit ein für alle Male völlig zerstören. Diese politische Strategie ist ohnehin gedacht, die eigene Selbstachtung und Selbstbewusstsein der Gesellschaft zu entmündigen.

    Adorno/bzw. Huxley meint weiterhin: „*Der Endeffekt des conditioning, der sich selbst gekommenen Anpassung, ist Verinnerlichung und Zueignung von gesellschaftlichem Druck und Zwang weit über alles protestantische Maß hinaus: die Menschen resignieren dazu lieben, was sie tun müssen, ohne auch nur noch wissen, dass sie resignieren"'* ...[81].

An solcher Form von Schuldenanhäufung; die sich in den Endergebnissen den Staat in eine Lage versetzen wird, dass er nicht mehr auf eigene Kraft den Schulden in irgend Art und Weise begleichen zu können; welche

---

80 Theodor W. Adorno, Prismen, Kulturkritik und Gesellschaft, Deutscher Taschenbuch Verlag, November 1966, München/ Frankfurt a, M. S. 95

81 Adorno, Kulturkritik und Gesellschaft, Deutscher Taschenbuch Verlag, November 1966 München/Frankfurt a, M. S. 95

es nichts anders bedeuten soll, sich eigenen Todesurteils zu zertifizieren.

Ironischerweise ist den IWF, der Weltbank und anderen westlichen Institutionen der Geldgeber bewusst, dass die regierenden Machthaber den Peripherien-Ländern nicht in der Lage seien werden, dass sie in irgendeiner Art und Weise das Staatsdefizit in Griff zu bekommen. Welche sie schon stets an ihrem kalkulierten Wissen, dass die Machthaber an Peripherie-Ländern bemängelten an Wissen, sowohl ökonomisch als auch politisch, um damit die Administration des Staates richtig zu verwalten oder in den Griff zu bekommen. Deshalb müssten die elitären Machthaber in allen Formen von Konditionalitäten Vorschriften den Kreditgebern widerspruchslos mit Demut verbeugen; solche Unterordnung ist nichts anderes zu beschreiben als Selbst-Verhöhnung.

An dieser Konditionalität ist auch verbunden die Verpflichtung, Fachkräften, die sich Entwicklungshelfern nennen, oder Berater in ihren Ländern zwangsweise zu beschäftigen, die nichts anderes sind als Überwachungsbeamten, die den Staat in jeden Schritt und Tritt kontrollieren. Es ist nicht nur das, sie sind aber im Auftrag deren Regierungen, die als Treuhand-Verwaltung nominiert sind, um schlechthin die Richtlinie der Regierung gestalten. Mit dieser Politik ist es nicht im Sinne der „Unterentwickelten" Regierung, auf den Krisen zu verhelfen, aber auf gezwungene Weise das gesamte Land unter die Treuhand zu stellen, bedeutet mehr, die nationalen Natur-Ressourcen des Landes für den Gläubigen abzuzocken und abzusichern.

Es wurde bewiesen, in Ländern, die sich unabhängig von Fremden Hilfe von allen, die IWF und die, die selbstbewusst ihre eigene Stärke der Eigenständigkeit vertrauten, sind wirtschaftlich entwickelt und ihre Regierungen stabil und besitzen Respekt und Anerkennung.

Die Finanzmonopole der Imperien und ihre Lobbyisten fokussieren nur ein Objektiv-Ziel, und das ist, die Interessen und Wohlstand ihrer jeweiligen Nationen zu vertreten, sowie die Sicherung des Wettbewerbs unter sich. Das bedeutet, Staaten an der Peripherie sind per Performanz unabhängig, sie sind praktisch unter die Bevormundung der kolonialen Verwaltung eingekesselt, welche dessen Regierungen an jegliche Bewegung, sowohl Politisch-Freiheit als auch Wirtschaftlich-Selbst-Entfaltung, unter die Beobachtung und Kontrolle der Kommissarische-Sicherheit gestellt. Es ist ein Witz zu behaupten, dass solche Programme nie diese Länder aus den Krisen herauskommen. Die Durchführung des Programmes ist mit Zwangshafteinverständniserklärung unterzeichnet und eigener Wille, die kommissarische Agende (Hit-Man), in jedes Regierungsamt eingestellt, um den elitären Machthaber zu bereiten, bzw. zu erziehen : Mit der Expression; *„ ...the cow we can milk untill the sunsets on our retirements.".*[82]

John Perkins hat weiterhin explizit dargelegt, die Beziehung zwischen Vereinigten Staaten, und Saudi-Arabien,

---

82 Confessions of an Economic HIT-Man; John Perkins; Ebury Press, Random House, 20 Vauxhall Bridge Road, London, 2005, s. 88

welche USA das Königreich von Saudi-Arabien wie eine Python-Schlanke, der einem hilflosen Tier verschluckte und sich zermahlte.

Sie besitzen keine Machtbefugnisse, und die Freiheit zu Selbstbestimmung. Ein Beispiel ist die Halbinsel von Arabien, die solche Politik, der den Staat sich nur den Interessen der fremden Macht unterstellt ist. Am Beispiel ist, wie den "Economic Hit-Man" die Abhängigkeitskondition darstellt: „*The condition was that Saudi Arabia would use its petrodollar to purchase US. government securities; in turn, the interest earned by these securities would spent by the US. Department of the treasury in ways that enabled Saudi Arabia to emerge from a medieval society into modern, industrialized world*".[83]

Thomas W. Lippman (Inside the Mirage: America's Fragile Partnership with Saudi Arabia) hat folgende Aussage gemacht: „*' The Saudis, rolling in cash, would deliver hundreds of millions of dollars ton Treasury, which held on to the funds until they were needed pay vendors or employees. This system assured that the Saudi money would be recycled back into the American economy ... It also ensured that the commission's managers could undertake whatever projects they and the Saudis agreed were useful without having to justify them ton congress*'".[84]

Die Imperien teilen die peripherischen Länder in zwei Gruppen ein: Es gibt Länder, die nur gnadenlos abzo-

---

83 ebd. s.90
84 Ebd.s. 91

cken, aber mit geringer Gegenleistung zu begleichen; sowie bei den arabischen Halbinseln: Die zweite Gruppe sind Länder wie in Somalia und Libyen, die ohne bilaterales Abkommen, weil sie das Staatswesen willkürlich völlig zerstörten, ihre natürlichen Ressourcen, um sonst zu bedienen, als Gegenleistung mit nur billigen Waffenaustausches, dass sie gegenseitig zerfetzen. Somalia befand sich seit 30 Jahren in einem apokalyptischen Bürgerkrieg, in dem sie bis jetzt keine stabile und richtig funktionierende Regierung besitzt.

Das Land Somalia ist in Stückchen auseinandergerissen; sowie den Staat Libyen. Während der Kolonial Epochen gab die Philosophie des »Teilen und Herrschen«.

Jetzt, was herrscht, ist nicht nur die Politik des neuen Kolonialismus, sondern die Philosophie der nicht nur Zerstörung, aber Teilung und Zerstücklung in verfeindeten Gebieten: Sowie Somalia und Libyen.

Somalia stand nach dem 1977er Krieg mit Äthiopien allein da, ohne Verbündeten. Somalia brach ihre diplomatische und freundschaftliche Beziehung mit den Ostblockländern, geführt von Ex-Sowjetunion und DDR (Deutschdemokratische Republik). Die Ostblockländer haben sofort die Lage gewechselt und schalteten sie in Richtung Äthiopien. Sie haben massive Hilfspakete, sowohl finanziell als auch militärisch, Rüstung an Äthiopiern zugesprochen, welches mit ihrer Hilfe und der militärischen Invention von Kuba entschied sich zu Gunsten Äthiopiens und Somalia, wurde besiegt und weggedrängt. Die Beziehung, die Äthiopien an den Ost-Block-Ländern anknüpfte und die Bildung an engere Freundschaft, wurde für den Beziehungsbruch Somalias. Die Jahrzehnte sozialistische Bruderschaft mit den Ost-Block-Ländern pflegten, führte sich zum Somalias Abgrund. Nach dem 1977-Krieg und dem Beziehungsabbruch mit Russland sank Somalia wirtschaftlich zum Boden, was zu einer sozialen Krise hingeführt hat.

Gezwungene Weise, um sich von den Krisen zu retten, wechselte Somalia und suchte die Lage des westlichen Kapitalismus, vor allem in Richtung USA und Europa. Daher mit Demut, Somalia bekam umfangreiches Hilfsprogramm, das mit strikten Konditionalitäten angeknöpft sind, welche sie sich für Somalia zu eigenen Verhängnissen des Untergangs wurde. Mit dieser Konditionalität des Hilfsprogramms, das die somalische Regierung von Siyad Barre von IWF und Weltbank sowie von den Regierungen des Westens erhielt, hat nichts anderes unterschrieben als ihr Urteil des Abgrunds, dass Somalia bis jetzt daran leidet.

Die Imperien des Westens haben Somalia gezwungen, sich unter ihre eigene Geisel zu ergeben. Somalia ist politisch und ihre sozial-wirtschaftliche Bewegung unter die Kontrolle des Westens gestellt. Die Regierungen des Westens, abgesehen von ihrem großen Botschaftsgelände, das sie sich inmitten von Mogadischu-City richteten, hat USAID für sich ein großes Luxusgelände in Medina, Vorort von Mogadischu, einrichten ließen.

USA hat nach dem Krieg von 1977 Somalia gedrängt, alle Beziehungen, sowohl wirtschaftlich, als auch militärisch, sowie politisch-ideologische des Sozialismus von Sowjetunion, abzubrechen. Die Sowjetunion hat mit dem neuen marxistischen Äthiopien ihre volle Unterstützung zugesprochen und drehte die Rücken ihrer alten Genossen. Somalia hat sofort ihre Beziehung mit den Westen eröffnet, vordergründig mit USA, UK, Italien, Deutschland ..., welche die USA diese Gelegenheit zu eigenem Interesse nutzte. USAID ließ komplett Somalia unter ihre Kontrolle gestellt, indem der Staat Somalia unter das Diktat von USA zwangsweise mit erniedrigter Form verbogen müsste.

Es wurde offensichtlich über die Heuchelei und die Doppelmoral des Westens, über ihre Halbherzigkeit und Kaltschnäuzigkeit, wie die Regierung von Siyad Barre, die noch funktionsfähig war, mit Gewalt stützen ließen. Die Westen und Ostblockländer motivierten die Somalischen Militäroffizier, die sich als Klan-War-Lords organisierten, um Siyad Barre abzurechnen, und bekamen von Äthiopien viele Unterstützungen. Äthiopien hat militärische Stützpunkte an dem Grenzgebiet zu Somalia errichtet, mit dem Gedanken, Somalia ein für alle Mal auf dem Boden zu richten. Äthiopien, Kenia, des Westens, die Ost-Block-Länder, sowie die arabischen Staaten nahmen gemeinsam teil an dem totalen Abgrund Somalias; Sie haben sowohl finanziell als auch mit Waffen-Geräten in großen Massen die somalischen War-Lords unterstützten, welche den funktionierenden Rechtsstaat von Somalia in der Totalität des Abgrunds gerichteten.

Ein tragischer Bürgerkrieg, der mehr als 30 Jahre dauerte und der noch kein Ende in Sicht ist, hat den Staat Somalia in Klan-Polis von Klan-Herrschaft zerstückelt und umstrukturiert. Es wurde mit Zwang, Bestechung und Einschüchterung die somalischen War-Lords in einem politischen System, das den entfremdet ist, und dem somalischen Staat mehr denn je in Klan-Regionen, die sich Föderalismus zu nennen, aufgezwungen. Diese Staaten sind nicht reorganisiert im Sinne des politisch üblichen föderalen Systems, aber agieren unabhängig voneinander und verwalten nach beliebigem Interesse ihre Regionen. Die zentrale Regierung von Mogadischu besitzt keine Machtbefugnisse, an den verschiedenen Klan-Gebieten unter einen vereinigten Staat zu bringen. Jedes Klan-Föderative Gebiet untersteht einer eigenen politischen Autorität und ist losgelöst von dem politischen Einfluss der zentralen Regierung von Mogadischu. Es besteht dauerhafte Konfliktspannung zwischen der zentralen Regierung in Mogadischu und den unabhängigen Regionen sowie unter sich, deren Konflikte tagtäglich spürbar sind.

Es ist nicht nur die somalischen Peripherieregionen, die sich gewissermaßen als Föderal-Bundesstaaten nennen, die Regierungsarbeit des Regierenden erschweren, aber meist sind die oppositionellen Gruppierungen von den alten Regierungen. Die überwiegenden, die sogenannten somalischen Politiker, die ihre Unterstützung von Emiraten und Saudi-Arabien bekommen, sowie die Vertreter der westlichen Regierung, die ihre Sitze in dem militärischen Kamp der Orienterziehung; (Halanay/Xalanay) haben die Regierung von Mohammed A. Formajo in jedem Schritt und Tritt durch falsche Verleumdung, lügnerische Propaganda und Einschüchterung ihn deformieren. Mit dieser Form machten die sogenannten Vertreter der Weltgemeinschaft den somalischen Präsidenten es unmöglich, das Land zu regieren und die Krisen, die sich in der Römerzeit angehaftet sind, zu bewältigen.

158

Die westlichen Mächte, die Emiraten und Saudi-Arabien, sowie die kenianische Regierung und UNISOM unterstützen Politikern, die sich als Klan-Führer nennen, und Al-Shabab (terroristische Organisation), einen stabilen und funktionierenden Rechtsstaat von Somalia zu verbieten, und in dem Zügeln der Zerstörung zu lenken.

Solche politischen Ungeheuer und die Zwangsbevormundung, die die fremden Mächte an die zentrale Regierung von Somalia durch Methode von Erpressung, Einschüchterung und Unterstellung muteten, mit der Credo, dass Somalia unfähig und nicht gewachsen ist, selbst zu verwalten. Daher möge Somalia unter ihrer kontrollierten Sphäre in allen Ewigkeiten gefesselt zu sein: Somalia ist par excellence alle Souveränität der Selbstbehauptung als ein Staat verboten.

Schlussfolgerung: Es ist mit Selbstverständlichkeit, dass sowohl die arabischen Staaten, sowie die westlichen Imperien, als auch Äthiopien und Kenia einig sind, dass Somalia nie Freiheit zu dem Selbstbestimmungsrecht gelingen kann, um freilich sich einen stabilen Rechtsstaat zu erlangen.

2 Somalia: Selbst-Richtende-Utopia: eine verhängnisvolle Nachahmung einer vorgeschriebenen Illusionsideologie

Die Abhandlung des vorigen Kapitals handelt es sich darum, wie das Rettungspaket und die strukturelle Anpassungspolitik der IWF Somalia in den Abgrund richteten, und dieses Kapital handelt es sich um die Geschichte des Somalias in die Staatenlosigkeit führte; daher sollen die Leserinnen sie nicht als ein wiederholter Diskurs betrachten.

Nach der Unabhängigkeit 1960 und der Wiedervereinigung der beiden somalischen Kolonien, des englischen Somalilands und des italienischen Somalilands, hat der neue Staat von Somalia nach den demokratischen Mustern der westlichen Demokratie versucht sich anzueignen. Diese Form von Nachahmungssystemen ist in einer Gesellschaft, denn sie sich in der Selbstfindungsidentität des embryonalen Übergangsprozesses befindet und noch nicht abgeschlossen hat, erwiest sich solches System als befremdliches und Entfremdung. Die westliche Demokratie hat sich in Somalia zum Klan-Hegemonialen-korrupten System umgewandelt, welches den gesellschaftlichen Zusammenhalt und die Solidarität auseinanderreißen ließ. Solches politische System, das noch nicht in der somalischen Gesellschaft angekommen ist, führte zu der Ermordung des amtierenden Präsidenten; Abdulrashid Ali Schermarke.

Bei der Ermordung folgte es sofort den militärischen Putsch, und die Macht übernahmen die Militäroffiziere im 1969.

Das Militär hat wiederum versucht, ein von der somalischen Gesellschaft entfremdetes System des Stalinistischen Sozialismus a la Sowjetunion nachzuahmen. An das System, welches einige positive Entwicklungen zu verzeichnen hatte, trotzdem die nomadischen traditionellen Lebensnormen des egalitären Systems, welches noch in der breiteren Bevölkerung angehaftet ist, konnte nicht das diktatorische System im Klang kommen. In Somalia hat sich im Jahr 1991 ein widersprüchlicherer Antagonismus zwischen dem traditionellen somalischen Egalitären-System und der Nachahmung der Illusions-ideologie des Stalinismus ausgebrochen, die die gesamte Staatsinstitution und den Rechtsstaat in den Abgrund hinführte.

George H. Mead hat den gesellschaftlichen Konflikt und die Integration folgendermaßen dargestellt: *„Historische Konflikte beginnen in der Regel in einer Gemeinschaft, die gesellschaftlich ziemlich gut organisiert ist. Solche Konflikte müssen sich verschiedenen Gruppen entwickeln, wo eine feind-selige Haltung gegenüber anderen besteht. Doch ist selbst hier normale Ergebnis eine umfassendere Gesellschaftsorganisati-on; es entwickelt sich beispielsweise der Stamm im Gegensatz zum Clan: eine größere, weniger definierte Organisation, die trotzdem gegeben ist. Vor dieser Situation stehen wir gegen-wärtig; im Gegensatz zu ihrer potenziellen Feindseligkeit er-kennen die Nationen, dass sie irgendwie eine Gemeinschaft bilden, so wie sie sich im Völkerbund ausdrückt*“[85].

Seit 1991 gibt es nicht in Somalia eine wirkliche und zu-verlässige, funktionierende Regierung mit Rechtsstaat-lichkeit. Es hat sie all die Jahre hinweg mit wechselhaf-ten Formen von kriegerischen Auseinandersetzungen

---

85 George H. Mead, Geist, Identität und Gesellschaft, der deut-sche Übersetzung Suhrkamp Verlag, Frankfurt am Main 1968, s. 351

durchgemacht; vom Bürgerkrieg bis zum Inter-WarLord-Krieg, bei dem sie sich ineinander gnadenlos zerfetzten.

Die Inter-Somalischen Kriege besaßen weder politische Etablierung eines Rechtsstaats, wohl noch nicht motiviert in einer ideologischen Richtung, aber die Kontrahenten waren Agenten, die im Auftrage ausländischer Mächte ein funktionierender Staat unmöglich machten. Dazu haben sie die Bevölkerung in den Abgrund geführt und ihre Freiheit beraubt. Gleichwohl erhielte zwangsweise von den fremden Mächten mit ihrem scheußlichen Übel Waffen, Geld; als Gegenleistung handelten sie an Menschen, vor allen Kindern und Mädchen, sowie den Raub an den somalischen Ressourcen. Die internationale Mafia der Industrieländer hat mit Selbstverständlichkeit alle Arten von Gift-Müll in das somalische Meer und Land deponiert.

Somalia praktiziert, was vorher nie gab, und zwar jetzt, als die übelste Krankheit in vielen Gebieten verbreitet ist, ist die Missbildung, welche unzähligen Fehlgeburten und Missbildungen in vielen Regionen zu melden ist, wo diesen Übeln am meisten so stark betroffen ist in den Meeresküstenbewohnern.

Schließlich hat der islamische Gerichtshof die verschiedenen War-Lords in Mogadischu mit Gewalt auseinandergerissen und entmachte. Der islamische Gerichtshof beliebt an der Macht nicht allzu lang, und wurde durch die Ordnungsbefehle von George Bush und Blair an die äthiopische Regierung erteilt, Somalia zu überfallen und den islamischen Gerichtshof durch Gewalt zu beseitigen. Leider, die äthiopische Militärbesatzung in Mogadischu erlebte eine unvorstellbare Niederlage und beschämte Erniedrigung genau wie die US-Marine. Es war der islamische Gerichtshof und die Klan-Miliz von General Aidid, die nach der internationalen Kontingenten unter die Führung von US-Amerikanern, genannt Mission „Restore Hope", um Frieden in Somalia wiederherzustellen, hat die Mission sich dementiert und sich zum Scheitern verurteilt.

Damit hat die somalische Miliz unter der Führung von General Aided der gefürchteten US-Marine ihren Ruhm in den Dreck gezogen, indem die Somalis die Supermacht lächerlich machte.

Der islamische Gerichtshof wurde von der äthiopischen Militärinvention, die sie sich durch sowohl finanziell als auch militärisch modern Grade von USA, UK und europäischen Ländern wie Deutschland und der Schweiz erhält, zuerst ohne Widerstand von der somalischen Bevölkerung, wie die Rambos in Mogadischu einmarschierten.

USA könnte die demütigende Mission (Restore Hopp), die die somalische Bevölkerung und der Milizen-Führer General Aided zugefügt haben, nicht verdauen und wollte nicht so einfach seine Niederlage hinnehmen.

Daher wollte USA Somalia hart bestrafen, in der die militärische Besatzung von Äthiopien zugestimmt hat.

Die blutige Auseinandersetzung zwischen der somalischen Bevölkerung in Mogadischu und der äthiopischen Militärbesatzung stattfand, forcierte die Führerschaft des Gerichtshofs, nach Eritrea zu fliehen. Das Machtvakuum nach dem Gerichtshof auseinandergejagt ist, welcher Abdullahi Yousouf, der amtierte Präsident von Somalia, einer von den Dirigenten, der er den äthiopischen Überfall auf Somalia neben US-Administration und UK-

Regierung gebilligt hat; ebnete der Weg (ungewollt), der Geburt der terroristischen Gruppe des AL-Shebabs, der radikalsten islamistischen Milizen-Group, die zu einer eminenten Gefahr für die jegliche Regierung in Somalia dauern Verhängnissen wurde.

Diese terroristische Organisation, die in Somalia zu einem Gottesstaat einrichten will, ist bis jetzt wegen ihres Unwissens überzeugt, das „Islam" als ideologische Staatsform zu etablieren. Diese Group wurde manipuliert durch falsche islamische Lehre, die sowohl psychisch als auch geistig Gehirnwäsche durchzogen und einverleibten, welche sie sich als Zeitbombe bei der fremden Intelligenzija indoktrinierten. Sie perhorreszieren den Islam, der in Somalia praktiziert wird, als eine Abweichung von der Verhaltensweise (Sunna) des Propheten Mohammeds.

Neben clan-politischem Krieg wurde falsifiziertes und ideologisierter Islam zur kollektiven Selbstverstümmelung in dem täglichen Leben in Somalia.

Ihre politischen Credos verfolgt eine Ideologie der Mitleidsfeinde, die den Faschismus aufbaut, aber sich verschleiert durch moralische Quran-Verse, in denen derer Erbsünde zur Erbtugend verbrämen.

Al-Shebab, die sich als Gottes Vertreten auf Erde in Anspruch nehmen, erhalten intensive finanzielle und militärische Unterstützung von verschiedenen Ländern, abgesehen von den westlichen Imperien, als auch den Nachbarländern (Äthiopien, Kenia, Djibouti, sowie anderen afrikanischen Ländern, die im Namen von UNISOM in Somalia als Friedensmission stationiert sind. Die Doppelmoral der internationalen Gemeinschaft besteht darin; zu einem ihren gewissermaßen Kampf den Al-Shebab terroristischen Milizen, zum anderen Gewissenlose ihre verleugnende Politik, die es unterschwellig und subtil unterstützt die terroristische Group des Al-Shebabs.

Die anderen Staaten, die direkt mit finanziellen und militärischen Mitteln Unterstützungen sowie mit den tödlichen Rüstungsgütern verfügen, sind die Länder von arabischer Halbinsel; vor allem den Vereinigten Arabischen Königreichs, Saudi-Arabien, Ägypten ..., die nichts anderes vorhaben, außer einem fetischistischen Genuss Somalia zu total zu vernichten. Hier demonstrieren die arabischen Staaten ihre totalitäre Macht über Somalia und haben vorgenommen, dessen Existenz mit willkürlichem Willen zu vernichten.

Westliche Imperien, darunter USA und EU, betreiben eine gefährliche Doppelmoralpolitik mit Somalia. Sie unterstützen halbherzig die somalische Regierung nur in einem bestimmten Grad mit finanziellen Hilfen, die sie sich die Regierung von Somalia strangulieren durch Überwachungsmechanismus, bzw. durch die von der UNO gesendeten Botschaft und eigene Botschaften in Mogadischu. Sie kontrollieren Somalia freilich all ihre Unternehmungen Schritt für Schritt. Durch ihre Überwachungskommissarin bestimmen sie die politische Richtung von Somalia mit erpresserischen Mitteln. Sie haben Somalia in 6 Föderativen, die sie sich von zentraler Regierung von Mogadischu losgelösten Staaten in Staat gebildet und sogar geteilten. Jeder Staat agiert unabhängig von der zentralen Regierung in Mogadischu als Staaten im Staat, die sich eigne Entscheidungen, ohne die zentrale Regierung zu konsultieren, treffen. Demzufolge pflegen sie sich noch die Kontakte mit den War-Lords, die den Staat Somalia in den Abgrund richteten. Dazu käme infrage als Zweck der Erpressungsmittel „Somaliland". Denn es hat sich als losgelöst von Somalia bzw. ihrer unilateralen Unabhängigkeit erklärt. „Die, denn bis jetzt keine internationale Anerkennung bekommen hat." Somaliland wurde die erpresserische Tagesordnung der westlichen Mächte, arabischen Staaten und den Nachbarländern als Druckmittel, um jeglichen somalischen Regierungen einzuschüchtern. In dem sie die Regierung in Mogadischu durch die Anerkennung des Somalilands auf den Knien zwingen: um mit ihrer bedingungslosen Erfüllung ihren Interessen zu beugen und aufzuzwingen. Mit diesen Druckmitteln zwingen sie Somalia, unter die „neue politische Ordnung der Semi-Kolonial-Treuhandschaft" sich zu stellen.

Über 30 Jahre hat die Organisation, die sich Somali National Movement nennt, die Macht über die somalische Bevölkerung in Somaliland/Hargeisa ausüben, die sich mit Lüge in Schach halten und hielten. Als die SNM-Führung alle Ecke und Enden der Welt erschöpften und die Wiedervereinigung der alten somalischen Republik verneinten, entfachenden durch Frust wieder ein Inter-Somali-Krieg zwischen der Pro- für die Wiedervereinigung und den Gegnern. SNM-Führung versucht, den Konflikt zu erweitern, indem sie mit Äthiopien ein sogenanntes „Memorandum of Understanding" verhandelt, im Gegensatz zur Anerkennung des abtrünnigen Staates. Es sprach Äthiopien, 20 KLM der somalischen Küste und eine Militärbasis in Nord-Ost-Somalia (Zayla und Lughayey).Dies hat eine diplomatische Krise zwischen Mogadishu und Addis Abeba ausgelöst.

Als Überwachungsapparat hat die internationale Gesellschaft (UNO) unter der Führung der westlichen Mächte selektierte sie die speziellen Soldaten, meistens aus
ostafrikanischen Ländern, unter Deckmäntel UNISOM
(ADMIS). Mit den Prämissen, die terroristischen Group
des AlShebabs zu bekämpfen, stationierten sie sich in Somalia. ADMIS/UNISOM-Soldaten kämpfen, wenn überhaupt gegen die terroristische Group halbherzig. Wenn
ein Gefecht gibt zwischen ADMIS/UNISOM und Al-Shebab, die sie sich gegenüber konfrontieren, dann ziehen
die UNOSOM-Truppen zurück und verhandeln sie mit
Al-Shebab. Die Präsenz von ADMIS/UNISOM-Soldaten
ist nur da, sich selbst zu verteidigen. Nur wenn sie be-
droht sind, versuchen sie gegen Al-Shabab zu kämpfen
und patrouillieren in der Leere. UNOSOM hat ihre Aufgaben, die sie sich akkreditiert hat, um die terroristische
Gruppe alle für einmal total auf dem Gefecht zu setzen,
völlig versagten. An dieser Stelle, anstatt, dass sie den
Terrorismus zu bekämpfen, genießen sie dem Gelde und
den Luxus, den sie von der internationalen Gemeinschaft
erhalten, die sie sich nicht nie in ihre Heimaten hatten:
Stattdessen amüsieren sie sich in Somalia mit ihren Gehalten, wo sie reichlich im Luxus leben. Sex, vorwiegend
Pädophilie, welche der Staat von Somalia nicht verfügt,
zu kontrollieren oder eine rechtliche Maßnahme dagegen
zu unternehmen. Sie gehen und suchen ihr Sexualver-
gnügen in den armen Viertel, wo sie bieten geringe Mün-
zen, Essen im Austausch für ihre bedürftigen Wüstlinge.

Diese Clan-organisierten War-Lords besaßen nicht oder
besitzen kein politisches Programm, irgendein politisches Objektiv, um das Land und dessen Gesellschaft,

die im Abgrund befand und befindet, aus der Krise herauszuholen. Aber stattdessen haben sie den Staat Somalia zerstückelt in kleine Polis kontrolliert unter eigenen Clan-Milizen.

Die War-Lords sind apathisch über die Leiden der eigenen Bevölkerung und niemals haben sie sich die Interessen des somalischen Volkes und des Landes an den Vordergrund gestellt. Sie haben mehr um eigne Vorteile, die sich an habsüchtige Gier Tugend betrachten, sowie pflegten die Interessen der ausländischen Mächte, die sie sich die Natur-Ressourcen von Somalia angesehen haben und in besitzt nehmen; sowie Öl, Gas, Uran, als auch die lange Küste von Somalia, dessen geopolitische Strategie eine große Rolle spielt. Reichlich auch alles, was man vorstellen kann, bietet das somalische Gewässer an. Mit diesen reichen Ressourcen, die sie niedrig umsonst ausbeuten können, fanden sie die Möglichkeiten, ohne Hindernisse sich zu bedienen und einfach ohne Bilateral-Abkommens zu berauben.

Anstelle trieben die somalischen War-Lords Handel-Austausch mit den ausländischen Regierungen und der internationalen Mafia, die sich als der zwischen Händler betreiben. Vorwiegend der Inter-Action-Austausch ist nicht zwischen gleichwertigen Abkommen, sondern besteht unter erpresserischem Diktat der ausländischen Mächte, die nur billigen Waffen, die die Somalis gegenseitig zerfetzen, anbieten und gleichwohl ohne Einwilligung der legitimierten somalischen Regierung sich erlaubten, den Giftmüll in die somalischen Gewässer zu deponieren. Wichtige Intention der westlichen Regierung, die Nachbarländer, arabische Regierungen und die internationale Mafia sind, gegenzeichnet einen funktionierenden Rechtsstaat in Somalia unmöglich zu machen und nach ihrer Beliebigkeit zu zügeln, jede Regierung an die Macht kämmen.

Demzufolge wurden einige Versuche, eine somalische Rechtsstaatsregierung aufzurichten, unternommen. Wobei jedes Regierungsversuchs auf zweierlei Grunde zum Scheitern verurteilt: Zum einen, die somalischen Clan-Führen sind unfähig und korrupt. Deren Korruptionsausmaß ist mit Dummheiten und Unwissenheit von blinder Habgier verbunden, welche ihre Dummheit ließ sich erkennen, wie sie über den unvorstellbaren Reichtum ihres eigenen Lands unkundig und ignorant sind. Die Regierung von Scheich Sheriff, sein Premierminister, Omar Abdo Raschid Ali Shermarke, und der Minister für nationalen Planungs- und internationalen Kooperationsminister, Abdurahman A. S. Warsame, haben 200 nautische Seemeilen unter erpresserischem Druck der Regierung von Norwegen an Kenia mit billigem Geld verkauft. Es ist von international anerkanntem somalischem Meer, welches stets durch internationale Vermittlung geregelt war und keine Streitigkeit gab; zwischen den beiden Regierungen haben die Machthaber von Somalia durch die Liste von europäischen Regierungen, darunter die Regierung von Norwegens, die Arabischen Emirate und Kenia, herangefallen bzw. unter den Tisch gezogen. Den Grund ist zurückzuführen; nicht nur auf ihre ungesättigte Habgier, sondern durch ihre Ignoranz, welche Dummheit zurückzuführen ist, weder auf geringer Bildung, oder sie sind geistig zurückgeblieben. Darum weist das ihre Unwissenheit über die weitreichen-

den Seemeilen mit wertvollem Rohstoff auf, die sie sich
an Kenia für geringe Dollar verkauften.

Die Regierung von Hassen Scheich hat durch parlamentarische Wahlverfahren den amtierenden Präsidenten
Scheich Sheriff abgelöst. Hassan Scheich hat seinem
ersten Regierungsschritt Anklage an den Internationalen Gerichtshof eingereicht und versucht rückgängig das
einseitige Abkommen zwischen seiner Vorgängerregie-
rung von Scheich Sheriff und der Regierung von Kenia
unternommen.

Während der amtierenden Regierung von Hassan
Scheich hat die Anklage des Internationalen Gerichtshofs in Den Haag verschöbet sich bis zum neuen Antritt
der Regierung von Mohammed Abdullahi Farmajo.

Die Regierung von Farmajo hat die Angeklagten gegen
Kenia verstärkt und dadurch jede bilaterale Verhandlung
mit der Regierung von Kenia ablehnt. Die Anhörung vor
dem Internationalen Gerichtshof am 15. März 2021 in
Den Haag unter der Führung von den stellvertretenden
Premierministern von Somalia; Mahdi Mohammed Gu-
laid vorgetragen hat, während die Delegation der Regierung von Kenia sich verweigerte, vor dem Internationalen Gerichtshof zu erscheinen.

Diesen Streit hat die Beziehung, die beiden Ländern
vergiftet, und führt zum diplomatischen Abbruch, der
sogar fast zum militärischen Krieg hinführen konnte. Es
gab militärische Auseinandersetzungen an dem Grenzgebiet zwischen beiden Ländern.

Kenia hat zusammen mit dem arabischen Emirat und
Norwegen viele Bestechungsgelder an die somalische

oppositionelle Gruppe unter der Führung von Hassan Scheich und Scheich Sharif sowie an die Präsidenten der sogenannten Föderative-Staaten: Dani; der regionale Präsident des Puntlands, Ahmed Madobe, der Präsident des Jubalands, sowie seine eigenen Premierminister erhielten große Summen, um die Regierung von Mohammed A. Farmajo zu stützen.

Der Präsident Farmajo wurde durch parlamentarische-konspirativen Coup-d'Etat, den die Abgeordneten mehrheitlich bestochen haben, der amtierende Präsident entmachtet, und wurde wieder Hassan Scheich zum zweiten Mal im Amt des Präsidenten gewählt.

In Somalia besteht das System 4.5 Clan-Division, um die Teilung der Macht des Exekutiven und Legislatives unter Clans und nicht durch die demokratischen Verfahren der politischen Parteien. Das System für Somalia, das Zwangshaft in Somalia einbindet, ist politisch eine verhängnisvolle Qual für das Land geworden. Und das System segregiert automatische 0,5 Clans, das bedeutet, die Clans, die nicht zu den sogenannten 4 großen Clans (Dir, Darood, Haweye, Rahanween) gehören, sind von Top-Positionen des Regierendens ausgeschlossen, trotzdem besitzen diese sogenannten 0,4 Clans enormes Potenzialwissen und sind mehr gebildeter gegenüber den „Größen„. Die 0,4 Clans leben in städtischen Regionen und hatten Kultrolle Bindungen in der restlichen Welt im Vergleich zu den „Größen", die mehrheitlich Nomaden oder Bauern sind.

Zu einem: dem sogenannten Föderativen System unter dem 4.5-Clan-System, der Machtteilung, ist gedacht, eine somalische Regierung zu lähmen und jede Entscheidung Befugnisse an die Quere zu stellen.

Zu anderem: Jeder föderative Staat in Somalia hat ihre eigene politische Entscheidung, sowohl in der Außenpolitik als auch in der Innenpolitik. Jede Machtbefugnis und politische Entscheidung der zentralen Regierung und ihre politischen Regulierungen sind sowohl in innerlicher Sicherheit des Landes als auch die politische Handlung der internationalen Beziehungen unmöglich.

Dieses System ist ein Produkt, das in der somalischen Versöhnungskonferenz von Djibouti im Jahr 2000 als politische Lösung zu dem Inter-Clan-Krieg in Somalia fabriziert ist.

Das 4.5 Clan-System: Ist ein System, dessen Funktion gegenüber den nicht mit Gewalt ausgeprägten Clan-Warlords (0.5) am Rande getrieben und diskriminiert. Die vier Clans, die durch militärische Gewalt den Staat Somalia und die Bevölkerung zu ihren Geiseln nahmen, trafen sie unter sich, den Deal der Machtmonopole zu teilen. Welcher den Top-Machtbefugnissen, sowie dem Präsidenten, dem Premier-Minister, zu den Hawiye- und/oder zu den Darood-Clans aufgeräumt sind. Den Präsidenten der beiden Hause, des Parlaments, wurden zugeteilt an den Clan des Rahanweyeens und den des Isaaqs. In dieser Top Machtverteilung gingen die restlichen Clans leer aus.

Trotz allzu Geständnissen der Machtaufteilung an den vier Clans, anstelle einer gemeinsamen politischen Richtlinie zu einigen, um das Land regierbar zu machen, versuchen sie gegenseitig auf dem Bein zu stellen: um nun nach Machtwillen und Machtüberlegenheit, die von außen gesteuert ist, das Land mit willkürlich als Fehlstaat zu dementieren. Insbesondere auf den Föderalismus ebenen; wo jede autonome Regierung unilateral agiert. Sie treffen eigene politische und wirtschaftliche Entscheidungen, welche sie, ohne die zentrale Regierung zu konsultieren, in vielerlei wichtige Angelegenheiten losgelöst haben, und allein gängig die zentrale Regierung ihre Machtbefugnis zu schwächen und das Diktat der ausländischen Mächte als unmündig zu unterstellen. Ein föderatives System a la Somalia ist katastrophal und ist eine illusorische Ideologie (Nachahmung: eine Illusionsideologie).

Das System wurde willkürlich inventiert, damit Somalias Machtbefugnisse über ihre Ressourcen zu entbinden, welche es bedeutet, wenn es dazu käme, um bilateralen Abkommens und politische Entscheidungen unabhängig von Bevormundung irgendeiner fremden Macht zu Handel lahm zu legen.

2.1 Ein kurzer Überblick zum somalischen Öl- und Gasgeschäft, als erpresserische Mittel, Somalia in Schach zu halten und unregierbar auf ewig zu machen

Das Öl- und Gas-Exploration hat während der Regierungszeit von Siyad Barre durch Kartellgiganten; Royal Dutch Shell und ExxonMobil ihre Operation bevor der Zusammenbruch des somalischen Rechtsstaats im Jahr 1991 begonnen. Zwischen der somalischen Regierung und den internationalen Kartell-Giganten hat widersprüchliche Interesse-Konflikte ausgebrochen über die Umverteilung des Prozentsatzes, welches die Regierung von Somalia kategorisch die Verhandlung abgebrochen hat, aber zu einem eigenen Todesurteil wurde: Unter anderem viele Gründe sowie ihre lukrative Geopolitik den Staat Somalia zum Abgrund richtete.

Trotz in all den Jahren der Zerstörungen, Chaos und Instabilität und weitestgehend einer Regierung ohne Funktionsfähigkeit, Somalia verweilt sich bis jetzt als ein Fehlstaat. Falls Somalia allein gelassen wird, können die somalische Bevölkerung ohne die Hilfen vom Ausland, das mit Konditionalität eingeknöpft ist und auch wenn ihre Eigenständigkeit bewahrt, mit Gewissheit den Krisen überwältigen.

Im Moment trotzt es, eine Regierung in Mogadischu gibt, die noch schwach ist und keine volle Kontrolle in dem gesamten Land hat, aber es gibt einige schmiere Hoffnungen, dass die Aufnahme der politischen Geschäfte im Gang gesetzt zu werden. Jede Regierung in Somalia, die an Macht aufsteigt, steht bevor vielen Herausforderungen zu überwinden, die noch zu lösen müssen; sowie die totale Beseitigung der Terrorist-Gruppe, der Konflikt zwischen den regionalen Regierungen, vor allem zwischen Somaliland, Puntland und Jubaland, auf einer Seite und der zentralen Regierung auf der anderen Seite.

Abgesehen von den westlichen Imperien, den Nachbarländern, sowie Äthiopien, Djibouti und Kenia, als auch den Arabischen Emiraten und Saudi-Arabien, sind andere Faktoren, die Somalia stetig destabilisieren.
Somalia wurde dem Tier wobei ein Herd von Raubtieren mit kollektiven Angriffen jede auf seine Ecke das

arme Tier zerfleischt. Kenia erhebt Anspruch auf das somalische Offshore-Öl, in der die somalische Regierung an den Internationalen Gerichtshof in Den Haag ihre Anklage eingereicht hat. Gleichwohl die Arabischen Emiraten und Saudi-Arabien wollen allen somalischen Hafen von Nord bis zum Sud ihr Monopol zu stellen. Und somit die Souveränität von Somalia als ihre eigenen Satelliten zu stellen, ohne eigene Machtansprüche Somalia einzuräumen, und soweit es geht Somalia unregierbar zu machen.

Operation »Restore-Höbe« Unter der Führung von USA hat Präsident H. W. Bush am Anfang Dezember 1992 angeordnet, unter der Beteiligung anderer internationaler Regierungen sowie Europa, Pakistan und anderen Ländern Somalia zu okkupieren und wieder Frieden herzustellen. Die Operation der internationalen Besatzungsregierungen entgegneten in Somalia tödlichem Widerstand der somalischen Milizen, welcher die USA-Marine und die Internationalen Streitkräfte zwängten, aus Somalia zurückzuziehen.

Eine Reaktion empört es sich, bei den westlichen Mächten, vor allem George Bush Jr. (USA), Tony Blair (UK) und Merkel (Germany), als des Gerichtshofs, der somalischen War-Lords ihre Macht völlig zerstörten, und versuchten Somalias Stabilität wiederherzustellen.

Aufgrund der Albträume und der Niederlage der USA und der westlichen Streitkräfte erlebten in Somalia; USA und dessen Alliierten wagten nicht wieder in Somalia ihre Marine erneut zu senden, so empfehlen sie dem Premierminister von Äthiopien Meles Zinawe, diese Mission zu erfüllen und Somalia zu überfallen.

Sie haben alle möglichen nötigen modernen Rüstungs-
kampf und finanzielle Unterstützung zugesprochen. Die
politischen und strategischen Ziele waren Somalia mit
Gewalt zu besitzen und kommissarisch direkt und indirekt unter die treue Hand der Amerikaner, Engländer
und Deutschland zu stellen.

Äthiopien erhielt die modernsten Waffen und unvorstellbare finanzielle Sicherheit, nicht nur von diesen
drei Mächten, gleichwohl von Frankreich, der Schweiz
und arabischen Ländern sowie Saudi-Arabien und der
Arabischen Emirate.

Folglich, ohne zu überlegen dessen was daraus resul-
tierende Konsequenzen wäre, die Regierung von Äthiopien startet ihren offensiven Krieg am 25.01.2006 Richtung Mogadischu, mit dem argumentativen Vorwand:
Die Sicherheit von Äthiopien ist durch den islamischen
Gerichtshof gefährdet.

Dazu wurde die Mission der äthiopischen Militär-Of-
fensive durch US- und UK-Helikopter unterstützt, so
mit vollem Selbstbewusstsein und Zuversicht startete
die äthiopischen Truppen mit modernen Panzern und
Artillerien ohne großen Widerstand nach Mogadischu
zu marschieren.

Es war nicht mal ein Monat, als die unmenschliche und
gnadenlose Schlacht zwischen den äthiopischen Besat-
zungstruppen und den somalischen Milizen, unterstützt
von der somalischen Bevölkerung weltweit, empor ausgelöst wurde. Die Schlacht in Mogadischu, die dem äthiopischen Militär einen herben Verlust erlitten hat, welchem
auf der anderen Seite die äthiopischen Truppen als Tau-

sende von somalischen Zivilisten willkürlich massakrierten. Aber der Verlust der äthiopischen Truppen, sowohl humane als auch materielle, die sie hinnehmen müsste, war enorm. Daher die einzigen alternativen Möglichkeiten, die die äthiopische Streitkraft als Not der Selbst-Rettung haben Vergeltungsakt aus Rachsucht, die sie sich gegen die somalischen Zivilisten zielten in Mogadischu und Umgebung unternommen.

Die Euphorie und Hoffnung der westlichen Imperien und ihrer Alliierten, Somalia unter ihre Treuhand zu stellen, wurde eine beschämte und hoffnungslose Niederlage erwiesen.

Die internationale Gemeinschaft unter US-Führung hat eine zwangsweise Waffenruhe die Somali-Milizen angefordert und einen Korridor zu eröffnen, dass die äthiopischen Streitkräfte Somalia zwangsweise zu verlassen.

Bis jetzt wurde kaum zur Tagesordnung gebracht, über das Ausmaß der zivilen und martialischen Verluste, die in Somalia gegen ihre Bevölkerung zugerichtet sind.

Die militärische Intervention der USA und Äthiopien als ihre lange Hand Adjutanten haben nie einen humanitären Zweck gehabt. Der Zweck, welcher ein imperialistisches Interesse besitzt, ist die Ambition und die Gier der internationalen Öl-Kartelle zu befriedigen. Welche sie sich darauf beharren, Somalia unter ihre Kontrolle zu stellen und ihre Ressourcen in Anspruch zu nehmen, und in aller Form von Gegebenheiten Mitteln gegen Somalia vorzugehen.

Die Ölindustrie, die unter dem Bush-Imperium steht, hat schon die Umstürze der Regierung von Siyad Barre orchestriert, dass ihr Büro »Conoco Inc« in Mogadischu hatte und noch hat.

Die TAZ zu Folge: „*Conoco Inc., die mit ihren Prospektionen in Nordost-Somalia vor Barres Sturz am weitesten vorangekommen war und die als einzige größere multinationale in den letzten zwei chaotischen Jahren ein Büro in Mogadischu unterhielt.*" *Wenige Tage bevor die ersten US-Marines landeten, erlaubte Conoco die Umwandlung des Büros in eine De-facto US-Botschaft, wo der Sonderbeauftragte Robert Oakley sein Hauptquartier einrichtete. Der Präsident der somalischen Firmentochter erhielt ein dickes US-Lob für seine Rolle als „Bahnbrecher" vor der Intervention. John Geybauer, Sprecher für Conoco Öl in Houston, nennt das eine „Geschäftsbeziehung".*[86]

2.2 USAID; die lange Hand der CIA und anderen westlichen Entwicklungshilfen; bzw. NGOs als Bewacher und hemmende Instrumente an jeglichen Bewegungsversuchs der somalischen Regierung an Unternehmungen der Rechtsstaatlichkeit: das Verbot der Souveränität

Die USAID hat Lou Cohen mit absoluter Macht bevollmächtigt, der in Somalia wie ein absoluter Herrscher sein Amt geführt hat. Er war nicht nur tätig als einfa-

---

86 TAZ, taz-archive: 9632831634466, 22.09.2020

cher Entwicklungsberater für die Regierung von Somalia, sondern er hat die Politik und Wirtschafts-(Unter-) Entwicklung, die er zum Grunde kommissarisch führte, nach eigener Beliebigkeit diktiert.

Hancock zu Folge: *„Lou Cohen war ein schroffer, finster dreinschauender Pfeifenraucher ... Er blieb stets kühl und sachlich. Sein luxuriös ausgestattetes Büro beherrschen zwei Gegenstände: eine Flagge mit dem Sternenbanner und ein Schreibtisch aus massivem Holze".*[87]

In seinem Büro hat nur Zutritt, diejenigen, die er selbst wünscht; sogar die somalischen Ministerien waren Zutritt in das Gelände von USAID ohne seine Genehmigung verbannt.

Es ist nicht nur allein die USAID, die einen Sonderstatus in Somalia für sich einräumen ließ, sondern viele Organisationen der Vereinten Nationen und Europa, unter anderem UNICEF, das UN-Entwicklungsprogramm (UNDP), sowie GTZ (German Organisation für Entwicklungshilfe), OXFAM (Vereinigtes Königreich für internationale Entwicklungshilfe) ...

Meisten von diesen Organisationen haben ihr Büro in den feinsten Regionen von Mogadischu, genannt Lido, entlang der idealistischen Küste des Indischen Ozean, eingerichtet. Ihr Quartier, das ist durch eine hohe Mauer und befestigt mit Eisentoren, und bewachten von uniformierten Sicherheitsbeamten, die damit sich von den

---

87 Graham Hancock, Händler der Armut (Wohin verschwinden unsere Entwicklungs-Milliarden?) Droemersche Verlagsanstalt Th. Knauer., München, 1989 S. 49

Autochthonen abschirmen, ob das Land nicht mehr dem somalischen Volk gehört.

Jahresgehalt der Mitarbeiter in einer von diesen Organisationen beträgt ca. 55.000 $, während ein Somali-Minister für diese Summe nie bekommen kann, wenn er ehrlicherweise schuftet: Nur der Minister kann unter Prämissen der Korruption, Betrug und dass er als Agent an die fremden Mächte sein Land verrät und verkauft.

Die sogenannten ausländischen Entwicklungshelfer verweigerten und verweigern in den ländlichen Regionen, wo die Leiden heimgesucht sind und nötig haben, ihre Dienstpflichten zu erfüllen. Trotz, dass sie in ihren Tätigkeiten in den Dörfern und ländlichen Regionen akkreditiert sind, bevorzugten sie anstelle in den großen Städten wie Mogadischu, Hargyessa und Kismayo ..., die sie fest, sesshaft angesiedelten.

Der Grund, dass sie verweigert ihre eigentlichen Dienststellen, ist der Luxus des Lebens in den großen Städten wie in Mogadischu, wo sie Sex, Alkohol und Drogen vergnügen, dazu gutes Essen und Dienstmädchen, die sie verwöhnen, wie das Märchen des 1000 und Ein-Nacht: Einen Genuss ohne Ende. Sie verfügen über ihre eigenen importierten privaten Autos, die sie steuerlich begünstigt sind. Alkohol und andere Waren, die sie sich als Selbstzweck mit Genus konsumieren: Es kann das nicht als Entwicklungshilfe nennen, sondern „Entwicklungsdekadenz".

Hancock zufolge: *„Neben einem Golfplatz und den Tennisplätzen findet man ein gut ausgestattetes Restaurant, in dem erstklassige Steaks serviert werden. Sonnenhungrige*

*können sich eiskalte Drinks an den Swimmingpool bringen
lassen, der einem Hilton- oder Inter-Continental-Hotel alle
Ehre machen wurde. Jeder Ausländer in Mogadischu kann
Mitglied werden und so strömen sie denn auch jeden Nach-
mittag unter der Woche in Scharen herbei (Dienstzeit für die
meisten von morgens 7 Uhr bis 14 Uhr). Alternativen bie-
ten der Angelo-Amerikaner Beach Club und der Italienische
Club – beide am Lido. Internationale Restaurants, die mit
Meeresfrüchten wie Hummer und Garnelen verwöhnen-in
Mogadischu besondere Spezialitäten-gibt es in Hülle Fülle.
Und wenn das noch nicht genügt, der kann sich am Wochen-
ende aufregende Freizeitbeschäftigung widmen".*[88]

Abgesehen von militärischer Basis der Amerikaner, Chinesen, Franzosen, Deutschland, Holland, Spanien, Japan
und Saudi-Arabien, die alle in der kleinen Republik von
Djibouti verstauten und stationierten, ist nichts anderes als Überwachung die Region. Um mehr ihre eigenen
Interessen zu sichern, die westlichen Imperien haben,
vor allem England, USA und andere westliche Mächte,
unter die Prämissen der Friedensherstellung und Frie-
denssicherung, haben AMISOM, ein ost-afrikanisches
Kontingent zusammen gewölbten und richteten militärische Stützpunkte in Somalia. Sie rechtfertigen diese
Ungeheure, die nicht einmal in der Lage sind, die terroristischen Al-Shebab zu bekämpfen, von der UNO als
imperative betrachtet die Wiederherstellung des Rechtsstaats in Somalia.

---

88 Ebd. S. 50

Sie sind an verschiedenen Orten in Somalia stationiert und Unternehmen gelegentlich einige militärische Angriffe, (meistens nennenswerte Ergebnisse), die von den amerikanischen Luftangriffen und ihren Drohnen bombardieren und töten ziellos tagtäglich somalische Zivilisten; nur mit der leeren Lüge und Propaganda, dass sie die militärischen Stellungen der AL-Shebab angegriffen zu haben.

Die ironische Perversität der Amerikaner besteht darin, über ihre doppel-moralische Einstellung: zu einem ihre Behauptung, dass sie unterstützen Somalia im Kampf gegen den radikalen islamistischen Al-Shebab; und zum anderen bombardieren wehrlos Menschen mit modernen Waffen als Übung, als Versuchskaninchen bombardieren sie und setzen sie ein biologisches und chemisches Gift ein sowie mit Nukleare-Kugel.

Auf der anderen Seite, die westlichen Imperien unterstützten direkt die Besatzungsarmee von Äthiopien und Kenias, das Somalia strangulierten, und ließen sie sich Somalia keine Chancen, von ihren unerträglichen Leiden in den Griff zu bekommen: Die Westen unterstützen diese beiden Regime durch ihren Akt des Übels, mit militärischen Rüstungen sowie finanziellen Mitteln.

Die Steuerzahler des Abendsenders fragen ständig „Wohin verschwinden die Milliarden, die für die Entwicklungsgelder gegeben werden?"

Mit Sicherheit fließen diese Gelder nicht an die benötigten Adressaten; bzw. die betroffenen armen Menschen in den sogenannten „Entwicklungsländern", daher hat diese Frage von sich selbst beantwortet.

Die andere Frage, die zu stellen ist, ist: Was sind die Faktoren, die sich verbinden, die Bekämpfung und die Beseitigung der Armut? Es ist der „Vernunft" des Abendlands Doppelmoral, die zum einen demonstriert ihre Großzügigkeit der christlichen nächste Liebe; die sie als „moralischen Vernunft" nennen, zum anderen, was sich spielt in ihre normativen Lebensumstände und kulturelle Charakteristik ist, des Selbsterhaltungstriebs, der sie anregt nach „Besitzt" und „Leistung", die nur durch Ausbeutung, List, Betrug und militärische Macht zu erreichen werden.

»Die Vernunft«: nach Aufklärung und Kulturkritik von Adorno und Horkheimer erklärt sich Folgendes: Vernunft des Abendlands ist gekennzeichnet durch Zerstörung der Humanität. Sie ist der Antrieb des Selbsterhaltungsmodus, den die Imperien des Westens durch ihre Ideologie der Zweckrationalität der Natur- und Triebbeherrschung verstümmeln; somit ist der Vernunft instrumentalisiert und sie nehmen sie als eigne Rationalität in Anspruch.

„Damit ist noch nicht gezeigt, dass Vernunft bis in ihre späteren Produkte, bis in moderne Wissenschaft, die universalistischen Rechts – und Moralvorstellung und die autonome Kunst hinein dem Diktat der Zweckrationalität unterworfen bleibt".[89]

---

89 Jürgen Habermas; Der philosophische Diskurs der Moderne, (Zwölf Vorlesung), Suhrkamp Taschenbuch Wissenschaft, Frankfurt am Mainz, 1985, s. 135

3 Die Militärbasis am Horn von Afrika als Überwachungs- und Kontrollstationen

Ihre Aufgaben sind die politischen und wirtschaftlichen Bewegungen in den Regionen am Horn von Afrika und Nah-Osten in Schach zu halten.

„Our militarized empire is a physical reality with a distinct way of life but it is also a network of economic and political interests tied in thousand different ways to American corporations, universities, and communities but kept separate from what passes for everyday life back in what has only recently come to be known as "'homeland.'" And yet even that sense of separation is disappearing-for the changing nature of the empire is changing our society as well".[90]

3.1 Die Militär-Basis in Djibouti

In dem 15. Jahrhundert war das Horn von Afrika aufgrund ihrer strategischen Lage der Ort der wirtschaftlichen und kulturellen Unterkreuzung-Junktion. Es war und ist der Ort, wo hegemoniale kriegerische Auseinandersetzungen zwischen Nationen, vor allem damals zwischem Ottomanischen Reich und Portugal, stattgefunden haben. Und jetzt, zwischen China und Russland

---

90 Chalmers Johnson; The Sorrows of Empire (Militarism, Secrecy, And the end of the Republic), Vero Publication, 204, UK,: 6 Meard Street, London WIF 0EG, s.5

auf einer Seite und USA und der NATO auf der anderen Seite, findet der Kampf der Sphäre Gewinnung statt. Die kriegerische Auseinandersetzung der hegemonialen Macht um die Eroberung der strategischen Städte in der Region gingen in der Epoche der Ottomanischen Reiche und Portugal um wirtschaftliche und religiöse Übermacht. Aber in der Gegenwart ging es um Imperialismus übermacht.

Im 18. Jahrhundert, genannt „The Scramble of Africa" und die Teilung Afrikas an der Berlin Konferenz im 1884, hat das Abessinische Königreich, das sich als Kolonial-Macht neben den Europäern, ihre Ansprüche erhoben, um ihren Anteil an dem Geburtstagskuchen zu haben.

Die europäischen Mächte, ohne Widerstand gegen die Äußerung von dem König von Abessinien, haben zugesprochen und die Kolonisierungsverfahren am Horn von Afrika zwischen Frankreich und dem vereinigten Königreich von Britannien, Deutschland und Italien unter sich mit Abessinien durchteilten.

Hauptgrund der Eroberung und Kolonisierung der Region besteht nicht daran, nur die Sicherung der strategischen Punkte in den Regionen von Babel-Mandeb, Suezkanal und Persischen Golf, der sie sich verbinden, die drei Kontinenten; Asien, Europa und Afrika. Wirtschaftliche und politische Sphäre im asiatischen Kontinent. Die Wichtigkeit der Babel-Mandeb am Rotes Meer und der Staat Djibouti widerspiegelten in dem Krieg zwischen Israel und Palästinensern, wobei die „Hutis" von Jemen jede Cargo oder Militärschiffe, die in Richtung Israel manövrieren, zerbomben oder in ihrem Gewahrsam nehmen, um die Menschen im Gaza zu unterstützen und zu solidarisieren; nach der Äußerung der Milizen in Jemen.

In der Mitte des 20. Jahrhunderts haben die europäischen Mächte und US-Amerikaner sich informell erklärt, von ihren kolonialen Machtabsichten aufgegeben zu haben und sich zu formellen Imperialen und kommissarischer Allmacht in dem alten System transformiert; aber wohl durch ihre militärische als auch ökonomische Überlegenheit als Imperien weltweit dazu, nicht nur zu demonstrieren, sondern mit Gewalt ihre Interessen zu sichern.

3.2   The Empire of Basis: Die Militär Basis der Imperien

„The presence of American forces overseas is one of the most profound symbols of the U.S. commitments to allies and friends. Through our willingness to use force in our defence and in defence others, the United States demonstrates its resolve to maintain a balance of power that favours freedom. To contend with uncertainty and to meet the many security challenges we face, the United States will require bases and stations within and beyond Western Europe and Northeast Asia, as well as temporary access arrangements for the long-distances deployment of U.S. forces"[91].

---

91 "THE NATIONAL SECURITY STRATAGY OF THE UNITED STATES" September 17, 2002

Während des Golfkriegs 1990–1991 und der Ereignisse der terroristischen Attacke am 11. September, hat nicht nur die demografische Lage der Weltpolitik verändert, sondern das militärische Gleichgewicht in der Turbulenz geraten. Diese ließen sie sich der westlichen Imperien drastisch über ihre strategische Militärphilosophie zum Umdenken bringen und forcierten, neu umzugestalten. Die Region am Horn von Afrika wurde hauptsächlich als strategisches Zentrum, um die Welt in Schach zu halten und internationalen Terrorismus sowie die somalischen Piraten bekämpfen zu können. Trotz der französischen Präsenz in Djibouti haben die westlichen Mächte unter der Führung von US-Amerikanern im Blick in das kleinste Land in der Region, nämlich Djibouti, anvisiert, und ihre Militärbasis aufgerichtet.

3.3 Djibouti und USA

Ein kleiner Staat mit Fläche von 23.200 km2 und einer Bevölkerung von 921.804 liegt an der strategischen Kreuzung zwischen Babel Mandeb, Rotem Meer, Golf von Aden und Indischem Ozean.

Djibouti hat ihre Unabhängigkeit von der französischen kolonialen Macht nach einem Jahrhundert Repression am 26. Juni 1977 erlangt. An dem Tag ihrer Unabhängigkeit wurde die Macht des Landes unter einer Familie-Herrschaft, welche durch die Unterstützung der französischen kolonialen Macht usurpiert. Der erste Präsident von Djibouti wurde Hassen Guled Aptiton, der ohne demokratisches Wahlverfahren durch die Französischen als Bedingung mit den Kräften der Unabhängigkeitsbewegung ausgehandelt und somit Hassan G. Aptidon an die Macht aufgesetzte.

Nach seinem Abgang als regierender Präsidenten hat Hassan Gouled am 1999 seinem Neffe Ismail Omar Guelleh die Macht weiter übertragen. All die Jahre, die Djibouti, die sich eine Freiheit und in einem Staat unter der Herrschaft von Rechtsstaatlichkeit und Demokratie erhofften, leidet unterdessen in einem totalitären-oppressiven Herrschaftssystem, das es durch und durch von einem korrupten Mann und seinen Familien regiert.

Aufgrund seiner Habgier hat er in diesem kleinen Land zusammen mit alle Super-Mächte von West und Ost, durch ihre gefährliche Militärrüstung, und die sie sich noch schlechthin mit ihren gegenüberstehenden Feindseligkeit aufgestockt.

Abgesehen von den Franzosen, Amerikanern und China, die stark mit Selbstverständlichkeit ihre Präsenz offensichtlich etabliert sind, gleichwohl auch anderen Europäern, wie Deutschland, Holland und Spanien, sowie Japan und Saudi-Arabien, die ihre Militärbasis in Djibouti aufgerichtet haben.

Was macht Djibouti interessant im Vergleich mit den Nachbarländern in der Region?

Abgesehen von seiner strategischen Lage ist das Land relativ durch die Eisenhand eines Totalitäre-Regimes im Vergleich mit den Regierungen der gesamten Region, die stets mit Aufständen und kriegerischen Auseinandersetzungen durchlaufen, stabil. Der andere Grund ist, dass die Bevölkerung mit Qat und anderen Drogen vergifteten, die die Regierung damit beabsichtigte, um die Bevölkerung in dem Zustand des Dionysius in Schach zu halten und zu paralysieren.

Die doppelte Moral der Imperien des Westens besteht darin, an ihren idealen Werten der Demokratie und Freiheit bestehen, welche sich als höchste eschatologische Monotheismus stets predigen und verteidigen; und den dazu sie sich als universale und unwiderlegbare Werte gelten und demonstrieren.

Gleichwohl besteht ihre politische Perversität daran: Zum einen unterstützen sie und pflegen bilaterale und multilaterale Beziehungen mit den diktatorischen afrikanischen Machthabern und fordern sie die Achtung der Menschenrechte, die sie jeglichen Menschenrechts nach ihrer Beliebigkeit zum Fuße treten; zum anderen stellen sie in der vordergründig schlechthin ihre Interessen vor ihren idealen Werten der Demokratie und Menschenrechte ein, worüber hinaus an Betrachtung ist, über Menschenrechte und Demokratie sie sind einfach apathische Lippen-Bekenntnisse.

Die Djibouti Plutokrat-Familie ist eine von vielen afrikanischen Machthabern, die die Macht zu eignen besitzt erklärten und darüber hinaus den Staat und Rechtsstaatlichkeit nicht im Begriff sind bzw. entfremdet. Aufgrund ihrer maßlosen Korruption und Vetternwirtschaft scheren sie das Land in einer aussichtslosen Situation, welche es weiterhin in den totalen Abgrund inklusiv mit deren Bevölkerung hinrichten werden.

Der Präsident von Djibouti und seine Frau sind ungesättigter Menschen, welche sie an diesen neurotischen

Charakter an ihren Kindern weiter ererbten. Es ist öffentlich bekannt, dass sie allein von den amerikanischen Militärbasen eine Summe von $63 Millionen jährlich in ihre private Kontokasse fließen. Von der chinesischen Regierung kassiert der Präsident von Djibouti und seine Frau eine Summe von $20 Millionen inklusive, dass sie mit diversem kommerziellem Abkommen begünstigten.

Djibouti als Heerschar hat den Amerikanern eine permanente und die größte Militärbasis in Afrika, genannt „Campus Lemonniert", ohne Wenn und Aber mit einem unbestimmten Dauervertrag abgeschlossen. In der Militärbasis sind nicht nur mit Truppen stationiert, sondern *„Militärische Hauptquartier, Werften, Militär-Häfen, Behörden, Kasernen, Depots, Militärflugzeugplätze, Arsenale, Truppenübungsplatz, Festung, Luftwaffenstützpunkte, Raketenabschussbasen, Rundfunksender, Lazarette, Drohnen ..."* (Wikipedia)

Die Amerikaner, als Imperium Macht, hat eine neue Ambition, in der ihre militärischen Stärke, die nur in Europa und Asien begrenzten waren, weiterhin nach Afrika erweiterten. Aufgrund der World-Sphäre-Aufteilung zwischen den Alliierten nach dem Zweiten Weltkrieg, Europäer, die an sich Anspruch auf Afrika hatten, bzw. der Vereinigten Königsberg und Frankreich, die über den schwarzen Kontinent bestimmen und bestimmten, wurden langsam verdrängt. US-Amerikaner, die nach dem Zusammenbruch der Warschau Pakt, bzw. des kommunistischen Ostblocks unter der Führung von Sowjet-Union (Russland), hat US-Amerika das Vakuum erfüllt. Amerika hat sich des einzigen Weltimperiums in der Weltgeschichte nach dem Römischen Reich etabliert. Es ist nicht nur der Zusammenbruch der kommunistischen Ostblöcke, die den US-Amerikanern zwang, als Übermacht Unikum, was den US-Amerikanern den Schubs als dem einzigen unbestrittenen Machtimperium verliehen hat. Sondern die Erweiterung nach neuer Militärbasis, welche als bedingungslose und aggressive Haltung ermutigt hat, war das 09/11 Attentat in New York, welches als gravierender Grund begründete.

Amerika mit ihren europäischen Alliierten führte Besatzungskriege in Afghanistan und dem Irak. Später wurden stetig ein, nachdem anderer von Eroberungen und Besatzungen in andere souveräne Staaten verfolgt. Sie waren dennoch souveräne Staaten sowie Libyen, welche sie sich mit bewusster Willkür des Rechtsstaates zerstörten, und rund um den Globus innerhalb der Gesellschaften unnötigen Bürgerkrieg entflammten, den sie sich nach ihrer politischen Philosophie als die „Neue Weltordnung" rechtfertigen/Ironie der Welt-Geschichte nach Abendland.

Die Omnipotent-Phantasien von Macht spielt sich Zweckerfüllung für eine Stereotypie der Persönlichkeit, welche die Politik als ein Heilmittel ihrer neurotischen Habgier kompensierte, in der die Wirtschaftsbewegung des Landes zu eigenem Privateigentum aneigneten und sie unter eigene Kontrolle brachten.

Hier spielen zwei Ambivalenzen psychischen Tatsachen, die sie einander ergänzen: den kindlichen Urängsten der „Nicht-Genug-Haben" und Materialien Anhäufung, die als „Alloerotismus-Objekt-Befriedigung" darstellen, die den Psychosen Zwangsneurose die Macht haben, als zweckmäßigen Selbsterhaltungstrieb angeeigneten, vermuten gewisse Sicherheit damit erreicht zu haben.

„Ambivalenz lässt sich an bestimmten Affektionen (Psy-
chosen, Zwangsneurose) und in bestimmten Zuständen (Eifer-
sucht, Trauer) besonders deutlich aufzeigen. Sie kennzeichnet
bestimmte Stufen der Libido Entwicklung, auf denen Liebe
und Destruktion des Objekts zusammen vorkommen (oral-
sadistische und analsadistische Stufe)"[92].

„Die Liebe des Objekts unterscheidet sich nicht von seiner
Destruktion; die Ambivalenz wird also Qualität des Objekts
selbst, mit der das Subjekt ringt, indem es das Objekt in ein
›gutes‹ und ein ›böses‹ Objekt spaltet"[93]. Mehr oder wenig
deutet an, dass es eigene Unbewusste und Unwissenheit
verdammen sie als Begleiterscheinungen von Selbstzerstörung ein: Die damit zurückzuführen ist Mangel an
politischer Erfahrung und Blinden-Gier.

Aufgrund der Aufteilung der Welt-Sphäre zwischen den
westlichen Imperien, welche ihre Ambition nach dem
Zweiten Weltkrieg vorfallen nach der Dekolonisierung
Afrika und dem Zusammenbruch der Warschauer-Pakt
hatte nun eine andere Demission aufgehoben und zwar
die große Angst von China, die sich als neue imperialistische Macht entwickelte, zurückzuführen. Den Anspruch der alten kolonialen Mächte vor allen Vereinigten Königreich und Frankreich, die bis zur Gegenwart
über den schwarzen Kontinent erheben, sind mehr und

---

92 Das Vokabular der Psychoanalyse, J. Laplanche, J. B. Pon-
    talis, Suhrkamp Taschenbuch, Wissenschaftsverlag, Frank-
    furt am Mainz, 1972, s.56
93 Ebd. S.57

mehr von den US-Amerikanern und China in Bedrängnis gebracht.

Das einzige „Weltimperium" hat die US-Amerikaner wohl sich als Weltpolizist, der sich vorgenommen hat, gegen den internationalen Terrorismus zu bekämpfen, und sich als Gesandte der Entmachtung der antiwestlichen Diktatoren, welche ihren Interessen widersprechen und entgegensetzen, auf dem Weltflächen zu fegen.

Als die alte Sowjet-Union und der Warschauer-Pakt umgekippt und aus dem Terrain als Super-Macht verabschiedete, wurde US-Amerikaner die alleinige Allmacht, der Zerstörer und Kreatur der Staaten nach eignen beliebigen Vorstellungen. Amerika diktiert jegliche Regierungsmacht in der sogenannten Dritten-Welt, wie sie ihre Politik gestalten und funktionieren muss; sowohl wirtschaftlich als auch politisch. Falls eine Regierung ihre Bedenken äußert und nicht an ihre Normen des Landes politischen Kultur anpasst, dann müssen sie damit rechnen an wirtschaftlichen und politischen Sanktionen bzw. Embargo. Dennoch werden zum schlimmsten Fall den Zerfall als funktionierenden Rechtsstaats rechnen müssen, welche sie sich entweder Kräfte im Inlnde ermutigen, gegen den Staat Institutionen zum Fall zu bringen, oder durch direkt oder indirekt Angriff von ihrer militärischen Gewalt der Staat-Macht zu entmachten.

US-Afrika-Kommando (AFRICOM), dessen Mission besteht daran der Operationsaufgabe der Kontrolle jeglicher wirtschaftlichen sowie sozial-politischen Bewegungen in der Region, vorwiegend Nah-Ost, Somalia und Jemen. Gleichwohl die westlichen Imperien kontrollieren andere Regierungen sowie China, Russland, Iran, sowie die Türkei. Diese Regierungen, die sich auch ihre Ambitionen als den neuen imperialistischen Mächten ihre Präsenz in der Region am Roten Meer, Indische Ozean, die Golfstaaten als Gleichgewicht und konkurrierenden Mächten gezeigt haben und demonstrieren. Sie wollen infolgedessen ihre imperialistischen Interessen in die Region genauso wie die Westen nicht nur demonstrieren, sondern auf sanften Weg in die Region infiltrieren. Diese Machtdemonstration aus dem Osten hat empor die Übermächte des Abendlands in Verdrängen gebracht und mehr denn je versuchen sie in allen Mitteln, ihre Satellit-Staaten zu verteidigen, die sie über Jahrhunderte das Sagen hatten, um wieder in ihre Bahn anzubinden.

Die Militärbasis in Djibouti dient nicht nur als Transit, der nur für bestimmte Zeit der vorgeplanten Mission als Erfüllung gilt. Es besteht mehr als das; derer Funktionsaufgabe, die sich beauftragten, ist eine langwierige Strategie, die wohl als offensive kriegerische Vorbereitungen, welche in jeden notwendigen Moment unverzüglich militärisch einzugreifen; sowie als Spionage- und Überwachungszentren.

Die US-Speziell Streitkraft in den Campus, die sich genannt Campus-Lemonier ist voll gestattet, mit aller notwendigen militärischen Hi-Tech, Spezial Streitkräfte und Spionage Zentrum.

In der Militärbasis sind nicht nur mit Truppen stationiert, sondern „Militärisches Hauptquartier, Werften, Militär-Häfen, Behörden, Kasernen, Depots, Militärflugzeugplätze, Arsenale, Truppenübungsplatz, Festung,

Luftwaffenstützpunkte, Raketenabschussbasen, Rundfunksender, Lazarette, Drohnen ..." (Wikipedia)

Aber der Vorwand und die schwachsinnigen Argumente von den westlichen Imperien und China, dass sie sich alle verfügbare militärische Rüstung in diesem kleinsten Staat von Afrika ihre Basis aufgestauten, könnte in jedem Moment außer Kontrolle geraten werden; weil zwischen den Blöcken mit verschiedenen Ideologien und traditionell ihre Feindseligkeiten bekannt sind und bedrücken, wann wird ein Krieg zwischen China und Amerika ausbricht? Ist die Frage. Wenn es so weit ist, könnte sein, dass der „Dritte Weltkrieg" erst in Djibouti aufflammen wird, bevor er eben in Taiwan und im Südchinesischen Meer angekommen ist?

Amerika betont wieder und wieder den Kampf gegen die somalischen Piraten. Gleichsam hat es dementiert den „Global War" gegen den Terror; vor allen islamistischen Terrorgruppen Al-Shebabs, den Islamischen Staat und Al-Qaida, die sich in allen staatenlosen Ländern, sowie in Somalia, Jemen, Irak, Syrien, Libyen ..., die ihre Safe-Haven gefunden haben. Aber wie da oben geschildert ist, es geht nicht nur um Terrorbekämpfung, sondern um ihr Interesse, die sich folgendermaßen begründeten: Zuerst die Sicherung der kommerziellen bzw. der Handelsweg durch den Babel-Mandeb und Suezkanal nach Europa und Amerika; Zweitens: ihre Satelliten arabischen Regierungen vor Veränderung, bzw. gegen eine progressive und demokratische Regierung zu schützen. Falls es dazu käme, eines Volksaufstandes, der sich gegen die arabischen tyrannischen Auto-Plutokraten richtet, die nach progressiver Veränderung anstreben, müssen sie damit rechnen, die direkte Militärattacke der Imperien, die in jeden Moment mit militärischer Gewalt der Vergeltung eingreifen werden. Der dritte und wichtige Grund ist, Somalia ist zwangsweise, ohne Wenn und Aber, unter ihrer Gewalt angebunden, aufgrund ihrer reichen Ressourcen, sowie Öl, Gas, Uran …

„The new empire is not just a physical entity. It is also a cherished object of analysis and adulation by a new army of self-designated 'strategic thinkers' working in modern pa monasteries called think tanks. It is the focus of interest groups both old and new – such as those concerned with the supply and price of oil and those who profit from constructing and maintaining garrison in unlikely places … In addition to its military and their families, the empire supports the military-industrial complex, university research and development centres, petroleum refiners and distributers, innumerable foreign officer officers corps whom it has trained, manufacturers of sport utility vehicles and small-arms ammunition, multinational corporations and the cheap labour they use to make their products, investment banks, hedge funds and speculators of all varieties, and advocates of 'globalization', meaning theorists who want to force all nations to open themselves up to American exploitation and American-style capitalism."[94].

---

94 Chalmers Johnson; The Sorrows of Empire (Militarism, Secrecy, And the end of the Republic), Vero Publication, 204, UK,: 6 Meard Street, London WIF OEG, s.26

3.4 China und Djibouti

Das Land Djibouti besitzt weder Natur-Ressourcen noch landwirtschaftliche Erzeugnisse, die weder ihre lokalen noch internationale Märkte befriedigen können. Aufgrund des klimatischen bedingten Environments, der sehr heiß und trocken ist, machte der landwirtschaftliche Ackerbau, welcher über 80 % der Landesfläche entweder Steinwüste oder salzhaltig ausmacht, unmöglich.

Falls eine Regierung mit Good-Governance gegeben hätte, dann mit dem ungeheuren Geld, das die Regierung von Djibouti bekommt an den verpachteten militärischen Stützpunkt, sowie die Free-Zone und die Internationale Häfen werdet Djibouti ein von dem entwickelten Land in Afrika.

Djibouti stützt ihre wirtschaftliche Entwicklung durch die Dienstleistung, die sie zu danken hat in ihrer geostrategischen günstigen Lage, insbesondere ihrem Tiefwasserhafen, sowie Djibouti/Dorale und die Free-Zone. Die Free-Zone ist dabei gedacht, als zollfrei in der interkommerziellen Zwecke unter ostafrikanischen Handel zu erleichtern und zu führen.

Abgesehen von der Militärbasis, die sich vielen Ländern in diesem kleinsten Staat aufstauten, bekommt Djibouti ihren Anteil an den vielen Entwicklungshilfen und Projekten, die IGAD, »Intergovernment Authority Development«, dessen Hauptsitz in der Republik Djibouti ist.

IGAD hat sich geeinigt auf acht ost-afrikanische Regierungen, darunter sind Djibouti, Äthiopien, Kenia, Somalia, Sudan, Uganda und Eritrea, die einmal ausgetreten ist, als Äthiopien Somalia überfallen hat, aber jetzt wieder ihre Mitgliedschaft erneut erwarb.

Hier ist ein Entwicklungshilfebeitrag, den die deutsche Regierung für das Migration-Fund-Projekt an das IGAD Exekutive Sekretariat in Ali Sabieh, Rep. Djibouti, am 8. 12. 2021 durchstarten, welche die Zeremonie des Projekts in Ali Sabieh stattfand, abgesehen von den Regierungsmitgliedern auch die deutsche Botschaft in Djibouti teilnahm.

In dem Bericht steht Folgendes: *„The Regional Migration Fund has begun putting in place a number of activities dubbed Rapid-Cycle Projects (RCPs) and Catalytic Infrastructure Projects (CIPs). They comprise ensuring access to information on rights and access to market-oriented vocational training, renovation and extension of the Lycée Technique in Ali Sabieh, and construction of markets in Ali Added and Ali Sabieh, a community development centre in Ali Addeh and an orientation centre in Djibouti Ville. The total funding allocated for these activities is €3.6 million (DJF 750 million"*)[95].

Das Parlament von Djibouti hat das jährliche Budget von 2020 eine Summe von 159, 099, 659, 301 DF, umgerechnet ca. 894, 934, 646. 68 US$ verbilligt. Die Verabschiedung des jährlichen Budgets ist symbolische Geste des Parlamentes, es gibt kein Haushaltsgesetz oder Budget-

---

95 IGAD (PEACE, PROSPERITY AND REGIONAL INTEGRATION: IGAD, Secretariat, Avenue George Clemenceau, P.O. Box 2653 Dibouti

recht sowie Haushaltsplanung, die die Einnahmen und Ausgaben der Regierung regulieren. Das Parlament besitzt keine Machtbefugnisse, im Grunde gibt es kein Wirtschafts- und Finanzgremium in dem Parlament. Ein Gremium oder parlamentarische Kommission, die mit dem Finanzminister des Staates zusammenarbeitet und kontrolliert, ist symbolisch. Das Parlament besitzt keine Befugnisse, die vorgelegten Summen über dessen Planungsbewegung zu kontrollieren. Liquide Reale-Geld-Interaktionen laufen über den Präsidenten und sein Finanzministerium.

Allein die Steuerannahmen aus dem Hafen und Teil der Steuer, die Finanzbehörden, aus den arbeitenden Menschen und Händlern, werden direkt in das Präsidentenhaus geliefert.

Alle internationalen Abkommen, wenn ums Geld geht, laufen nur über den Präsidenten und seine Familienmitglieder; weder wird es mit dem Parlament konsultiert, noch werden die zuständigen Ministerien die Befugnisse der mit Bestimmungsrechten, um der betreffenden Angelegenheit mitzureden.

Die Hilfsdonatoren, IWF und Welt-Bank, sowie der Fonds der Europäischen Union, haben der Regierung von Djibouti für verschiedene Projektentwicklung großzügig Hilfe-Packten zugesprochen. Unter den Hilfspaketen bestehen der Kampf gegen AIDS sowie Hilfsmaßnahmen gegen das COVID-19.

Wenn man die große Fläche und Bevölkerungszahl zwischen China und Djibouti verglichen wird, kann jeder Menschenverstand diesen nicht wahrhaben: Chinas Bevölkerungszahl beträgt über 1,263 Billionen, die in einer

Fläche von 9,597 Millionen Square KLM leben, während die Bevölkerung von Djibouti nicht mal 1 Million Menschen, die in einer Fläche von 23,180 Square KLM, die mal die Hälfte der Landfläche unbewohnt sind.

Das Land Djibouti, dessen geringer Bevölkerungszahl aufgrund ihrer strategischen Lage ungeheure von Einnahmen erwirtschaftete, ist trotzdem eines von ärmsten Ländern in Afrika. Faktisch ist den Machthabern zügelt das Land und Volk aufgrund ihrer massiven Korruption und Vetternwirtschaft in eine hoffnungslose Perspektive ein, anstatt eines Entwicklungsplans von vielfältigem Zweig von wirtschaftlicher Entwicklung fortzusetzen. Diese Chance hat die Regierung von Djibouti aus den Augen verloren, und es ist eine traurige und unerfreuliche Bilanz zu beobachten, wie der Staat Djibouti in dem Dilemma des Zusammenbruchs bevorsteht.

Die Regierung von Ismail Omar Guellen hatte geträumt, ein ähnelnden Staatsmodell wie Hongkong oder Singapur aufzurichten, was eigentlich mit ihrem Modus der Regierungsverwaltungsformen in Widerspruch steht: Hongkong, seit das von den Briten an China übergeben wurde, stehen die beiden Systeme, bzw. die Demokratie, von der England geerbte Ideologie, gegenüber zentralisiert Kommunismus. Aber in Singapur herrscht eine gut funktionierende Demokratie, die ist ein Vorbild der „Good Governance", im Vergleich mit durch und durch Korrupten und Habgierigen des allein herrschenden Systems von Djibouti: eine völlige Illusion.

Momentan besteht das Engagement der China-Politik in Djibouti auf verschiedenen Reichweiten Aufgaben; sowohl wirtschaftlich als auch militärisch sowie politisch.

Die wesentlichen Aufgaben erstrecken sich hauptsächlich von Infrastrukturinvestition auf eigene militärische Basis in Djibouti, wo China außerhalb ihres
Lands als imperialistische Macht in Konkurrenz mit den
US-Amerikanern und europäischen Imperien als Super-
macht demonstriert.

Emblematisch, über Chinas politische Vorhaben zu
verstehen, ist nichts anderes, als ihre isolierte Politik der
Nichtteilnahme zu brechen, welche an der Teilung der
Welt-Sphäre hauptsächlich die Ressourcen in Richtung
Afrika vorgenommen hat. Djibouti wurde der Stützpunkt-
passage über restliches Afrika eine Größenrolle gespielt.

Laut UNCTAD (UN-TRADE AND DEVELOPMENT) hat
China in Afrika ohne Südafrika von 2010 bis 2017, 44,9 %,
um gerechnet 887 Milliarden US-Dollar (US$), eine weit-
reichende Investition abgeschlossen. Es besteht aus Mix-
Projekten, die sich von Entwicklungszusammenarbeit,
Handel, Investition in private Sektoren, sowie Infrastruktur und Bildungseinrichtungen.

China investiert in Afrika viermal zu viel, wenn es
zusammengerechnet wird, verglichen mit dem, was alle
europäischen Länder inklusive Deutschland in Afrika
investieren. Chinas große Zügigkeit für Afrika hat eine
andere philosophische Dimension zu dem alten Denken
des Western-Imperials, der es mit Herabsetzung afrikani-
scher Gesellschaften anhaftete, die nur sie sich bestand/
besteht, eine reine Exploitation. Die westlichen Imperi-
en betrachten Afrika als ihre eigene „Milchkuh", die sie
sich mit „Heu-Futtern", und jede Beliebigkeit können sie
dann alle notwendigen Ressourcen herauspressen, um
ihre Wirtschaft zu gestalten und damit Konkurrenzfä-

higkeit zu machen. Ihre Vorteile sind, den afrikanischen Kontinent als solche unter ihre Abhängigkeit Satellit einzubinden, und jegliche wirtschaftliche Entwicklung, die sich unabhängig macht von dem Abendland Almosen, zu unterbinden. Während Chinas Motto lautet Folgendes: Gewinn für alle Beteiligten und zinslosen Kredit in Höhe von 15 Milliarden Dollar als Hilfe für den Kontinent Afrikas zugesprochen.

Für die regionale Friedensmission in Afrika hat XI-Jimping, der Sekretär General und Staats-Präsident von China, allein 2015, ca. 100 Millionen US$ ausgezahlt. Als Gastgeber hat China 2018 den Machthabern von Afrika-China-Forum, genannt China-Afrika-Kooperation (FOCAC), eingeladen.

China ließ sich verpflichten, dem Sicherheitsprogramm der „Recht und Ordnung" mit den Prämissen an der Bekämpfung gegen Piraten und Terrorismus in der Region zu engagieren. Im Grund besitzt Chinas einflussreiches Interesse in dem afrikanischen Kontinent ambitionierte Imperium-Macht; eine gefährliche, sublime Form von Ernährung. In der Zukunft für diejenigen afrikanischen Staaten, die eine bilaterale wirtschaftliche sowie militärische Beziehung abgeschlossen haben, kann es dann bedeuten, jemand, der mit dem Teufel einen Pakt geschlossen hat.

Für China und dessen politische Vorhaben ist der Staat Djibouti der Knotenpunkt, der die China drängelnder Stöße in Afrika ermöglicht.

China und die Regierung von Djibouti haben ein umfangreiches bilaterales Abkommen; die sich streckt, Reichweite von militärischer bis zu wirtschaftlicher Zusammenarbeit.

Nach IWF zufolge hat Djibouti allein im Jahr 2016 einen Schuldenberg von 50 % BIP (GDP) eingenommen, im Jahr 2018 hat es sich auf 104 % akkumuliert. Ein großer Teil der Schuldeneinnahme stammt allein aus China.

Der US-Kommandeur für Afrika (AFRICOM), General Thomas D. Waldhauser, hat eine besorgniserregende Äußerung über diesen Schuldenberg, die die Regierung von Djibouti eingenommen hat, gemacht. Dieser Schuldenbetrag, den China an die Regierung von Djibouti verliehen hat, ist eine Summe von 1,2 Billionen US-Dollar, die in der kommenden Generation unbezahlbar werden, und Djibouti, falls die Rechtsstaatlichkeit bestehen bliebe, in alle Ewigkeiten zu Last werden wird.

Diese Geldsumme, die sich zwischen China und Djibouti ausgehandelten, ist weder den parlamentarischen Abgeordneten noch der Bevölkerung von Djibouti unkenntlich. Die Machthaber von Djibouti haben das Abkommen geheim gehalten und nie offengelegt. Der Präsident von Djibouti, seine Frau und ihre engen Familienmitglieder haben mit der Regierung von China über die Geschäfte der Bilateralen ausgehandelt.

Folglich, auf der anderen Seite hat China offengelegt die Summe von ca. 1,5 Billionen US-Dollar, die es an die Regierung von Djibouti geliehen hat, welche an der wichtigen Infrastruktur Projektverwendungen sowie die Erweiterung und Aufbau der Dorale Hafen- und Eisenbaulinie zwischen Djibouti und Äthiopien.

Unter die Verwendungsprojekte gehören: 3,5 Billionen US-Dollar für den Aufbau der Frei-Handel-Zone

(FTZ), eine der größten Frei-Handel-Zonen in dem afrikanischen Kontinent.

Es wurde behauptet, ca. 200.000 Arbeitsplätze werden geschaffen durch das Programm, ironischerweise sind es nicht mal 100.000 Menschen, die in diesem Projekt-Programm beschäftigen. In allen höheren Positionen wurde mit den Familienmitgliedern des Präsidenten und seiner Frau aufgeräumt, sowohl an den Stellen der Frei-Handel-Zone, sowie in den Direktionen der beiden Häfen. Diejenigen, die Sagen haben, sind nicht die Direktion, nicht mal der zuständigen Ministerien, sondern der Präsident, seine Frau und deren Kinder.

Nach Berichterstattung des „Congressional Research Service (IN FOCUS) hat China mit Djibouti über 7 Billionen US-Dollar als Handelsabkommen abgeschlossen und eine schielende Zukunft zugesprochen, mit der Prämissen der Beschaffung neuer Arbeitsplätze … „Das ist einfach eine ironische Farce und pure Lüge der Volksverdummung". In Wirklichkeit sind in Djibouti über 80% der Jugendlichen, die sowohl Schulbildung als auch Hochschulbildungen erfolgreich abgeschlossen haben, arbeitslos und sitzen zu Hause ohne Perspektive: Die Majorität der Jugendlichen in Djibouti verweilen durch Frust, Kat, Alkohol und konsumieren harte Drogen.

Die Jugendlichen von Djibouti, wie viele Jugendliche auf dem Kontinent von Afrika, sind entweder auf den Straßen von großen Städten sowie Djibouti vagabundieren, oder sie setzen ihr Leben in die tödlichen Risiken der Odysseus-Reise. Ein Odysseus, wobei Tausende Menschen, Jung und Alt, ihre Leben verdammen bei Durchkreuzung der Wüste, oder riskieren sie in das Meer, der eigenen Begräbnisse ohne Zeremonie-Beerdigung, und ohne das „gelobten Utopia" erreicht zu haben, in den Abgrund verstümmelten. Traurigerweise sind Menschen in ihren geliebten Ländern zu Hölle von ihren Machthabern und den Imperien des Westens, die sich um mauernde umgewandelten.

An der Ironie der Geschichte besteht darin, die beabsichtige Blindheit oder die apathische Attitüde der internationalen Gemeinschaft über die afrikanische tyrannische Regierung. Despoten, die sich eigenen Bevölkerungen beklauen, die gleichwohl bevorzugen, ihre eigenen Bevölkerungen in den aussichtslosen Reichen der Armut und in den ewigen Almosenempfänger verweilen zu lassen.

Die Unterstützung der Projektinvestments von China gehören die Entwicklung und Realisierung der Infrastruktur und der Einrichtungen des Hafens von Djibouti in Dorale, sowie die Eisen-Linie von Djibouti/Dorale Hafen und Addis Abeba/Äthiopien. Das Projektprogramm, das ca. 420 Billionen US-Dollar kostete, gehört den neuen Einsatznutzungsprojekten von zwei Flughäfen, die nie zustande kamen bzw. die nie realisiert worden sind.

Dazu käme eine zwei Öl-, Gas- und saubere Trinkwasserpipeline, die der somalischen Region von Äthiopien nach Djibouti aufgebaut werden sollte, weil Djibouti an sauberem Wasser mangelt. Die zweite Pipeline verbindet sich die Öl-Raffinerie-Anlage, die sich in der nahe dem Djibouti/Dorale-Hafen errichtet ist, ohne Mitbeteiligungs- und Mitbestimmungsrecht der somalischen Regionale-Regierung unter die äthiopische Verwaltung.

Äthiopien, das über 100 Millionen Bevölkerung ausmacht, hat sie durch die kriegerischen Auseinandersetzungen mit Eritrea, und dabei brachen sie sich die diplomatischen Beziehungen. So wurde Äthiopien und dessen Binnenstaat über 80 % ihres Import-Export-Handels an die Häfen von Djibouti angewiesen.

Vor kurzem, 2018, als die TPF/EPRDF-Regierung umgestürzt ist und Abbiy Ahmed die Macht von Äthiopien übernahm, verbesserte sich die diplomatische Beziehung von Eritrea und Äthiopien, wobei Eritrea unterstützte Äthiopien im Krieg gegen Tigray.

Die Straßenverbindung zwischen Djibouti und Äthiopien war in einem miserablen Zustand. Von der französischen Kolonie aufgebaute Eisenbahn-Linie von Djibouti bis Addis Abeba, der dessen Aufbau im Ende des 19. Jahrhunderts zurückliegt, war nie modernisiert worden und blieb er den je altmodisch. Die neue Eisenbahn-Linie, die von China realisiert wurde, die sich von dem Hafen von Djibouti bis Addis Abeba streckt, ist moderner und schneller als die alte Bahn, welche die französische Kolonialmacht erbaut hat.

Abgesehen von den verschiedenen chinesischen Firmen in Djibouti, hat China eine eigene Exportimportbank eingerichtet in Djibouti. Was noch blüht, als vor rannen, ist der chinesische technologische Huawei-Firm. Huawei technologische Firma ist zuständig für die Errichtung eines unter Meeres Kabelwellen, der sich den asiatischen Kontinent mit dem Afrika sowie den europäischen Kontinenten verbinden sollte. Den Kabelwellen streckt sich ca. 7, 500 KLM und verbindet sich Djibouti mit Pakistan.

Wie es aus dem USA-Nachricht-Dienst zufolge behauptete, der Kabelwellen verbindet sich von Pakistan aus zu chinesischer Land-Stützt-Verbindung, die höchst als Spionage-Nachrichten Dienst dienen sollte.

3.5 Doraleh/Djibouti Hafen und die chinesische Militär-Präsenz in Djibouti

Die Regierung von Djibouti hat mit dem Dubai-Konzern DP-World einen 50-jährigen Vertrag über den Bau und die Verwaltung des Doraleh-Hafens abgeschlossen. DP-World, der den Doraleh Container Terminal (DCT) zu Ende konstruierte und gemäß dem internationalen Standard mit allzu gehörten Instrumentalen modernisierte, brach die Regierung von Djibouti nach zehn Jahren Verwaltens einseitig das Vertragsabkommen. DP-World hat das Recht, 50 Jahre lang den Hafen von Doraleh zu betreiben. Das Königreich von der Emirats Empor drohte der Regierung von Djibouti mit Vergeltung und dass es den Rechtsstaat von Djibouti völlig zerstören würde, falls Djibouti aufgrund ihrer Haltung die nicht rechtlich auf internationaler Ebene vereinbarten Vertragsabkommens rückgängig machen würde.

Die offiziellen Statements des Präsidentenbüros haben ihren einseitigen Vertragsbruch begründet, nachdem Dubai/DP-World die Regierung von Djibouti während des Vertragsverfahrens über den Tisch gezogen hat und dabei sich mit aller Geschichtlichkeit und Tricks für sich Vorteile geschaffen hat. Welche wirtschaftlichen Bewegungen, sowohl nach Binnen- als auch im Ausland, die

Hafen-Interaktivitäten für sich in Anspruch genommen und unter ihre Kontrolle gestellt haben. Das ausgehandelte Vertragsabkommen von 2006 zwischen DP-World und Djibouti sah aus, folgendermaßen: DP-World hat 33 % aus dem Gewinnertrag, während der 67 % übrig gebliebene Anteil an Djibouti zugesprochen wurde.

Im Jahr 2014 hat die Regierung von Djibouti schweren Verdacht gegen DP-World erhoben; und veröffentlichte per Präsidentielle Dekret ein Gesetz, das nie zuvor da war, den es sich den »2017-Gesetzt« nannten, um somit über den Anlass, warum die Regierung von Djibouti entschied dieses Vertragsbruchs zu begründen.

Gleichwohl hat die Regierung von Dubai/DP-World unverzüglich ihre rechtliche Anklage gegen Djibouti auf internationalen Schiedshof in London über rechtswidrige Verletzungsvorgänge und Vertragsbruchs von Djibouti vorgelegt.

Ihre Anklage zu Folge forderte die Regierung von Djibouti, müsste entweder unmittelbar eine Rückzahlung von 1 Billion-US-Dollar auszahlen, die seit 2018 einseitig in dem vereinbarten Vertragsabkommen von 2006 ausgeschieden hatte; oder die Rückgabe der Containerterminals und sollte das Geschäftsmanagement so vor ohne die Intervention der Regierung nach gemäß vereinbarten Vertragsabkommen ablaufen: „Business as usual". „*DPWorld said the tribunal ruled that Djibouti broke the law when it removed the company from management of the terminal and transferred the terminal's assets to a-state-run company. The Dubai-based company said Djibouti has ignored five previous rulings in its favour despite the fact that the contract is governed by English law"*[96].

Der Schiedsgerichtshof in London hat die Regierung von Djibouti gefordert, die Wiederherstellung der Rechte und des Leasingvertrags unter die 2006 vereinbarten Konzessionen.

Djibouti lehnte jede Forderung der DP-World und den Beschluss des Schiedsgerichtshofs ab und erklärte als einseitigen Beschluss, der den Schiedsgerichtshöfen zugunsten des DP-World einen Vorteil verschafft hat. Die Regierung von Djibouti hat eine „Vagabund-Diplomatie" zwischen China und Dubai gespielt. Den Grund des einseitigen Vertragsbruchs ist zu Folge, dass Djibouti spekuliert ein lukratives Geschäft mit China. Ein interessantes Geschäft, das für die Familien des Präsidenten viel einzuholen hat, ohne die Gefahren, die an sich eingebunden und sich verbirgt, was China vorhat, zu ahnen: Eine unvorhersehbare Gefahr, die Djibouti unbewusst einrannte, ohne ihren zukünftigen verhängnisvollen Untergang nach kalkulierte.

Der heutige Djibouti-Botschafter in China; Abdulahi Abdi, der alle Geschäftsformalitäten von dem Präsidenten und seiner Frau verwaltet und mitwirkt, war er selbst als Minister in vielen ministeriellen Ämtern tätig, bevor er als wichtige Botschaft in China akkreditiert wurde. Er ist der wichtige Akteur, der alle Geschäftsbindung zwi-

---

96 Arab News 45

schen Djibouti und China herstellt. China ist Djibouti als Schlüsselfigur auf dem internationalen Schiffsfahrtweg, eine der globalen Macht Maritim, dass der winzige Staat am Horn von Afrika in ihrer ambitionierten Militär- und Wirtschaftsmacht, um die globale Kontrolle über die USA, Russland und Westeuropa mitzuhalten, in dem gleichwohl Djibouti als Übergangsschlüssel für das restliche Afrika interessant geworden ist.

China hat in den Jahren 2014-2016 mit der Regierung von Djibouti eine Reihe von Projekten, die sie hin zur Reichweitsteigerung bis zur Bildung militärischer Unterstützungseinrichtungen vereinbarten.

Djibouti beherbergt 10.000 chinesische Soldaten neben den USA, Frankreich, Japan, Deutschland, Holland, Spanien und Saudi-Arabien. Die Regierung von Djibouti kassiert allein von chinesischen Stützpunkten mehr als 20 Millionen Dollar jährlich. Dennoch hat China mit Djibouti einen Pachtvertrag über 10 Jahre für das Stützpunktgelände abgeschlossen. Zusätzlich zu den Leasingverträgen, die China von DP-World/Dubai weggedrängt hat, gleichwohl der Aufbau der Eisenbahnlinien zwischen Djibouti und Addis Abeba (Äthiopien) finalisiert worden ist.

Dem Bericht des Pentagons zufolge baute China in ihrer Stützpunkt-Kaserne in Djibouti eine unterirdische Einrichtung sowie Asphalt, 8 Flugzeughallen für Helikopter, unbemanntes Fluggerät (UAV), Operation und Spionage-Komplex, abgesehen von der Marine.

Camp Lemonier ist der einzige US-Militärstützpunkt in Afrika und befindet sich nur wenige Kilometer von der chinesischen Militärbasis in Djibouti entfernt. In diesem winzigen Land am Horn von Afrika herrscht ein Kalter Krieg zwischen China und dem Westen unter der Führung von US-Amerikanern.

In den 80er-Jahren hat China einen großen Wandel unternommen, bzw. sie hat von ihrer Isolation der Nicht-Einmischungspolitik sowie ihrer protektonischen-kommunistischen Wirtschaftspolitik zu einer internationalen Wirtschaftsmacht gemacht und hat sich als eine von den drei Supermächten nach USA und Russland platziert.

Chinas Militäreinsatz im internationalen Kampf gegen den Terrorismus und Piraterie am Horn von Afrika hat sich den Weg für eine neue Dimension, um in anderen Territorien außerhalb China ihre Militär-Präsenz durch Stützpunkte zu demonstrieren. Durch ihre erfolgreiche ökonomische Entwicklung, die sich stets ihre Relevanz in weitreichen Handlungsmaßnahmen erhöht, ist sie ein wichtiger Akteur geworden. China gehört jetzt eine der wichtigen Mächte, die eine große Rolle in den Fragen des Klimawandels, Finanzkrisen sowie auf allen Ebenen der Konflikte mitmischen. Ohne Zusammenarbeit mit China werden alle internationalen Probleme undenkbar.

Die chinesische Regierung hat ihre Durchführungsmission mit der Absicht begründet, an der Internationalen Friedens- und Humanitär-Mission Hilfe leisten zu wollen.

China begründet ihre Absichtserklärung zu ihrer neuen imperialistischen Sphäre Eroberung folgendermaßen: „to ensure China's perfomance of mission, such as escorting, peace-

keeping and humanintarien aid in Africa and west Asia ...[97]".
In diesen engen Räumen, in denen alle Mächte ihr Militär mit dem modernsten Spionage- und Waffensystem aufgestaut haben, läuft der Kalten Krieg zwischen China und US-Amerikanern.

Die amerikanische Militärbehörde US-Department of Defense hat eine besorgniserregende Äußerung zu den chinesischen Spionageaktivitäten und Laser-Attacken an dem US-Militärstützpunkt in Djibouti dementiert.

Die Aussage der Waldmauser an den US-Kongress zur Rolle der chinesischen prospektiven Interessen in Afrika wurde folgendermaßen formuliert: „*we are not naive (About it) ...it just means we have to be cautious*"[102].

Seine Aussage lautet, dass es Opportunitäten gibt, hauptsächlich in Djibouti, wo wir mit den Chinesen bei der Nutzung des Containerhafens von Djibouti gemeinsam zu nutzen kommen könnten.

Gleichzeitig äußert sich die US-Regierung signifikante Folgen über die chinesische Kontrolle über den Hafen von Djibouti.

John Bolton, der ehemalige Außenminister der Vereinigten Staaten, beschuldigte China, durch gezielte Angriffe auf die USA Wettbewerbsvorteile in Afrika zu unterminieren.

---

97 Congressional Research Service (IN-FOCUS), September, 4, 2019

102 Ebd

212

Während die Westen ihre Doppelmoralpolitik gegenüber afrikanischen Diktatoren wegen Menschenrechtsverletzungen und ihres Totalitarismus-Systems kritisieren, hat China undurchsichtige Deal-Geschäfte mit den afrikanischen Machthabern durch lukrative Kreditvergabe ohne Zinsen ausgehandelt. Die Länder Afrikas werden nie und nimmer austilgen können und werden in alle Ewigkeiten unter die imperiale Macht Chinas als ihr Eigentumsobjekt einbüßen. Solange die Länder Afrikas keine Maßnahmen gegen Maßnahmen zum Faire-Handelsabkommen vereinbaren oder vereinbarten können, so müssen sie erkennen, dass ihre Freiheit auf dem Spiel steht. Und werden nie selbstständige, souveräne Staaten mit selbstbestimmter Politik und Wirtschaft sein, ohne von China kontrolliert zu werden und viele Projekte unter chinesischer Verwaltung stehen.

Es ist die erste Militärbasis der „Peoples Libration Army" in einer Außenstelle außer ihrem Territorium in dem witzigen Staat von Djibouti, der mit einer Geschwindigkeit Tempo in einer großen Fläche von Land und Meer in der Dorale/Djibouti aufgebaut hat.

Es gibt unvorhersehbare Gefahren, die in diesem winzigen Land von Afrika aufbrechen könnten. Es gibt schon einige bestehende Merkmale, die offensichtlich zu beobachten sind: Erstens; die Pädophilie des Kindesmissbrauchs bzw. Kinder-Prostitution in Djibouti steht in der täglichen Lebensnorm, und die Regierung ist nicht machtlos, aber im Gegenteil, sie ist apathisch und bevorzugt sie sich mehr ihr Interesse. Dennoch sind die vermissten Kinder in Djibouti enorm, und die Eltern sind dagegen machtlos, weil sie wissen, die Regierung ist ein Komplize in diesem Geschäft.

Die verschiedenen internationalen Militärkontingente, die täglich Übungen in den ländlichen Regionen und in den Übungen der Marinen im Meer verschmutzen, in dem kleinen Land mit nuklearen sowie bio-chemischen Giftmüll, die in den gesamten Regionen verseuchen. Die Ursachen dieser Krankheit sind schon durch ungewöhnliche Symptome und Missbildungen sichtbar geworden, die in der Region am Horn von Afrika vorher nicht da waren. Diese Symptome haben sowohl den Männern als auch den Frauen unfruchtbar gemacht und den Reproduktionsprozess, um Kinder zu erzeugen, gestört. In vielen Familien sind Kinder mit Behinderungen oder Behinderungen geboren worden. Krebs und undefinierte Krankheiten sowie Blindheit und Magenbeschwerden sind die häufigsten Symptome.

Obwohl der Kalte Krieg zwischen den USA und dem Osten zu Ende war, begann nun in dem kleinen Staat zwischen China und USA der Kalte Krieg, wobei sie einander beschuldigen, Spionage kontra Spionage anzustellen. In China wird ein dritter Weltkrieg zwischen China und den Vereinigten Staaten stattfinden. Mit höchster Wahrscheinlichkeit wird eine kriegerische Auseinandersetzung erst in Djibouti stattfinden.

4 Einleitung: Äthiopien ein erfundener Mythos?

Daraus haben sie sich entwickelt, die Ideologie des Äthiopianismus, die sie sich nicht Amharas bzw. Nicht-Abessinier Bevölkerungen mit Gewalt aufgezwungen haben, ohne dass sie sich bewusst sind, über ihr Herrschaftssystem. Um das System des Äthiopianismus erfolgreich zu führen, hat sie ihren Untertanen an der falschen Identität Assimilation mit Gewalt einverleiben lassen. Die äthiopischen Herrscher haben eine chauvinistische Strukturreform unternommen, die ihre Untertanen durch Einschüchterungspropaganda, die Zerstörung ihrer Sprachen, Kultur, Moraltradition, Sitten und trotz Äthiopiens Versuch, die Ideologie des Abendlandes zu kopieren, hat es versagt bzw. sich selbst zu Scheitern verurteilt. Die äthiopischen Herrscher lehnten es ab, ihre politischen Systeme der totalitären Herrschaftsstruktur zu verabschieden, um das demokratische System des Pluralismus zu reformieren. Der Hick-Hack führte zu Verwirrungen und gesellschaftlichem Antagonismus.

Der äthiopische Herrscher unter dem Militärdiktator des >>Dergs<< hat versucht, eine Kombination von Stalinismus-Ideologie mit der Äthiopianismus-Ideologie zu verschmelzen.

Dies führte zu einer reinen faschistischen Herrschaftsstruktur, die sich mit Chauvinismus und Segregationspolitik verfestigte. Unter diesem Herrschaftssystem leiden vor allem die somalischen Bevölkerungsgruppen in Äthiopien.

Dies System hat die Herrschaften von Äthiopien und ihre Kirche in orientierungslose Verwirrungen gebracht, weil die nicht Abessinien Bevölkerung, die von dieser Ideologie der Eine-Ethnien-Herrschaft von Abessinien losgelöst wollen, als Anti-Äthiopien verdammen und kollektiv bestraft.

Demzufolge der Herrschaft von Äthiopien entwickelten sich brutale Methoden des Geistes Kastrationsakt gegen die Nicht-Abessinische Gesellschaft, die sich in das Jenseits des Nirgendwo bzw. in »Transgender Wesens« der Nicht-Identischen Kultur hineinverwandeln.

Abessiniens hat sich selbst und ihre Untertanen durch ihre mythologische und falsche Geschichtsschreibung in nicht-ideologische Wesen Gesellschaften mit vielen widersprüchlichen Konflikten und sozialem Antagonismus ohne Versöhnung erschuf.

Erlöschung einer eigenen Identität und Entwicklung einer falschen Identität hat George H. Mead folgende Aussage zu dieser Idee dargestellt: *„Identität ist vom eigentlichen physiologischen Organismus verschieden. Identität entwickelt sich; sie ist bei der Geburt anfänglich nicht vorhanden, entsteht aber innerhalb des gesellschaftlichen Erfahrungs- und Tätigkeitsprozesses, das heißt im jeweiligen Individuum als Ergebnis seiner Beziehungen zu diesem Prozeß als Ganzem und zu anderen Individuen innerhalb dieses Prozesses".*[98] Mead, deutete weiterhin: *„Bei Identität kann es sich sowohl um ein Subjekt als auch um ein Objekt handeln. Dieses Objekt ist von anderen Objekten grundlegend verschieden. In der Vergangenheit wurde es dadurch unterschieden, daß man es als >>bewußt<< bezeichnete ein Begriff, der auf eine Erfahrung mit der eignen Persönlichkeit und eine Erfahrung dieser Persönlichkeit selbst hinweist. Man nahm an, dass Be-*

---

98 George H. Mead; Geist, Identität und Gesellschaft, der deutschen Übersetzung Suhrkamp Verlag Frankfurt am Mainz 1968, s. 177

wusstseins irgendwie die Fähigkeit einschließe, sich selbst Objekt zu sein. Wenn wir eine behavioristische Darstellung des Bewußtsein geben wollen, dann müssen wir nach bestimmten Erfahrungen suchen, in denen der physische Organismus sich selber zum Objekt werden kann".[99]

4.1   Das Ende der Äthiopischen Utopia

Die chauvinistische Illusionsideologie der Nachahmung ist eine exemplarische Form der Ideologie des Zionismus, die den Amharen eines Utopischen Großen Äthiopien träumt und die Ideologie des Äthiopienismus aufrechterhält. Diese hat sich zu einer Illusion-Utopie jenseits des eigenen Abgrunds umgeschlagen, nicht nur das, sondern auch durch diese Nachahmung eine entfremdete ideologische Rationalisierung, es hat eine neurotische Symptomatologie von ethnischer Störung hervorgebracht.

Durch den ideologischen Rationalisierungszwang wurde die imperative Pflicht, das Erlernen von Gehorchen und Unterwerfungsinstinkten, der Konformismus-Demut, auferlegt.

Der Krieg, den Abbiy, der Premierminister von Äthiopien, gegen TPLF und das Volk von Tigray deklariert hat, traf nicht nur die Ethnie der Tigray Bevölkerung, sondern auch den gesamten Vielvölkerstaat von Äthiopien.

---

99 Ebd. S. 178-9

Der Krieg, den die Regierung von Äthiopien gegen das Volk von Tigray führte, war eine taktische Ablenkung vom äthiopischen Prime Minister um Machterhalt und Errichtung eines totalitären Systems.

Abbiy, der Prime Minister von Äthiopien, befahl der regionalen Regierungen des sogenannten Föderalismus, ihre Milizen und die regionale Polizei zu mobilisieren und mit militärischer Gewalt die lokale Regierung von Tigray zu stützen.

Hannah Arendt hat folgendermaßen charakterisiert: *„Sie steht dem Phänomen der Stärke am nächsten, da den Gewaltmitteln, wie alle Werkzeuge, dazu dienen, menschliche bzw. die der organischen >>Werkzeuge<< zu vervielfachen, bis das Stadiums erreicht ist, wo das künstliche Werkzeug die natürlichen ganz und gar ersetzen"*[100].

Die Tigray Lokalregierung reagierte auf die Wahlen, die sie gemäß der äthiopischen Verfassung durchgeführt hatte, empört über die Entscheidung der Zentralregierung von Abbiy, der Wahlen in Tigray als »nichts« erklärte, und drohte der regionalen Tigray Regierung mit harten Konsequenzen. Als die regionale Regierung ihre Entscheidung der Alleingänge ablehnte, hat der Primer Minister von Äthiopien eine militärische Offensive gegen die Tigray fortgesetzt.

Abbiy führte einen selbstzerstörerischen Krieg gegen ein Volk, das sich für jedenfalls alle schlimmsten Ge-

---

100 Hannah Arendt, Macht und Gewalt, Piper Verlag, München,1970, s. 47

fahren vorbereitet hat, und das erwies sich für Abbiy als total fehlgeschlagen. Die zentrale Regierung von Äthiopien, die geschwächt ist und nicht in der Lage ist, das Empire zusammenzuhalten, brach überall im Land bewaffneten Kampf, sowohl gegen das Herrschaftssystem von Äthiopien als auch innerhalb der interethnischen Gruppierungen.

Die kriegerische Auseinandersetzung, die sich in Äthiopien zuträgt, und die Druckmittel, die die internationale Gemeinschaft vor allen den westlichen Mächten zu Besonnenheit und friedlichen Dialogen an die Konflikt-Parteien aufrufen, um die Waffen auszuruhen.

Die Frage stellt sich: Wird ein Staat, der künstlich mit Zwang zusammengeklebt ist, ohne den Willen und Wünschen von souveränen Völkern in dem äthiopischen Empire in die Zukunft ein Staat unter derselben Herrschaftspolitik und Ideologie des Ethiopianismus vorstellbar sein?

Um dem Leser ein Verständnis für die gesellschaftlichen Widersprüche von Äthiopien zu schaffen, werde ich versuchen, die Ursachen zu erklären, die zur kriegerischen Gewalt in Äthiopien führten. In diesen Diskursen werden Assimilationsideologien als einer der Grundpfeiler des ideologischen Äthiopianismus und dessen falsche Geschichteschreibung thematisiert.

Die gesamte Macht über das zentrale und lokale Regierungssystem, die Gesetzgebung und die Rechtsprechung sowie die Befehlsgewalt über das Militär wurden dem Kaiser übertragen. Die Verfassung war grundsätzlich und wesentlich ein Bestreben, eine legale Basis für das Ersetzen der traditio-

nellen Herrscher in der Provinz durch den Kaiser loyale Beauftragte zu beschaffen.[101]

Trotz der ratifizierten Verfassung von 1955 sind die Politik und die Religion getrennt, aber die Assimilationspolitik durch Christianisierung, unzivilisierte und Muslime wurde fortgesetzt. Dennoch ist die Politik des Totalitarismus und der Zentralisierung der Macht in Äthiopien ein wichtiger Bestandteil der politischen Agenda.

4.2 Die primäre, sekundäre und dritte Form der Assimilationspolitik von Abessinien

4.2.1 Tolerierbare Integration

Die Herabsetzung der zweiten Kategorie, die Amhara an die Tigray National Group zugemutet wurde, lehnte die Tigray Bevölkerung ab. Obwohl die Tigray-Bevölkerung zu den Rassen des Abessinischen Volks gehört, haben sie wie die Amharen die gleiche religiöse Richtung der koptischen Kirche. Aber hier spielt sich das nach dem Motto „wer besitzt die Macht" ab. Der inter-abessinische Konflikt geht zurück auf die mythologische Geschichte der äthiopischen koptischen Kirche: Wer ist das wahre Nachkommen von Salomon und Sheba? Die beiden abessinischen Völker standen durchgehend in ihrer Geschichte zu einer Disharmonie und widersprüchlichen Verhältnissen, welche die Amhara durch List und Betrug eroberten.

---

101 Aus dem Internet

Um die Legitimationsmacht des Königs von den Königen und der Eroberer, des Großen Äthiopien, haben die beiden Bevölkerungen einen langen Krieg geführt, der sich die äthiopische Geschichtsschreibung „Zemana-Masafent" nannte. Äthiopische Geschichtsschreibung hat diese Kriegskunst veredelt, die nichts anderes war als ein „Inter-War-Lords-Krieg".

Die Eroberungswelle der Nachbarländer bei Menelik II und Haile Selassie war nicht neutral, sondern Tigray hat sich an dem Kolonisierungsprozess beteiligt. Tigray protestierte und rebellierte stets gegen den allgemeinen Machtanspruch des Amharas, den sie unter ihr Monopol der gesamten Zentral-Imperialen-Regierung von eroberten Nationen und ihren Territorien stellten.

Die Macht-Usurpation der Amharen ist zentralisiert und protektionistisch, aber sie hat mit Großzügigkeit gewisse Räumlichkeiten von der Machtbeteiligung an den Tigray zu gesprochen; aber nicht mit gleichem wertigem Status, sondern als minderwertig. Die Kategorisierungspolitik der Amharen hat das Tigray Volk widersetzt und eine rebellische Position gegen das von den Amhara geführte System erklärt. Tigray unter der Führung der Tigray Liberation Front hat den bewaffneten Kampf als einzige Lösung angesehen, um die Emanzipation zu erlangen, um das Utilitarier System des einen Nation Diktatsystems zu stürzen; dies könnte die gleichen Rechte für die Amharen erzwingen.

Als die Tigray unter der Führung der TPLF das Militärregime von Mengistu Haile Mariam stürzte, setzte sie das System der ethnischen-kategorialen Unterteilung fort. Der einzige Unterschied zwischen den beiden Herrschaften besteht darin, dass Tigray einige strukturelle Reformen durchgeführt hat. Die Regierung von Tigray hat die Existenz der ethnischen Diversitäten anerkannt, während die Amhara die Diversität und die Existenz der Nationen unter ihrer Herrschaft leugneten und sie als integralen Bestandteil der Amhara Nationale-Entität manipulierten und einverleibten. Der Erlass der TPLF/EPRDF-Regierung, die die Amhara Sprache als Staat bzw. nationale Sprache für das gesamte Äthiopien deklariert hat, ist entweder auf Furcht von den Amharen oder auf Respekt zurückzuführen. Oder es ist möglich, dass die Tigray-Bevölkerung das Herrschaftssystem des Amharas Psyche über die Erlebnisse; den gehorsamen Akt und die Demut der Unterwerfung, nicht überarbeitet. Allerdings hat der Tigray das kategoriale System in einer aggressiven Form praktisch umgesetzt, insbesondere das System der Entfremdung und Segregation. Die TPLF/EPRDF-Regierung entwickelte als Spezialfall eine Methode des Assimilationsverfahrens, die nicht nur die Implikation der Assimilationspolitik verstärkt, sondern auch implizit eine Maschinerie der Zerstörung der sozio-kulturellen und moralischen Traditionen der gesellschaftlichen Lebensnorm darstellt.

4.2.2 Völlig assimiliert, aber zerfallen

Die sekundäre kategoriale Gruppe der Liste der Identität Zerstörung, welche Haile Selassie einige Gesellschaften ihre Identität, das „Ich-als Subjekte" ohne „Mich als Objekt Wesens" erschuf. Die Gesellschaften, die sich der operativen Geist-Chirurgischen-Kastration unterzogen haben, sind meist die südlichen Ethnien; sie sind: die Agao, Guragay Welayta, Gamo, Weyeto, Chebo, Qimat ..., die völlig assimiliert sind und zu den national-amharisierten Entitäten gezwungen wurden. Sie sind die Prototypen der „Kultur-Transvestiten" des Nichts-Identischen Wesens. Diese Gruppe gilt als die beste Form der »Integrativen Gruppe«, da sie sich der Loyalität gegenüber den Affären-Machtmonopolen, den Amharen für sich in Anspruch nahmen und ihren Herrschaftssystemen nicht widersetzten. Daher wurden sie als Teilhaber an bestimmten Machtsektoren, solange sie nur unter ihrem Dienst dienen müssen, zugesprochen.

George H. Mead hat sich folgendermaßen zu „Ich-Identität" geäußert: *„Aufgrund der Erkenntnis, daß die Identität im Bewusstsein nicht als ein >>Ich<< auftreten kann, sondern stets ein Objekt ist, d. h. ein >>Mich<<, möchte ich eine Antwort auf die Frage vorschlagen, was heißt die Identität ein Objekt ist. Die erste Antwort könnte sein, daß ein Objekt stets ein Subjekt voraussetzt, mit anderen Worten, daß ein >>Mich<< ohne ein >>Ich<< undenkbar ist.*

Dem muss entgegnet werden, daß solche ein >>Ich<< eine Voraussetzung, niemals aber eine Vorstellung bewusstere Erfahrung ist"[102].

---

102 George H. Mead, Gesammelte Aufsätze, Band I, Herausgegeben von Hans Joas, Suhrkamp Taschenbuch Wissenschaft, Frankfurt am Mainz, Erste Auflage, 1987, s. 241

Diese Menschen, die sich psychischer Kastration unterzogen und ihre Ich-Identität entäußert haben, sind dennoch programmiert, als die Befürworter und Verteidiger der Ideologie des Ethiopianismus. Sie haben sich nicht nur durch ihre Entsagung, dass ich als autonomes Wesen verdammten, sondern sie sind mit ihrem Tun der Handlungsweise in eine Krankheitsform der Selbst-Entfremdung und einer Beziehung mit Menschen und der Natur eingetreten.

In dem Kontext der Assimilation-Verfahren, welche die Amharen andere Gesellschaften in ihrer >>Ich-Identität<< zu leugnen und zu verabschieden zwangen, ließen sie sich als verfechtbar in der äthiopischen Verfassung verankern. Durch die Verheißung der Machthaber trat in den anderen Subjekten eine psychosomatische Neurose auf, die sich selbst entfremdete.

Karl Marx hat folglich in der Deutschen Ideologie (MEGA I,5, S. 22=MEW 3, S. 33) geschrieben: „„ ...*solang also die Spaltung zwischen dem Besondern und gemeinsamen Interesse existiert, so-lang die Tätigkeit also nicht freiwillig, sondern naturwüchsig geteilt ist, die eigne Tat des Menschen ihm zu einer fremden, gegenüberstehenden Macht wird, die unterjochte, statt daß er sie beherrscht"' ... „Dieses Sich Festsetzen der sozialen Tätigkeit, diese Konsolidation unsren eigenen Produkts zu einer sachlichen Gewalt über uns, die unsrer Kontrolle entwächst, unsre Erwartungen durchkreuzt, unsre Berechnungen zu Nichte macht, ist eines der Hauptmomente in der bisherigen geschichtlichen Entwicklung"'* [103].

---

103 Karl Marx, MEGA I, 5, S. 22f. = MEW 3, S. 33

Diese ethnische Gruppe, die sich sowohl von den semitischen als auch von den kuschitischen Rassen ausmachen, kämpft nicht, ihre beraubten Identitäten wiederzuerlangen.

Diese Nationen, die die vollkommene Anerkennung der Amhara-Kultur und -traditionen als ihre Lebensnormen einzuverleiben gezwungen sind, wollen ihre kulturellen Identitäten von Grund auf neue zu gestalten und nicht an die »Peripherien der Amharasation« herangedrängt zu werden.

Diese Menschen, die ihre Identität und Sprache zerstört haben, projizieren aggressiv und kämpferisch mehr als den Herrn (der Amhara), um die Ideologie des Äthiopianismus wiederherzustellen. Unter diesen Menschen gehören Haile Mariam Desallaign und Dr. Abiy Ahmed.

4.2.3 Assimiliert, aber segregiert

Nach den von Abessinien kolonialisierten Oromo-Gebieten zwang Menelik die von den ideologischen religiösen Schriften des „Fatha-Negast„ und der von der koptischen äthiopischen Kirche angeordneten Verheißung der Christionisierungspflicht des Königs von Königen des Abessiniens zu erfüllen. Einer unter vielen Königen, der diese Zwangschristianisierung durchzog, war der König von Wollo Mohammed Ali, der Vater von Empörer Lij Iyasu (welchem, von Ras Tafari >>Haile Selassie<< putschte und die beiden, der Vater; der König von Wollo, tötete).

Menelik hat dem König von Wollo ein Ultimatum gestellt: Entweder er konvertiert zum Christentum oder er trägt den Tod. Der König von Wollo entschied sich, zu leben, und akzeptierte die kirchlichen Taufen, in denen der Name „Wolde-Mikahil" verliehen wurde. Um den Tod zu entrinnen, hat der König von Wollo die Drohung von Menelik II verbeugt, in dem er der islamische Glaube und seinem islamischen Namen; Mohammed Ali abgewendete. Dennoch muss er seine islamische Frau scheiden lassen und die Tochter von Menelik Shoaragad zwangsweise als seine rechtmäßige Frau annehmen. Durch diese Zwangsvermählung haben beide gemeinsam einen Sohn namens Lij Iyasu erzeugt, der nach dem Tod von Menelik II der rechtmäßige Thronerbe von Abessinien wurde.

Einige Oromo-Stämme, die in den Provinzen von Showa und Wollo sowie in anderen Provinzen in Oromia leben, haben die Amharen, um die Oromo-Bevölkerung als Mensch zu erniedrigen und zu entwerten, benannt sie „Galla". Daher ist der Begriff „Galla" nichts anderes als Amharische Terminologie der Diskreditierung und Diskriminierung des Oromo Volkes. Das Oromo, das in diesen Regionen lebte, wurde von Menelik II gnadenlos und mit Gewalt christianisiert. Ihre Umbenennung wurde in „Wolde-": „Geburt-" umbenannt. Nach „Wolde" wird ein christlicher Name dahinter gehängt: Wolde Mariam, Wolde Johannes ...

Haile Selassie erkannte, dass eine Assimilationspolitik nur erfolgreich sein würde, wenn der Christionisierungsprozess als operative Methode eingesetzt, um die nicht christlichen Bevölkerungsgruppen in Äthiopien durch Gewalt zu lotsen. Die Modernisierungspolitik von Haile Selassie war grundsätzlich für die Missionierung der nicht-christlichen Bevölkerung in Äthiopien. In den Missionaren des Okzidents ermöglichte es, in den von Muslimen bewohnten Regionen: Oromia, in der somalischen Region, in den Provinzen von der Afar, Sidamo ... ihre christliche Missionierung fortzusetzen. Den Missionaren aus Europa und Amerika gelang es, einigen Menschen in diesen Regionen den christlichen Glauben zu vermitteln. Die meisten von ihnen sind entweder katholische oder protestantische Christen eingetreten. Nur die Menschen in diesen Regionen, die sie sich durch Zwangsgewalt zum Christentum gezwungen wurden, blieben der äthiopischen Orthodoxen Kirche treu.

Das Oromo, die in der äthiopischen koptischen Kirche assimiliert sind und automatisch amharisiert worden waren, stiegen ihre sozialen Status in dem amharischen Herrschaftssystem an und wurden teilweise mit untergeordneter Form an das Machtzentrum des Abessiniens weitergeleitet – aber in eine untergeordnete Form.

Der Akt der Selbstvergewaltigung und die Verkörperung der einverleibten falschen Identität führten (Identität-Diffusion) zu einer Metapher-Identität, die eine schizophrene Gesellschaft implizierte. Das Endergebnis dieses Identitätslose-Verfahrens des „Pseudo-Äthiopiern Seins" führte zu Selbstzerstörungen, die sich aus der verdrängten Wahrheit des „Ichs" als „falsche Identität" heraus resultieren.

Mead hat folgendermaßen den Konflikt zwischen dem gesellschaftlichen Charakter der Identität Verlust und der Verkörperung einer neuen Identität geäußert: *Als eine bloße Organisation von Gewohnheiten ist die Identität sich ihrer selbst nicht bewußt. Auf diese Identität nehmen wir Be-*

zug, wenn wir von einem Charakter sprechen. Sobald jedoch ein wesentliches Problem auftritt, ergibt sich eine Desintegration dieser Organisation, und es treten unterschiedliche Tendenzen im Reflexiven Denken als verschiedene Stimmen auf, die miteinander einen Konflikt austragen. Die alte Identität hat sich in gewissem Sinn desintegriert, und aus dem moralischen Prozeß entsteht eine neue Identität ... Er sagte weiter: „Wenn wir wie ich vom wesentlich sozialen Charakter ethischer Zwecke ausgehen, sehen wir in der moralischen Reflexion einen Konflikt, in dem bestimmte Werte in der alten Identität oder deren vorherrschenden Teilen ihren Fürsprecher finden während anderer Werte, die anderen Bestrebungen und Antrieben entsprechend, dem entgegenstehen und für ihre Sache andere Fürsprecher finden. Überließen wir das Gebiet den Werten, die durch die alte Identität repräsentiert sind, so wäre dies genau das, was wir als Selbstsucht bezeichnen".[104]

4.2.4 Die vier und fünf Kategorien sind entweder völlig assimiliert, oder sie sind erloschen oder die wenigen, die noch übrig geblieben sind, sind als folkloristische Show für Touristen zugestellt

Die dritte Gruppe: Durch die Kolonialisierung von Menelik II, der er durch Christionisierungszwangsverfahren

---

104 George H. Mead, Gesammelte Aufsätze, Band I, Herausgegeben von Hans Joas, Suhrkamp Taschenbuch Wissenschaft, Frankfurt am Mainz, 1980, s. 247-248

als Waffe der Assimilation benutze, gehören die Oromo Bevölkerung in Shawa, Wollo und anderen Oromo-Provinzen in das äthiopische Empire.

1. Die Rassen, die sich als Nilo-Sahrian: Murs, Nyangatom, Shabo, Shanqella, Shita, Surma, Tirma ... bekannt sind, wurden entweder total von den Amharen einverleibt und nicht mehr sind, was sie früher waren, oder wurden von den Amharen erlöscht.

2. Und die Rassen, die als omotische Rassen bekannt sind, die in den Gebieten des Omo-Sees und seiner Umgebung leben: Arbore, Banna, Chara, Shinasha, Welyata, ..., sind entweder ausgerottet, oder die noch existierenden Volksgruppen sind als folkloristische Show für die ausländischen Touristen reserviert.

Die Amhara behauptet, dass sie 27,1 Millionen Menschen aus der gesamten äthiopischen Bevölkerung ausmachen und in einer Fläche von 154.709 km2 leben. Dies ist eine selbst inszenierte Lüge und die Amhara hat geografische Landflächen mit illegalen Methoden in Anspruch genommen.

Es ist typisch für die Amharen, dass sie ihre verfälschten und historischen Erfindungen zu den Völkern in Äthiopien als gemeinsame und kollektive politische Geschichte erzwingen. Es ist öffentlich, dass die Amhara ihre expansionistischen und chauvinistischen Triebe rechtfertigen, wie sie sich die historischen Erfindungen-Mythologien von Äthiopien zu eigenen Mythen machten.

Was hier in Bezug auf die politischen Ereignisse in Äthiopien spielt, ist ein psychologischer Faktor. Die Amhara-Nation, die Äthiopien seit Jahrhunderten mit Gewalt, Lüge und Propaganda beherrscht, die Macht, die sie sich manipulierten und zentralisierten, bauten sie dennoch einen nur für sich ausgeschnittenen Rahmen auf.

Sie hat die Monotonie-Klänge der »Äthiopianität« monetisiert und dabei ihre hegemoniale Plutokratie des Herrschaftssystems erzwungen, die die unterschiedlichen Bevölkerungsgruppen in Äthiopien mit Demut zu verbeugen müssen; welche sie von ihren Untertanen stets den "Amen-Wort" zu erwarten.

Die Amhara hat willkürliche Gewalt gegen kleine Völker ausgeübt, die sie ihrer »Selbst-Seins« beraubten und andere bevormundeten, oder machte einfach alle Minderheiten zu eignen.

Sie zerstörte die kulturelle Identität und ihre ethischen Werte sowie ihr Selbstbewusstsein und machte sie zu vaterlosen Nationen ohne Geschichte, bzw. Völkern ohne jegliche Selbstidentifikation.

Die Angst von Amhara gegenüber der Mehrheit der Bevölkerungen, wie das Oromo, und somalischen Bevölkerungen, die sich als Gegengewicht in Betracht zogen und die sich wohl auch schwerlich zu assimilieren, vor allem die somalische Volksgruppe, ist daher der ständige Versuch, komplett zu vernichten. Aber der Plan der kollektiven Vernichtung vor allem der Somali erwies sich noch schwierig, aber die Regierung von Äthiopien unternimmt einzelne Terror-Aktionen des Schreckens in der Somali-Region.

Daher entwickelte sich die Regierung von Äthiopien zwei strategische Vorgänge mit psychologischer Methode:

- Zementierung sowie dauerhafte und offene Gräueltaten.

- Diskriminierung, Herabsetzung, Entwertung der Moraltradition, sowie die kulturelle Identität und Vorantreiben der Superiorität und Inferiorität Ideologie, die auch kontinuierlich den Akt der Gewalt begleitet, um damit das Verhältnis der Unterwürfigkeit zu erzwingen.

4.2.5 Eine entfremdete und kolonisierte Nation

Die äthiopische Autorität unterscheidet ihre Segregationspolitik in zwei kategoriale Ebenen: die Unterdrückten und die Kolonisierten.

Die unterdrückten Nationen, die nicht zur somalischen Bevölkerungsgruppe gehören, sind in der Regel an der Beteiligung an bestimmtem, aber begrenzten Grad des Zugangs zum Machtzentrum erlaubt. Einige Institutionen, die sie sich erlaubten, sind die Verteidigung, die Polizei und Sicherheitskräfte sowie in der Pädagogie das Büro der Fachkräfte. Sie sind unter die Bevormundung der Amharen als zweite oder dritte Klasse im Rang der Entscheidungsprozesse gestellt.

Sie sind durch Propaganda dazu gebracht worden, dass sie Äthiopien seien, und müssen die Macht, das Land, die Religion und die Fahne gegen den Feind verteidigen.

Die meisten ethnischen Gruppen sind für den Kriegsfall sowie Unterdrückungsverfahren gegen ihre eigenen Bevölkerungen, als Militär, Polizei und Sicherheit, rekurriert. Sie sind zudem ausgebildet, wie sie sich des Unterdrückungsmechanismus, der Einschüchterung und der Welle der Ausrottung gegen diejenigen, die dem Machtzentrum-Ungehorsam sind, widersetzen. Die psychologische Gehirnwäsche, die sie in der Militärakademie und in allen Sicherheitsdiensten lernen müssen, ist die Vermahlung der somalischen Völker als der erste Feind des Äthiopischen Staates.

5   Die widersprüchlichen Kontroversen und Konflikte zwischen dem somalischen Volk und Äthiopien

Äthiopien, das nach den Fatha-Negast-Schriften die Verheißung der Großen Äthiopien errichten versuchte, und nach vielen diplomatischen Marathons der restlichen somalischen Regionen unter die europäischen Kolonien; England, Frankreich und Italien anzueignen, ist gescheitert. Das britische Somaliland sowie das italienische Somaliland und die nachfolgende Vereinigung der beiden Staaten im Juli 1960 waren emporgestiegen und Äthiopien konnte nicht verstehen, wie ihre westlichen Regierungen abstürzten bzw. sie fallen ließen.

Die britischen und französischen Regierungen haben Äthiopien zuvor begünstigt, indem sie die somalischen Territorien Ogadenia, Reserve Area und Haud, ohne Einwilligung und Selbstbestimmungsrecht des somalischen Volkes, zwischen 1945 und 1957 an Äthiopien angegliedert haben. Trotz des somalischen Protests.

Äthiopien drohte, die neue Republik von Somalia mit Gewalt zu annektieren, falls sie nicht freiwillig in Äthiopien angliederte.

Es hat ihren bedrohlichen Krieg gegen Somalia wahr gemacht und 1964 versuchte Äthiopien, Somalia zu erobern, aber die Mission, Somalia zu erobern, wurde zu einem totalen Fehlschlag, den Äthiopien hinnehmen müsste.

Seit dem Ausbruch des Krieges und davor hat Äthiopien seinen Unterdrückungsmechanismus gegen die somalische Bevölkerung durch Einschüchterung, Verstümmlung und ein breites Spektrum an Genozid in der somalischen Region angewendet.

Es gibt ein nicht veröffentlichtes Gesetz, das nur unter den äthiopischen Machthabern und deren elitärer Klasse ausgetauscht wird. Die Methoden, mit denen die somalische Bevölkerung zwangsweise aus ihren Territorien vertrieben werden kann, sind vielfältig und können sowohl politisch als auch ökonomisch eingesetzt werden, um die somalische Bevölkerung in jeder wirtschaftlichen Bewegung zu unterbinden.

Politisch: eine Teilnahme an allen politischen Institutionen in dem Territorium von Äthiopien zu verbieten.

Militär: Das Militär und die nationale Sicherheit: Außer Spionage-Diensten, um die eigene Bevölkerung auszuspionieren, die einzigen Stellenangebote für die Somalis, die zugeschrieben ist.

Kultur: die Moraltradition und die kulturelle Identität des somalischen Volkes völlig zu zerstören ist eines von den politischen Credos, in der Tagesordnung der Äthiopischen Regierungen vorgeschrieben ist.

Detonation: Um die Somalis zu einer völligen Erniedrigung und Demut zu zwingen, hat das äthiopische Regime spezielle Konzentrationslager sowie „Jail-Ogaden" errichtet.

Somalier sind entfremdete Wesen in Äthiopien und ohne Rechte im politischen Prozess, keiner Regierungsinstitution in Äthiopien wird Somali in irgendeinem Amt tolerieren. Wenn überhaupt es ist lediglich kosmetisch und besitzt keine Befugnisse.

Das somalische Volk in Äthiopien wird auf etwa 10 Millionen Menschen mit einer Fläche von etwa 327.068 km2 geschätzt. Die somalische Region gehört zu den größten Regionen Äthiopiens. Die somalische Bevölkerung in Äthiopien ist die zweitgrößte Bevölkerungszahl in Äthiopien, obwohl die Amhara die zweitgrößte Bevölkerung in Äthiopien in Anspruch nimmt, zusammengerechnet mit den Völkern, die sie völlig assimilierten und als eigene anerkannten.

Die somalische Region ist wirtschaftlich das reichste und Einwanderungsgebiet, wo überall in der äthiopischen Region die Chancen für eine Arbeit ohne Hindernisse bestehen, abgesehen von Addis Abeba. Im Gegensatz dazu ist das somalische Volk in Äthiopien segregiert und darf weder in seiner Heimat noch im restlichen Land eine Arbeit in allen Wirtschaftszweigen ausüben. Die Geografie der somalischen Region ist der wichtigste Lebensstrom der äthiopischen Wirtschaftspolitik und wirtschaftlichen Entwicklung. Ohne die somalische Region und deren reiche Ressourcen wie Öl und Gas sowie ihre Geopolitik wäre Äthiopien in einer verfahrenen Lage. Dies würde zu einer düsteren Situation verweilen.

In der somalischen Region ist es nicht erlaubt, ihre eignen parlamentarischen Vertreter sowohl auf regionalen als auch auf föderalen Ebenen zu wählen. Die zentrale Regierung von Äthiopien selektiert und auserwählt diejenigen Personen, die ihre Erniedrigungsideologie ohnehin in Demut verbeugen. Er wurde lediglich mit dem Titel des Präsidenten ausgezeichnet, aber er ist ein Agent, der das System überwacht, und dass er Testament vorgeschrieben, die Somalier in den Verfall der verfälschten Ideologie zu orientieren, nicht mehr und nicht weniger. Diese von der äthiopischen Regierung ausselektierten Menschen repräsentieren nicht die Interessen des eigenen Volkes, aber sie sind geschult als Agenten, die irrationale Ideologe und das politische Prinzip der äthiopischen Regierung zu schützen. Die Individuen, die unter solchen Funktionen tätig sind, leiden unter einer dramatischen Psychose, die durch Unwissenheit an politischen Erfahrungen gekennzeichnet ist.

Theodor W. Adorno hat diese Art von Unwissenheit und Konfusion folgendermaßen dargestellt:

„All diese – vor dem Hintergrund von Unwissenheit und Konfusion – erzeugt Unsicherheit und Furcht des Ich, die sich nur zu gut mit Kindheitsängsten verbinden"[105]. Weiter sagte Adorno:

---

105 Theodor W. Adorno; Studien zum autoritären Charakter, Suhrkamp Taschenbuch Wissenschaft Verlag Frankfurt am Mainz 1995, s. 188

Das Individuum tendiert dazu, zwei Tricks anzuwenden, die
einander widersprechen: ‚Stereotypie' und ‚Personalisierung',
also Wiederholung infantiler Muster[106].

5.1 Die psychologischen Barrieren, die Äthiopien in den Abgrund führen, sind enorm

Die psychologischen Barrieren, welche die Einheit Äthiopiens verhindern, sind nicht nur die Frage des Föderalismus oder der Art und Weise, wie Dr. Abbys seine politische Verwaltung ausgerichtet ist. Sie sind auch nicht die Rückkehr des Zentralismus unter dem Herrschaftssystem einer ethnischen Gruppe, sondern die Widersprüche der unterdrückten nationalen Gruppen. Was Äthiopien in den Abgrund führen wird, ist die psychologische Zerrissenheit und das Leiden der äthiopischen Nationalitäten, die sich seit Beginn der Eroberungszeit bis heute im Albtraum des Wahnsinns befinden. Dieser Albtraum hat sich tief in dem Unterbewusstsein der Nationen angestaut, die sich zum Selbsthass bzw. „der Selbstentfremdung der eigenen Verfälschung Wahn" erleidet. Dies hat auch zu dem tiefen Hass gegenüber den Machthabern geführt, der zur grausamen Massenvernichtungswelle in Äthiopien führte. Die Unbewusstheit der Unterdrücker, die sich über die Übel, die er angerichtet hat, und die Leiden an den Menschen, die er angefügt hat, erwies

---

106 Ebd

sich als eine apathische Gefühllosigkeit der Selbstgefälligkeit über die grausamen Taten.

„Die Zivilisation und ihr Gehorsam fordernden Normen
sind entscheidende Faktoren bei der Entstehung von Selbst-
haß. Dieser ist die Ursache für Unbehagen und Unglück. Wenn
der Wahrheit ausgewichen wird zum Nutzen von Ideologien,
durch die sich die Kultur der Macht um Leben erhält, wird
menschliches Unglück ständiges Merkmal unseres Lebens sein,
gleichgültig, welche wirtschaftliche oder politische Richtung
eine Gesellschaft hat"[107].

Die sozio-politischen und historischen Entwicklungen
in Äthiopien haben sich eine neue und wahre Wende
angenommen. Den Traum, eine Nation, eine Sprache,
eine Kultur, eine Religion, eine Fahne, ein Territorium
zu haben, hat sich selbst entblößt. Die Ethnien in Äthiopien haben sich dem ideologischen System widersetzt
und machten die Einheit von Homogenität als ahisto-
risch. Die abessinische Geschichte der selbst Fabrikation ist einfach die Geschichte der Introversion des barbarischen Opfers. Die Akteure, die durch Lüge, List und
Gewalt den ideologischen Mythos der Äthiopianität aufopferten, sind selbst verwirrt, da obendrein das neue Bewusstsein, das in den breiten Gesellschaften das Empire
angetreten ist, versucht die äthiopische Regierung mit
allen Mitteln zu bekämpfen.

---

107 George H. Mead, Gesammelte Aufsätze, Band I, Herausgegeben von Hans Joas, Suhrkamp Taschenbuch Wissenschaft, Frankfurt am Mainz, 1980, s. 247-248

Die politische Entwicklung Äthiopiens beruht von Anfang an auf Bestialität, Cast-System der Leibeigenschaft. Unabhängig davon, wer an der Macht in Äthiopien aufsteigt, haben sie die Aufgabe, alle grundlegenden menschlichen Werte zu erlöschen. Dies umfasst sowohl das moralische Bewusstsein als auch die politische Selbstbehauptung, die psychologische Einheit und die Solidarität der Menschen unter ihrer Herrschaft negierte *„Güte und Wohltun werden zu Sünde, Herrschaft und Unterdrückung zur Tugend"*[108]. Es gibt nichts, was nachhaltigen Frieden und gemeinsames Interesse in Äthiopien fördern würde.

Trotz Gewalt und Einschüchterungen von außen sowie inneren Kräften wird Äthiopien niemals in freiwilligen Verhältnissen leben können. Es wird niemals eine echte Bereitschaft zur Vereinigung dieser vielen Völkerstaaten geben, die sich als eigene Nationalstaaten betrachten und die sie damit identifizieren können. Exklusiv, immer so wie es gewohnt und besteht, ist die Gewalt, um eine artifizielle Einigung zu zwingen.

Die Regime von Äthiopien ist durch ihre irrationale Ideologie angehaftet und pflegt die Unterbindung und Verweigerung demokratischer Rechte für die souveränen Menschen.

Durch ihre Selbstherrlichkeit und Gefühllosigkeit sucht die äthiopischen Machthaber nach Unterwerfung

---

108 Theodor W. Adorno; Studien zum autoritären Charakter, Suhrkamp Taschenbuch Wissenschaft Verlag Frankfurt am Mainz 1995, s.111

und verweigert die Anerkennung der Nicht-Abessinischen Völker in Äthiopien als souveräne Menschen mit Gleichberechtigungsrechten. Angesichts dessen suchte Äthiopien anstelle aufgeklärter intellektueller Werte und der Vernunft Lösungen, schließlich die Unterjochung durch Gewalt als Mittel zum Zweck, um sein ausgemaltes Staatsbild zu zwingen. Egal, wer in Äthiopien die Macht durch Gewalt usurpiert, die westlichen Mächte tolerieren, ob es die Amharen, die Tigray oder deren Adjutanten sind, die die Politik des Landes durch Inhumanität und Korruption verwalten.

Nationen, deren kulturelle Identitäten und moralisches Bewusstsein von den abessinischen plutokratischen Machthabern absichtlich zerstört werden und gezwungen sind, sich mit der „Autorität des Unterdrückers" zu identifizieren, beginnen mit der Orientierung in der „Identitätsbildung" und dem Wiederaufbau oder der Entwicklung eines neuen Resozialisierungsprozesses. Es bedeutet eine Illusion von Denk-Idee durch die Zeitmaschine zurückzudrehen, um die zerstörte Kultur-Renaissance wiederherzustellen. Dies kann als schizophrener, charakteristischer Ansatz betrachtet werden. Diese charakteristische Lockung erzeugte ein Umfeld der Impotenz und Wut unter vielen ethnischen Gruppen in Äthiopien.

    „Die verhasste übermächtige Lockerung, in die Natur zurückzufallen, ganz ausrotten, das ist die Grausamkeit, die der misslungenen Zivilisation entspringt, Barbarei, die andere Seite der Kultur.

>>Alle<<. Denn Vernichtung will Ausnahmslosigkeit, die *Vernichtungswille ist totalitär, und totalitär ist nur der Wille zur Vernichtung"*[109].

Diese Hilflosigkeit oder Impotenz Attitüde spiegelt sich in Selbsthass wider, da sie den Minderwertigkeitskomplex des Einzelnen nicht enthüllen kann. Diese Selbstabwertung kann als Schwäche und als Ausdruck der unterlegenen Position gegenüber den Unterdrückern verstanden werden. Er hat eine psychologische Wirkung auf die unterdrückten Völker geschaffen, obwohl es scheint, dass sie dieses System mit Demut unterwerfen. Stattdessen wird die innere Psyche dieser Völker mit großem Hass gegen das erschaffende ideologische System des Äthiopianismus gesät. In dem Augenklick, dass die unterdrückten Völker eine Chance hatten, die angeketteten Ketten zu befreien, dann bricht der Hass, der mit sich von Aggressionen begleitet aus und wenn es geschieht, wird er unkontrollierbar sein; es ist eine Tatsache, dass in vielen Teilen der äthiopischen Regionen der Hass und Wut gegenüber den real existierenden Systemen wirbelt.

Der Hass zwischen den ethnischen Bevölkerungsgruppen wie Amhara gegen den Tigray, Oromo gegen den Amhara oder Afar gegen Somali ist gegenwärtig und imminent. Die Wut der unterdrückten Völker geht zurück auf den historischen Hintergrund des äthiopischen Empire: Die abessinischen Machthaber erkennen nichts anderes als

---

109 ebd. S. 121

unmenschliche Unterdrückungsmechanismen, die es durch die Erziehungsverfahren der religiösen Indoktrination der Koptischen Kirche internalisierten. Das politische System zeichnet sich durch ständige Massaker, Verstümmelung, Konfiskation an privaten Besitztümern der unterdrückten Bevölkerung sowie absichtliche Zerstörungen der Lebensräume der Bauern und Nomaden aus. Sie zielt mit Willkürlichkeit ihre Zerstörung an, die Bevölkerung unter ihre Machtgewalt im Jenseits der Armut zu verdammen. Diese sind die philosophischen Grundpfeile der Herrschaftssysteme des Äthiopiens. Das Zentralregime Äthiopiens ist gelähmt und kann die Kriege, Verstümmelungen, Massaker der ethnischen Konflikte, die an das gesamte Land abflammen, unmöglich kontrollieren.

Jetzt scheint es, dass das äthiopische Reich in unabhängige ethnische Staaten zerbrochen ist. Was bleibt, sind Erklärungen zum Selbstbestimmungsrecht, die darauf warten, die Legitimationen der internationalen Gemeinschaft zu erhalten.

Diese Vorstellung ist nicht nur eine Hypostase, sondern sie ist eine Realität, die von der internationalen Gemeinschaft ignoriert wird, vor allem von den westlichen Staaten, die die Leiden und Wünsche der souveränen Staaten einfach ignorieren und die illegitime Macht Abessiniens anerkennen und legitimieren. Es ist unbestreitbar, dass diese unabhängigen Staaten in der Zukunft in die Realität eintreten werden.

In der aktuellen politischen Situation widerspiegele sich die Realität, dass die Regierung von Äthiopiern und die ausländischen Mächte sich unter tarnten und versteckten.

Ethiopianismus als monotheistische religiöse Ideologie erhebt sie den äthiopischen Machthabern stets als objektivierte Politik, die sich zu allen Bevölkerungsteilen Äthiopiens gelten muss.

5.2   Die Selbstgefälligkeit der Illusionsideologie des Äthiopianismus

Durch die falsche Geschichtsschreibung und erzwungene Identität Assimilation des Abessiniens, die sie sich erhoffte, um damit eigene Utopia zu errichten, wandelte sie sich zu einer eigenen Selbstverrat.

Im Jahr 2015 führte die Oromo Jugendbewegung (auch bekannt als „Qeero") nach 27 Jahren gewalttätiger Regierungsführung der EPRDF/TPLF zu einem Machtwechsel in der Regierung der EPRDF, die sich der TPLF/Tigray unter ihrer Monopoldominanz gestellt hatte. Der aus einer Minderheit der Walayetta stammende Premierminister Haile Mariam Dasaleign wurde von der TPLF als Nachfolger von Meles Zenawe, der im August 2012 verstorben war, ernannt. Demnach zeichnete sich die Politik der TPLF durch eine ethnische Form des Nepotismus aus, die Macht- und Wirtschaftspolitik nur unter der TPLF zentralisierte. Diese waren einige der wesentlichen Merkmale der EPRDF/TPLF-Regierung.

5.2.1 „Die dieser Störung zugrunde liegende Logik ist die >>Apologie des Negativen"<<[110]

Die kulturelle ethnische Störung als erster Schritt, um negativistische Mythologie durchzusetzen, war der politische Credo der TPLF/EPRDF:

Die Regierung von EPRDF/TPLF hat in der sogenannten Somalischen Selbstverwaltungsregion ein außerordentlich faschistisches Herrschaftssystem errichtet, das die gesellschaftliche traditionelle Norm und Kulturidentität sowie die Moraltradition des somalischen Volkes unter der äthiopischen Verwaltung völlig zerstört hat. Die Jugendlichen, die in den Jahren 1977 bis 2020 geboren wurden, leiden unter der Selbstentfremdung und dem paranoiden Angstzustand. In der somalischen Region hat die Regierung von EPRDF/TPLF Konzentrationslager errichtet, in denen die somalischen Gefangenen grausam gefoltert, sowohl physisch als auch psychisch, sogar getötet wurden. Die wahnsinnige Strafe wurde „Umerziehungslager genannt. Diejenigen, die sich von diesen Grausamkeiten überlebt haben, klagen in einem nicht behandelbaren Gesundheitszustand über psychische und körperliche Störungen. Die berüchtigten Straflager, die die ERDF/TPLF-Herrschaft errichteten, sind die sogenannten „Ogaden-Jail", die sich in der Nähe von Jigjiga befinden.

---

110 Tobie Nathan; Ideologie, Sexualität und Neurose, Suhrkamp Verlag, Frankfurt am Mainz, 1979, s. 55

Unter der somalischen Bevölkerung in Äthiopien könnte man zwei psychische Eigenschaften feststellen: Selbsthass, Ohnmacht gegenüber inhumanem Herrschaftssystem und Angst vor Nichtstun. Arno Gruen hat zu Eigner, Identitätsentfremdung und Selbsthass in folgendermaßen dargelegt: „Der Selbsthaß ist nicht nur eine Folge der Selbstunterwerfung, sondern wirkt auch als ständiger Verstärkung dieses Selbstverrats. Die Existenz des Selbsthasses wird umso nachhaltiger verschleiert, je mehr die Selbstunterwerfung zur Entwicklung einer fremdbestimmten Identität geführt hat. Wenn einer das Selbst, das er haben könnte, zwar aufgegeben hat, aber sich nicht mit einer Ideologie der Pflichterfüllung identifizieren kann, dann kann daraus offene Kriminalität werden"[111].

Der Unmut und die Verachtung der gesamten Bevölkerung in Äthiopien gegenüber den herrschenden Machthabern, insbesondere gegen die TPLF, haben zu einem Gefühl des Rächens in Äthiopien geführt, welches auch die kriegerischen Auseinandersetzungen im Land hervorrief.

Trotz der brutalen Versuche, den populären Aufstand durch Gewalt und propagandistische Mittel zu brechen, hat die Regierung in Addis Abeba ungewollt zum Regime Change gezwungen.

Die Proteste und der brutale Versuch, die Bewegung zu zerstören, scheiterten, und zwang die Machthaber

---

111 Arno Gruen, Der Wahnsinn der Normalität, Realismus als Krankheit: eine Theorie der menschlichen Destruktivität, Deutschen Taschenbuch Verlag GmbH & Co. KG, 1987 München, s. 47

der EPRDF/TPLF einen Ausweg und Konzessionen innerhalb unter sich zu vereinbaren, um die gewünschte politische Reform der Bevölkerung auf andere Weise zu untergraben. Zur Beruhigung der Oromo-Protestbewegung haben sie eine Übergangslösung gefunden: Die EPRDF/TPLF haben beschlossen, eine Machtverschiebung und ein Oromo als Premierminister- Abbiy Ahmed- aufzusetzen.

In der Anfangsphase hat der neue Premierminister politische Veränderungen angekündigt.

Der erste Schritt, der unternommen wurde, war die Befreiung aller politischen Gefängnisse.

Er hat ein friedliches Abkommen mit Eritrea unterzeichnet, in dem die Streitigkeit über Gebietsansprüche zwischen den Grenzgebieten von 1989 bis 2000 zu einem tödlichen Krieg geführt hat, der sowohl Menschenleben als auch materielle Zerstörungen an beiden Seiten verursacht hat. Er hat sich mit der somalischen Regierung in Somalia auf eine konstruktive Zusammenarbeit und nicht auf eine Einmischungspolitik in die somalische Angelegenheit geeinigt. Abbey, der Premierminister von Äthiopien, Mohammed Abdullahi Foramjo, der Präsident von Somalia, haben mit dem Präsidenten von Eritrea, Issiyas Afaworq, eine neue politische und diplomatische Beziehung im Gang gesetzt.

Als Ausdruck der Geste des guten Willens erstatten die jeweiligen Hauptstädte den Besuch. Eine neue Entwicklung, die nicht nur zu versöhnen war, sondern auch eine experimentelle, die die Vereinbarung über die Entwicklung der Vereinigung am Horn von Afrika auf wirtschaftlicher und politischer Ebene ermöglichen sollte. Diese Idee wurde durch den inter-äthiopischen Krieg unmöglich gemacht, da Eritrea sich auch in diesen unsinnigen Krieg eingemischt hat.

Der Premierminister von Äthiopien, der den Friedensnobelpreis erhalten hat, rückte von den demokratischen Werten und der Idee des Humanismus ab, in die er die Welt durch seine demagogische rhetorische Lüge bezaubert hatte. Er hat die Fußstapfen der archaischen Monarchie zum Leben erweckt. Er hat verkündet, dass er das Ethnische Föderale System rückgängig machen wird und ein Ende setzen wird, indem er den Zentralismus durch das Ethnische Föderale System ersetzt, welches die Amharische Ethnische Group, die sich seit Jahrhunderten das Monopol, das allein Herrschaft genossen hatte: das System der „ein Land, eine Sprache, eine Fahne, eine Kultur-Identität" ... Es ist das einzige Herrschaftssystem, das das Imperium durch Gewalt zusammenhält.

Er löste die Koalition der vier-ethnischen politischen Partei des EPRDF auf und präsentierte auf politisch taktischen Manövern eine neue Partei, die er „Prosperity Party" nannte. Prosperity ist eine politische und religiöse Partei, deren wichtigste Aufgabe die Offenbarung des Protestantismus ist (Proserity Gospelà), der unter der Kontrolle der Internationalen protestantischen Kirche steht. Diese neue religiöse Ideologie steht sowohl in politisch-ideologischen als auch in religiösen Werten in Widerspruch zu der Äthiopischen Kirche.

Seine politische Partei und die nationale Wahl des Landes lagen nicht einmal fünf Monate, deshalb versuchte er Zeit zu gewinnen, um seine Partei, die unter der äthiopischen Bevölkerung unbekannt ist, zwanghaft bekannt zu machen. Denn zufolge als Begründung für die

Verschiebung des Termins auf unbestimmte Zeit, bzw. ein Jahr, nannte er den Corona-Virus (Sicherheitshalbe).

Seine Maßnahmen führten zu einer unnötigen politischen Krise in den breiteren Bevölkerungsschichten und insbesondere in der oppositionellen politischen Organisation, die Widerstand und Protest hervorrief. Obwohl die Unzufriedenheit und sogar die interethnischen Konflikte in dem Land aufgeheizt sind, wurde eine Oromo-Polit-Singer in Addis Abeba ermordet.

Dies hat Empörung und Proteste hervorgerufen, insbesondere als der Oromo-Künstler, Hachalu, der eine breitere und tödliche Protestbewegung in die Oromo-Region und die Hauptstadt Addis Abeba zum Brennpunkt des politischen Geschehens in Äthiopien geworden ist.

Die oppositionellen Parteien sind verärgert über die Art und Weise, wie der Premierminister, Dr. Ahmed Abbey, die Macht- und Verwaltungsapparate nach den alten Renaissancen wieder aufruft und zentralisiert. Diese Politik hat den Antagonismus und die Feindschaften zwischen den Völkern wieder ins Bewusstsein gebracht, die das Leben der Künstler gekostet haben.

Die Konzentration der Macht auf einen einzigen Mann, die Verschiebung der demokratischen Wahlen und die Ratifikation des föderalen Verfassungssystems führen dazu, dass der autonome Staat des Tigray über den Alleingang und den Machtmissbrauch der Regierung unter der Führung von TPLF emporsteigt. Der autonome Staat Tigray widersetzte die Aufkündigung der zentralen Regierung in Addis Abeba, die Wahlen zu verschieben auf weitere Termine, und damit hat sie demonstrativ den Alleingang, ohne die Konsultation der zentralen Regierung zu achten, ihre eigenen Wahlen in ihrer Region vorzusetzen.

Die Regierung von Tigray, die sich außerordentlichen Wahlen gemäß der äthiopischen Verfassung durchsetzen konnte, brach mit einem wütenden Empor bei der zentralen Regierung in Addis Abeba zusammen. Abbiy, der Premierminister von Äthiopien, hat gefährliche Maßnahmen gegen die Verwaltungsregierung von Tigray und insgesamt gegen das Volk von Tigray ergriffen. Er hat nicht einmal die zivile Bevölkerung von Tigray verschönert, die in dem restlichen Land Äthiopien lebte. Sie wurden von der Regierung ausgeplündert und viele von der Tigray-Bevölkerung, die durch die gezielte Verfolgung und Hass Kampagne der äthiopischen Regierung gezwungen wurden, kehrten in ihre Region zurück.

Abbiy's Regierung war machtlos, ebenso konnte Abbiy den Akt der Lächerlichkeit nicht ertragen, den die TPLF sich erlaubt hat. Um seine Macht zu demonstrieren und sich als starker Herrscher gegenüber den übrigen Bevölkerungsgruppen in Äthiopien zu zeigen, erklärte er die Wahlen in Tigray für ungültig und drohte mit harten Maßnahmen gegen den TPLF und das Volk von Tigray.

Die Auseinandersetzungen und Widersprüche zwischen der zentralen Regierung und der autonomen Regierung in Tigray haben sich zu einem offenen militärischen Konflikt entwickelt.

Die Regierung von Abbiy, mit der Unterstützung von der Regierung Eritreas und die Milizen der Amharischen Autonomie-Regierung, erklärten einen sinnlosen Krieg gegen die autonome Regierung von Tigray um den 4. November 2020. Das Blatt hat sich umgedreht und sich zum einen in einen Bürgerkrieg in dem Vielvölker-Staat von Äthiopien verwandelt. Zum anderen: Die Indoktrination der protestantischen-religiösen Ideologie von Abbiy, die er im Auftrag der internationalen Protestantismus-Bewegung unter die „Prosperity Party" verdeckt hat, ist zum Scheitern verurteilt.

Die Kriegshandlungen in Äthiopien, unabhängig von der ethnischen Gruppe, waren eine Zeitbombe, die es früher oder später zu erwarten war, zu explodieren.

6 Um ein Verständnis für die Kriege in Äthiopien zu erlangen, müssen zunächst drei philosophische Eigenschaften betrachtet werden

Die Diskussion über Zentralismus, ethnischen Föderalismus und die Frage des Selbstbestimmungsrechts bis zur Loslösung/Eigenständigkeit gegenüber einem unilateralen Staat, der sich mit chauvinistischem Charakter darstellt: Eine Nation, eine Sprache, eine Religion und eine Fahne geprägt hat.

Um den Krieg in Äthiopien verstehen zu können, ist es notwendig, die Hintergründe der äthiopischen Geschichten im kurzen Überblick zu betrachten.

Der anhaltende Kampf in Äthiopien ist sowohl ideologisch als auch psychologisch zu analysieren.

Ein Hegemonialkrieg zwischen Abessinien und Abbiy, mit geringeren Oromo-Anhängern auf einer Seite und der Tigray-Bevölkerung auf der anderen Seite, der von anderen ethnischen Bevölkerungsgruppen in Äthiopien solidarisiert wurde.

Schließlich, dass der Krieg fast an dem gesamten Land ausgebreitet hat, ist auf die zwei gegenseitigen Philosophien zurückzuführen: 1) die Befürworter der zentralen Regierung und/oder 2) die Befürworter des Föderalismus.

Nicht nur die mythologische Geschichtsschreibung und Zwangsassimilationspolitik führen zu Äthiopien in den Abgrund, sondern auch das Herrschaftssystem, das sie während als „Territorialer-Staat" bestand, ist die verhängnisvolle Schlange, die an ihrem Nacken verschlingt. Diese Formen der Politik sind die Grundhauptgründe der politischen Philosophie und der politischen Ideologie, die das System der autokratischen Tyrannei aufrechterhält.

„Die Klassenherrschaft der Feudalherrn stand daher mit dem allmählichen Verschwinden der Leibeigenschaft auf dem Spiel. Die Konsequenz dieser Situation war eine >> Verlagerung<< der polirische-legalen Zwangsherrschaft in Richtung auf eine zentralisierte, militarisierte, alle Autorität okkupierende Organisationseinheit – den absolutistischen Staat[112].

---

112 Perry Anderson: Die Entstehung des absolutistischen Staates, Suhrkamp Verlag, Frankfurt am Mainz, 1979, s. 22

6.1 Die drei Faktoren, die Äthiopien zu einem Abgrund führen

Machtkampf
Die Hegemonial-Zentrale Macht
Inter-ethnische Antagonismen und Konflikte

Ein kurzer Überblick über die Assimilationspolitik und das Herrschaftssystem, das sich in den Gesellschaften von Äthiopien aufgeprägt hat. Zudem sind die Geschichte und der Staat von Äthiopien durch Putsch und Kontra-Putsch entstanden. Es gibt oder gab bisher keine friedlichen Machtübergaben in äthiopisches Imperium:

Nach der Eroberung der Nicht-Abessinischen Bevölkerung bei der Amharen/Abessinien führten sie drei politische Etappen durch: Zunächst wurden die Kolonisierungssettlements in amharischer Sprache bezeichnet; „Naftagnya".

Der zweite Schritt besteht darin, die wichtigen Lebenszweige und wirtschaftlichen Räume der kolonisierten Völker zu zerstören und eine feudale Struktur der Leibeigenschaft in den ländlichen Gebieten zu etablieren.

In der dritten Etappe wird die aggressive Assimilationspolitik vorangetrieben:

Die dominanteste Philosophie der abessinischen Herrscher ist der Assimilationsprozess, bei dem nicht-Abessinische Völker ohne ihren eigenen Willen in ihrem kulturellen und traditionellen Leben aufgezwungen werden. Diesem ideologischen Prozess hat der Machthaber von

Äthiopien über die Nicht-Abessinischen Untertanen mit Gewalt und Einschüchterungen als normativem politischem Alltagsleben unterworfen. Viele Völker in Äthiopien wurden mit Gewalt in die Religion des koptischen Christentums unfreiwillig gezwungen.

Die wichtigsten Instrumente für die Assimilationspolitik sind: die Einverleibung der christlichen Religion, die Transformation der Identität in Äthiopianität (nicht voll Amharisiert, aber Hybrid, das Nicht-Identische Wesen). Die Zerstörung der Identität und der Kultur der äthiopischen Untertanen durch die Schaffung eines Minderwertigkeitskomplexes und die Errichtung einer Super-Rasse über dem Rest der Bevölkerung. Der Würdigung und Verheerung ihrer Helden, die Amhara-Sprache als „Muttersprache" anzueignen, die als Pflicht und obligatorisch galt/gilt, welche per Verfassung von Äthiopien verankert ist, müssen alle Untertanen an dieser Verheißung unterworfen.

Jeder äthiopische Herrscher mit wiederholendem „Dekret" kündigt sie freilich: „Eine Nation, ein Land, eine Fahne, eine Religion, eine Geschichte."

Nach der Offenbarung und den Verheißungen der „Holly-Schrift" von „Fetha-Negast" (das Gesetz der Könige) und anderer religiöser Schriften ordnete die koptische Kirche diejenigen in Äthiopien, die Macht ausüben möchte, die Verheißung nach Große Äthiopien anzustreben und zu verwirklichen.

Das politische und religiöse Credo der äthiopischen Herrschaft lautet, dass die besiegten Völker bedingungslos der religiösen Ideologie des Äthiopianismus unterwerfen und assimiliert werden müssen.

Sie gaben den Menschen, die durch Gewalt erzwungen, in ihrer Unterwerfung den Namen „Wolde", einen Namen, der sich erkennen lässt, die Unterscheidung zwischen der Abessinischen Super-Rasse, bzw. das ist ein Name, der sich erkennen lässt, die Unterscheidung zwischen der „Überlegenden" und der „Unterlegenden".

6.1.1 Chronik der Putsch kontra Putsch: Machtkampf des Abessiniens und Hochländern

Johannes IV., der König von Tigray, stand unter der Demut von Kassa, dem König von Amharen. Kassa war ein gewalttätiger Räuber, der an der Macht stieg, der später den Titel Atse Theodors von der Kirche erhielt. Nach der amharischen Mythologie wurde behauptet, dass Theodors England provoziert hat, indem er britische Pioniere als Geiseln genommen hat und dafür Lösegeld gefordert hat. König Victoria orderte ihr Klonieren in Eden/Jemen und Somaliland, mit der Unterstützung des Königs von Johannes IV. in Gondar zu marschieren und die Macht von Atse Theodor zu zerschlagen. Atse Theodors und sein Reich wurden durch die Allianz von Johannes und die englische koloniale Armee erobert und zerstört, und nach der Heldenhaft-Mythologie der äthiopischen Geschichtsschreibung hat Theodors sich erschossen.

Johannes, König von Tigray, hat sich selbst zum König der Könige von Abessinien gekürt.

Während der Herrschaft von Johannes IV. von Tigray stand Menelik II., der König von Shawa, unter dem Befehl von Johannes, weil Menelik II. in den Machtverhältnissen dem Johannes unterlegen war. Er musste seine Demut entgegenkommen, ohne Johannes zu widersprechen. Als Johannes seinen Kreuzzug gegen die Muslime im Nordwesten begann: Sudan und jetzt Eritrea, befahl er Menelik II., seine militärische Besatzung im Süden und Südosten fortzusetzen und zu erobern; insbesondere marschierte Menelik II. und eroberte große Teile von Oromia und anderen unabhängigen ethnischen Gruppen in der Region.

Johannes und seine Kreuzzüge wurden im Sudan geschlagen, und die Muslime in Sudan hat ihn eingeköpft, und stellten sein Kopf in einem Museum in Sudan.

Menelik II begann mit der Eroberung der Stadt Finfini, die er nach seiner Besetzung in Addis Abeba umbenannte. Infolge des historischen Mythos der Äthiopier, Menelik liebte seine Frau, und nach dem Befehl seiner Frau, welche sie sich dem Menelik anordnete, eine große Kirche zu bauen.

Nach dem Verschwinden von Johannes ließ er sich zum »König der Könige« des Abessiniens krönen.

In die Geschichtsschreibung der Amhara, in denen der Tigray dieser Geschichte widersprach und widerrief, trat Menelik II 1896 in einen Krieg gegen die italienische Kolonialmacht in Adwa ein. Italien marschierte in zwei Richtungen in den Abessinien-Plateaus: aus Eritrea, im Norden, und aus ihren Kolonien im Sud-Somalia. Abessinier besiegte das italienische Militär in dem abessinischen Hochland mithilfe französischer und britischer Kolonialmächte in der Region. Seit diesem Zeitpunkt haben die europäischen Mächte Abessinien als gleichwertige Kolonialmacht anerkannt. Durch diese Anerkennung wurde Menelik II das Grünlicht der Europäer und die Teilung des somalischen Plateaus als Teilhaber verliehen. Stets hat Menelik den Zug, der die Stadt Harar, das Zentrum der muslimischen Gemeinschaft in der Region, besetzt. Im Jahr 1887 erklärte er dem Emirat Abdullahi II von Harrar den Krieg und zerstörte die Stadt sowie alle dessen Denkmäler und Schriften. Rambo, der französische Poet, war der Spion und versorgte Menelik mit den französischen und britischen Kanonen, mit denen er den Basston von Harar stürmen konnte.

Nach dem Sieg über Harar und dem Tod von Johannes erklärte sich Menelik zum König der Könige von Abessinien (Äthiopien) und festigte seine Macht als absoluter Herrscher. Die Kirche war glücklich über die Eroberungsgewalt von Menelik, die er nach der heiligen „Verheißung Schriften" der Offenbarung in Erfüllung führte. Menelik II. starb 1913, vor seinem Tod ernannte er seinen Enkel Lij Eyasu zum Nachfolger. Lij Eyasu, der Kaiser des neuen Reiches, war nicht lange im Amt als Kaiser. Durch Konspiration, Intrigen und Hasskampagnen von Ras-Taferi (Haile Selassie), seiner Tante Zawditu und die koptische Kirche wurde er mit Gewalt aus dem Amt gejagt. Seine Erklärung zum Islam führte zu einer empörenden Welle von Wut in der äthiopischen koptischen Kirche, der Nation von Abessinien, und der gesamten aristokratischen Klasse. Seine Tante, Lij-Eyasu, war Avantgardistin und Führerin des Komplotts zusammen mit Ras Tafari Mekonen (den er später als Kaiser von Abessinien sich krönte).

Den Putsch, den sie sich nicht nur dem neuen Kaiser entmachtet haben, hat sich bis zu seinem Vater in Wollow erstreckt, wobei der Kaiser, sein Vater und Nachkommen völlig ausradiert wurden.

Durch diesen Vorfall, der von der Kirche und den Aristokraten erfolgreich den Staatsstreich gegen Lij Eyasu durch einen bitteren Krieg aus der Macht entfernte, beanspruchte die Tante des entmachteten Kaisers – Lij-Eyasu – als rechtmäßige Erbin ihres Vaters – Menelik II – die Macht. Zauditu war die erste Frau an der Abessinischen Geschichte, die am 27. September 1916 als Kaiserin von Abessinien (Äthiopien) gekrönt wurde. Zauditu, die ihren Neffen entmachtete, war die Halbschwester von seiner Mutter; Shewa Regga, die Könige von Wollow, beide waren die Töchter von Menelik II. Nachdem der Adlige und Zawditu den rechtmäßigen Kaiser gestürzt hatten, wurde 1916 ihr Cousin Tafari Makonnen zum Kronprinzen gekrönt. Gleichzeitig ernannte sie ihn als ihre Premierministerin und ihren politischen Berater.

6.1.2 Der Machtkampf zwischen Kaiserin Zawditu und Ras Taferi Mekonen eskalierte

Ras Tafari und König Zewditu kämpften um die politische Richtung Abessiniens. Ras Tafari vertrat die Modernisierung des Staates, während König Zewditu den Status quo verteidigte. Die Situation eskalierte sofort und führte zu kriegerischen Auseinandersetzungen zwischen Ras Taferi und Königin Zawditu.

Kaiserin Zewditus Ehemann, Gugsa Welle, führte eine Armee, um die Ansprüche von Ras Mekonnen zu beenden. Gugsa Welle, der Ehemann von Zewditu, wurde 1930 in der Schlacht von Anchem besiegt und ermordet. Es wurde berichtet, dass Zewditu zwei Tage später, am 2. April 1930, in ihrem Palast starb, aber die Tatsache ist, dass Ras Taferi sie getötet hat.

Im Jahr 1930, kurz nach dem Staatsstreich, krönte sich Ras Tafari zum König der Könige und zum Kaiser des äthiopischen Reiches und benannte sich um in Haile Selassie (die Kraft des Gottes), bedeutet die Kraft der Dreifaltigkeit. Es gibt unterschiedliche Formen von Selbstbehelligung, wie Haile Selassie und die früheren abessinischen Könige: Haile Selassie sammelte und verinnerlichte viele Titel, wie König der Könige, der Löwe von Judas (Israel), und er wurde „Jahn-Hoy, (Höchstes Godheit).

Jah-Rastafari ist das Gebet der Rastafari-Religion. „Jah" ist ein Wort, das von Jesus stammt: Das Oromo-Volk muss ein Lied singen, um zu bestätigen, dass Addis Abeba zu Jahn-Hoy gehört. Der Pflichtgesang lautet: „ama-ama-lele-lele ama ...". Diese Gesänge wiederholt sich viermal und endet mit „Addis Abeba Bia Jahn-Hoy", was bedeutet, dass die Erde Addis Abeba gehört dem „Jahn-Hoy", dem Pseudogott (Haile Selassie).

Die Geschichte wiederholt sich oft, aber manchmal wiederholt sie sich in einer reversiblen Form; zu betrachten und zu vergleichen ist die Tragödie von Lij Eyasu und der Dr. Abby Ahmed. Jedes der beiden versuchte in eigener Auffassung und Überzeugung, den Regionen, die sich auf ihre Kindheit geglaubt haben, den Absagen zu er-

257

teilen. Abbiy gehörte der ethnischen Gruppe das Oromo an und war ein Muslim, der sich zum christlichen Glauben bekehrte. Lij Eyasu, ein amharischer Christ, hat der christlichen Religion den Rücken gekehrt und sich zum Islam konvertiert. Dieser Entschluss führte dazu, dass seine Macht aus Gewalt entfernt wurde, da er die Gebote der abessinischen Tradition und die kulturellen Werte gebrochen und ignoriert hat, die auf der Tradition des koptischen Christentums beruhen. Abbiy Ahmed hat sich der Verheißung der Ethiopianität entgegengekommen und assimiliert, und somit hat er die islamische Religion aufgegeben und sich den Glauben, das Christentum bzw. den Protestantismus, angenommen. Er hat sich als Botschafter des Protestantismus, in dem er seine politische Prägung mit religiöser Offenbarung aufgebaut und prägt.

Als Oromo Regierungschef von Äthiopien wurde die allgemeine Akzeptanz der Abessinier bezweifelt, obwohl er sich der Konditionalität der Assimilationspolitik unterworfen hat. Nach Abessinischer Vorstellung müsste ein Führer in der äthiopischen höchsten Instanz des Staatsamtes die Bedingungen der „Äthiopianität" erfüllen:

1. Er ist kein Abessinier;
2. Sein Christentum ist nicht vollständig, da er sich an die protestantische Glaubenslehre bekennen ließ und nicht die Äthiopischen-Orthodox-Kirche;
3. Er ist kein Nachfahre der salomonischen Linie bzw. Nicht-Abascha Jehova.

7   Kriegserklärung

Wieso deklariert Abbiy den Krieg des Volkes von Tigray? Angst vor Selbstversagen, um seine eschatologische Verheißung der Ideologie des protestantischen Puritanismus und Pietismus Prosperität in Gang zu setzen und zu realisieren?

Wie es oben erklärte, Abbiy Ahmed, als er zum Premierminister von Äthiopien ernannt wurde, hat er zwei wichtige politische Schritte unternommen: Er hat Frieden mit Eritrea geschlossen und Zugeständnisse gemacht, über die Gebiete, die beide Länder beanspruchten und zu tödlichen kriegerischen Auseinandersetzungen führten. Der zweite wichtige Schritt, den er unternommen hat, ist die Freilassung der politischen Gefangenen; durch diese politischen Maßnahmen wurde die Verleihung des „Friedens-Nobel-Preises" durch das Nobelkomitee veranlasst.

Danach hat er sein Buch „Medamar" (Multiplikation) veröffentlicht, das über seine neue Ideologie, die mit der religiösen Idee des Pietismus bzw. Protestantismus, den er nannte „Prosperität" (wirtschaftliche Aufschwung), geprägt war. Nach Max Webers Philosophie der „Protestantischen Ethik", meinte er, dass die Ideologie, das Kapitalakkuemulationsprinzip und die Reinvestition an Gewinnen die Kompatibilität zwischen der Ethik des Protestantismus und den Katalysatoren, die die Industrialisierung des Kapitalismus prägen. Nach Robert King Mertons, der amerikanische Soziologe, der den Diskurs des werberischen Rationalismus und als signifikante Synergie der asketischen Protestantismus-Ethik mit den

Werten des okzidentalischen Kapitalismus im Klang kommt, bezeichnet.

In wenigen Monaten hat er das Buch „Medabar" veröffentlicht, in dem er seine ideologische Partei der „Prosperity Party" als die eschatologischen Grundpfeiler der gesellschaftlichen Politik bezeichnete. Dieses Buch hat den kontroversen und widersprüchlichen Diskurs in der breiteren Gesellschaft Äthiopiens aufgelöst.

Gerhard Hauck hat in seinem Buch „Einführung in die Ideologiekritik" zwei verschiedene ideologische Richtungen, zwischen einer Skylla und einer Charybdis, erklärt.

„Die Skylla heißt der Zeit >>Herrn- und Priestertrügstheorie<<: die Herrschenden propagieren bewusst falsche Ansichten über Gott und die Welt, um ihre Herrschaft zu sichern (das Hollbach-Zitat kommt dem recht an) ...Dass die Herrn den Durchblick haben, die Massen aber nicht, ist als generelle Voraussetzung aber sicher problematisch. Natürlich gibt es Manipulation, Propaganda und Lüge ...Die Charybdis ist die Lehre von der angeborenen Verblendung: die Menschheit ist von Natur aus blöd, zur Erkenntnis der Wahrheit unfähig (bei Bacon klingt es an). Die Wahrheit ist etwas so Hohes und Hehres, dass nur wenige Begnadete zu ihr gelangen können[113] ...

Er glaubt, dass er der neue Messias sei, der in der Mimik seine Vorgänge einnimmt. Er versucht, die äthiopischen Völker zu überzeugen, dass er die Gabe und die Aufgabe

---

113 Gerhard Hauck, Einführung in die Ideologiekritik, Argument Verlag, Berlin, 1992, s.7

hat, die ideologische Religion des Pietismus in den äthiopischen Gesellschaften zu vergegenwärtigen und ohne zu hinterfragen, einfach zu akzeptieren. Die koptische Kirche und ihre Praktiken, die die Völker in Äthiopien gezwungen haben, den Ideologischen-Religiösen-Äthiopianismus durch Gewalt zu akzeptieren, sind nichts anderes als die neue Ideologie, die Abbiy präsentiert. Er ist überzeugt, dass die protestantische Überzeugung, die die Erforschung der Natur durch die Wissenschaft förderte, die Entdeckung des göttlichen Wirkens in der Welt ermöglichte.

Er hat noch zwei gefährliche politische Schritte unternommen, zum einen die Auflösung der EPRDF (Ethiopian Popular Revolutionary Front) und die Erhellung seiner neuen Partei, die „Prosperity", als die einzige monotheistische politische Partei, mit der die Gesellschaft sich identifizieren muss. Zum anderen hat er die Wahl verschoben, die von vielen Parteien, der Tigray-Verwaltung und vielen Aktivisten kritisiert wurde.

Die vielen Unannehmlichkeiten, nicht kalkulierte Aktionismus und der Wahlbetrug, den es am Juni-2021 stattgefunden hat, welcher er als Sieger seiner Partei positioniert hat, stürzten das Land in eine gefährliche Krise. Diese unüberlegte Maßnahme empört viele Äthiopien, die sich als von Abbiy; (salopp gesagt), „verarscht" fühlen. Diese plumpere Art der Vorgehensweise hat die kriegerische Tension mehr in den- je intensiviert.

7.1 Am 28. November 2020 startete der Premierminister Äthiopiens eine militärische Offensive gegen die Bevölkerung von Tigray

Am Anfang des Krieges zwischen der Regierung von Äthiopien, der Allianz mit den Amahrischen Milizen und der eritreischen Streitkraft führten sie gemeinsam gegen die Tigray Verteidigung Force und die Tigray Bevölkerung einen barbarischen Krieg, der keine Versöhnung kennt. Er hat seine geplante Strategie zum Bürgerkrieg umgewälzt, die er in andere Regionen ausgeweitet hat. Obwohl der Krieg nicht auf die hohe Demission eskalierte, aber in vielen Regionen der kriegerischen Widerstände gegen die Regierung sind eminent, und es kocht wie ein Vulkan, der in unmittelbarer Zeit aufzubrechen wird.

Trotz des internationalen Vermittlungsversuchs, die kriegerische Tension zu deeskalieren und die Kontrahenten Partei der Besinnungsvernunft zum friedlichen Dialog zu ermutigen, sind alle friedlichen Bemühungen mit den Konditionalitäten der beiden Blocke gescheitert. Die Verharrung von Abbiy an die Macht pervertierte alle zum Fehlschlag.

Der Konflikt in Äthiopien hat sich in einer aussichtslosen Lage entwickelt, in der Äthiopien Abgrund des unregierbaren und in den totalen Auseinanderfall geführt werden könnte. Trotz der Hartnäckigkeit von Abbiy wurden die Friedensverhandlung und die humanitäre Hilfe für die leidende Tigray-Bevölkerung abgelehnt. Aber durch die „Tigray-Verteidigungskraft" und internationale Druckmittel zwang die Regierung von Äthiopien die

Friedensverhandlung in Pretoria und Nairobi, unter die Vermittlung der Afrikanischen Union, USA und Europäische Union auf dem Verhandlungtisch unmittelbar zu erscheinen. Sie forderten die Konfliktparteien (die äthiopische Regierung und TPLF) auf, die Waffen niederzulegen. Der Krieg, der innerhalb Äthiopiens stattgefunden hat, ist barbarisch und inhuman. Er hat nicht in der Geschichte des afrikanischen Kontinents stattgefunden, auch nicht in Biafra, in Nigeria. Die kriegerische Auseinandersetzung führte zu über 500.000 Toten, über 2,6 Millionen Vertriebenen und Tausenden von Frauen, die vergewaltigt und verstümmelt wurden. Keine Partei hat die Verstöße gegen die Menschenwürde achtgegeben, und Menschenleben in Äthiopien haben keinen Wert.

7.2 Der neue Krieg mit den Amharen, den Abbiy mit Willkür eröffnet hat

Wie gefährlich ist es, wenn ein pseudonymer Politiker ohne politische Erfahrung und politisches Wissen versucht, einen Staat mit verschiedenen Völkern, verschiedenen Kulturen, Sprachen und vielen komplizierten Komplexen von Problemen, Interessen und Widersprüchen zu überwältigen und zu regieren oder zu verwalten?

Abbiy ist vollständig geliefert und schwimmt inmitten eines Ozeans ohne Schwimmerfahrung. Er versucht immer wieder, die Äthiopier in dem Reich des Dionysius zu besänftigen: Eine Lüge nach der anderen; er ist ein Demagoge, der aber seine Kunstsprache mit ausgezeichneter rhetorischer Ausdrucksweise umsetzt, aber in andere Ausdrucksformen übersetzt.

Als er vorhatte, gegen die Bevölkerung von Tigray Krieg zu führen, versprach er, die Föderation zu beenden und den Zentralismus zu wiederherzustellen, indem er die Sprache, die Fahne und den autoritären Staat unter die Monopole der Amharen stellte.

Als er mit der Tigray Befreiungsfront in der Verhandlung viele Konzessionen vereinbarte und die vereinbarten Konditionalitäten von den Amharen nicht beachtet hatte, veranlasste die Amharen Abbiy mit Gewalt aus der Macht zu jagen.

Ein Zusammenschluss der vielen Völker in Äthiopien hat bis heute funktioniert durch Zwangsgewalt, die nur eine Ethnie mit der Unterstützung von ausländischen Mächten hat. Nun mehr und mehr jede Nation in Äthiopien strebt nach eigener Souveränität und wird ungewiss sein, die Einheit von Äthiopien zusammenzuhalten. Außer durch Gewalt von fremden Mächten, die einen „künstlichen Staat" ohne Einverständniserklärung der freiwilligen souveränen Bevölkerung erzwingen wollen. Das wird in Zukunft eine Verhandlung über sowohl den Föderalismus als auch den Konföderalismus unmöglich machen; die einzige Lösung wird das jugoslawische Modell sein, das unabhängige Staaten unter der Prämisse der Selbstbestimmungsrechte der Völker. Das Streben viele Nationen; Loslösung vom alten System.

Bemerkungen: Die Geschichte Äthiopiens hat keine friedliche bzw. die durch einen demokratischen Prozess der Machttransfer gegeben.

Die politische Tradition der Abessinier und der Oromo-Adjutanten war nicht anders, als durch einen kriegerischen und militärischen Putsch zur Macht zu gelangen. In diesen Kriegen innerhalb Äthiopiens hat nur der Sieger die Chancen der Macht in Äthiopien beanspruchen können.

Demokratie ist ein fremdes Vokabular für die äthiopischen Herrschaften, und die Bevölkerungen, insbesondere die unterdrückten Völker wie die Somalis, sind von jeder Teilnahme an jeder Verwaltungsarbeit in der Regierung ausgeschlossen.

Johannes Agnoli schrieb wie die öffentlichen Angelegenheiten von den Bürgen ausgeschlossen sind, in den er folglich sagt: Das (durchaus klassisch zu nennende) rechtliche Werkzeug des politischen Staates dient dazu, die Massen von politischen Entscheidungen fernzuhalten und die politische Herrschaft zu Reservat mehr und mehr geschlossener Gruppen zu machen. Nur der Eintritt in die Gruppen allein eröffnet die Wege zur Übernahme von staatlicher Macht.

Hier ist eine Presseerklärung von dem Minister des Auswärtiges Amts von Föderative Regierung von Äthiopien zu der Lage des Krieges, und die neue moderne Waffen das Äthiopien von der Türkei erhalten hat:

 በኢትዮጵ ፌዴራላዊ ዲሞክራሲያዊ ሪፐብሊክ

የውጭ ጉዳይ ሚኒስቴር

THE FEDERAL DEMOCRATIC REPUBLIC OF ETHIOPIA MINISTRY OF FOREIGN AFFAIRS

ፕሬስ መግለጫ   **PRESS RELEASE**

Press Statement on Further Use of Baykar Unmanned Aerial Vehicles and Ground Troops in Amhara

The Ministry of Foreign Affairs together with the Ethiopian National Defense Force is pleased to announce further collaboration with Turkish contractor Baykar for the use of unmanned aerial vehicles (UAVs) to be used in the current conflict in the Amhara region. A new team of technical specialists to assist in the maintenance and deployment of the UAVs (or drones) has been hand-picked by Baykar CEO Selçuk Bayraktar and is expected to arrive in Addis Ababa from Istanbul next week. Mr. Bayraktar was presented on Monday with the Medal of Honor of the Federal Democratic Republic of Ethiopia on the 88th anniversary of the establishment of the Ethiopian Air Force.

Both Mr. Bayraktar and a Ministry spokesperson were forthright in a news conference today, admitting that there have been recent problems with the morale of the last batch of drones, hence the need for a team of new specialists, who are, in fact, psychiatrists. It was explained that the doctors' main duty will be to whisper reassuring messages to the drones at wards in Amanuel Mental Hospital, such as, "It's okay, you're a *good* piece of equipment. Yes, you are—yes, you are! Those mean, mean Amhara just refuse to stay put. There's nothing wrong with your targeting systems…"

Some drones have been so demoralized by Fano resistance that senior ENDF officers can only use them as office printers, though the drones still resent their presence and cheat them on toner ink. Other Turkish UAVs deployed on missions keep switching their video uplink to tourism commercials for Greece and Jamaica.

Despite these setbacks, Field Marshal and pharmaceutical enthusiast Berhanu Jula informed reporters that nations around the world "are blowing up my cell phone with requests—they're begging us to train their armies, we're *so* successful. The way our soldiers strut down a catwalk, the way we pose in front of a small heap of wounded! They love our style, our *joie de vivre!* I'm told our deserters run faster into the arms of the enemy than any combat unit in eastern Europe!"

"We had a training exercise just the other day, and we noticed Tigst Assefa out for a practice run," he added. "And they all rushed right past her… No, we haven't seen them since, we think they're in West Gojjam now."

Recruits have apparently asked the field marshal if they could simply have their belongings shipped to Wemberema Shendi rather than taking foot lockers at the Addis barracks as it would save them time.

Ministry of Foreign Affairs

Addis Ababa, 22 December 2023

http://www.mfa.gov.et/   https://www.facebook.com/MFAEthiopia   https://twitter.com/mfaethiopia

spokesperson@mfa.gov.et   https://www.facebook.com/ospmfae/   https://www.youtube.com/c/MFAEthiopia

Phone: 011-5-15 89 28   Fax: 011-5-51-43-00   PO Box: 393 Addis Ababa, Ethiopia

V-Kapitel

1 Wofür steht Entwicklungspolitik bzw. Entwicklungshilfe? Wie definiert sich Entwicklung bzw. die Unterentwicklung?

Wie kann es sein, dass Afrika, der reichste Kontinent auf der Erde, zu dem ärmsten Kontinent verdammt wird, und sie sich zu den Almosen der westlichen Industrieländer angewiesen ist, sowie die von China?

Der Begriff Entwicklung wurde nach dem Zweiten Weltkrieg als Maßnahme zur finanziellen und Projekthilfe verwendet, um die von Krieg zerstörten europäischen Länder, genannt „Marshall-Plan", wieder mit dieser Maßnahme aufzurichten. Nach dem II. Weltkrieg fanden zwei große Konferenzen statt: in San Francisco und in Bretton Woods (New-Hampshire). Sie wurden von dem britischen Premierminister Winston Churchill und dem US-Präsidenten Roosevelt zum Leben gerufen. Eine davon war die Gründungskonferenz der Vereinten Nationen im Juni 1945 und die andere war es die Gründung des Bretton-Vogts-Systems, das von 1. bis 22. Juli 1944 in Bretton Woods (USA) stattfand.

Die Konferenz von Bretton Woods war wichtiger und hatte ein großes Gewicht in Bezug auf die Gründung der Vereinten Nationen. Das Ziel des Abkommens war es, zwei wichtige Ziele zu erreichen: zum einen, die Schaffung eines freien und stabilen Währungsfonds, zum anderen: eine Entwicklungspolitik.

Diese Entwicklungspolitik war eine Idee von England und USA, um den Krieg betroffenen, die sie sich in einer wirtschaftlichen Notlage befanden, aus der miserablen Situation und in der Not leidenden Europäern zu helfen, bzw., ihrer Not durch Kreditausgabe zu befreien.

Die Erfahrung aus der Weltwirtschaftskrise in den 1930er-Jahren hat gezeigt, dass die Wirtschaft nicht nur durch die Nachfrage, sondern auch durch die Produktion beeinflusst wird:

„The Charter's fourth point committed the United States and Great Britain "'to further the enjoyment by all States of access, on equal terms, to the trade to the raw materials of the world which are need-ed for their economic prosperity"'.[114]

„'The fifth point expressed a commitment to" the fullest collaboration between all nations in the economic field with the object of securing for all, improved labour standards, economic advancement and social security"'.[12].

Die vierte Säule des Chartres-Denkmals, die Präsident des vereinigten Staates als die „vier Freiheiten" bezeichnete, deutete zwei interessante Merkmale an: Zum einen richtete es sich diesen Aussagen der „Freiheit von Not" an die Europäer, die durch Geld-Anleihe von den neu gegründeten Institutionen – die Weltbank und die Internationale Währungsfonds – gewährleisten, um durch die Idee des „Marshall-Plans„ ihre wirtschaftliche Entwicklung wieder im Gang zu setzen.

---

114 The Bretton Wood Conference, 1944; US Department of State Archive, online released; 20 January, 2001 to 20 January 209 121 Ebd.

Diese Aussage „Freiheit von Not" beinhaltet zynische Aussagen über die dritten Weltländer, die noch unter dem europäischen Kolonialismus litten.

Roosevelt und Churchill planten, über ihre imperialistischen Ambitionen vorauszusehen. Ihre begrifflichen Aussagen waren nicht von geringster Wahrhaftigkeit, um die Bevölkerung in den Dritten von ihren Leiden, den sie zum größten Teil ihrer Handschrift trägt, zu befreien.

Nach der 60-Jährigen erlangten viele Länder in der sogenannten Dritten Welt ihre Unabhängigkeit von den europäischen kolonialen Mächten. Diese Länder erhielten eine formale Unabhängigkeit, aber ihre wirtschaftlichen Entwicklungen blieben an den alten Kolonialstaaten angekettet, die sie durch Einflussnahme, die Politik des Staates, mit erpresserischen Methoden und Druckmitteln auf ihre eigenen Interessen umlenken.

Der Wirtschaftskolonialismus, der die Rechte eigener Ressourcen nicht unter eigne Kontrolle haben und eigne Beliebigkeit verwalten, und das Land als Almosenempfänger unter die Abhängigkeit fremden Mächten zu machen, sind einige Gründe für die Armut in den meisten Ländern der Dritten Welt.

Um die Armut zu bekämpfen, wurden Institutionen der westlichen Länder beraten, sich zu verschulden und Geld sowohl vom IWF und der Weltbank als auch von verschiedenen westlichen Gläubigern zu leihen.

Diese Länder verschulden sich unendlich, ohne einen Wert für wirtschaftliche Entwicklung zu nennen. Große Teile davon fließen wieder in die Geber-Länder zurück, und Teile davon fließen ungehemmt in die Taschen der korrupten Machthaber.

„Generell muss das „Ende der Schuldenkrise" wie folgt relativiert werden: Es fand eine Umlagerung der Aussenschuld weg von privaten Gläubigern hin zu den multilateralen Finanzinstitutionen (IWF, Weltbank und regionale Entwicklungsbanken) sowie zu den bilateralen öffentlichen Gläubigen statt"[115].

Es ist offensichtlich, dass der afrikanische Kontinent südlich von Sahara, wo das größte Potenzial an Natur-Ressourcen aufgelagert ist, als Paradebeispiel für die Armut, die Heimsucht und die hohe Verschuldung gilt.

Sie müssen über 75 % ihrer Exporterlöse und Bodenschätze als Schuldenausgleich an den Norden zurückerstatten, um ihre Zahlungspflicht erfüllen zu können.

Nach dem Bericht der Süddeutschen Zeitung vom 9. November 2017 hat die angolanische Regierung allein aus dem Öl-Geschäft im Jahr 2016 einen Ertrag von 16 Milliarden Dollar erzielt. Worin liegt der Grund dafür, dass diese höheren Beträge begünstigt wurden?

„So viele Dollar hat Angola 2016 durch Öl-Exporte eingenommen. Das Land gilt als Paradebeispiel für das Phänomen des Ressourcenfluchs; es hat sich abhängig gemacht vom Erdöl. Preisschwankungen auf dem Weltmarktschlagen voll durch: Nach Jahren zweistelligen Wachstums ist das Bruttoinlandsprodukt zuletzt sogar deutlich geschrumpft.

---

115 Schweizerisches Jahrbuch für Entwicklungspolitik, Jahresbuch Schweiz- Dritte Welt 1994, (II. Internationale Verhandlung) s. 1

Von den Öl-Einnahmen profitiert ohnehin nur eine schmale Elite. Chefin der staatlichen Ölfirma Isabel Santos, Tochter des früheren Präsidenten, sie gilt als reichste Frau Afrikas"[116].

Aber nicht nur die Tochter des Präsidenten und einige korrupte elitäre Eliten erfüllen ihre Taschen gierig, sondern auch die Cliquen der Präsidenten-Familien und die westlichen Energiekonzerne verdienen ungeheuer davon. Abgesehen vom Staatspräsidenten, der „Paradies Papers" – die Schattenwelt des großen Geldes besitzt und Verträge ausgibt, ist dennoch der Sohn des Machthabers der Mitverwalter an dem Geschäft. Er ist gleichwohl Präsident des Staatsfonds von Angola, und an diesem wichtigen Amt des Staates wegen geheimer Haltung des Geldwäschers vertraute er einer schweizerischen Firma. Er wurde an der Top-Verwaltung des Staatsfonds, einer Firma namens „Bastos Firmen-Gruppe-Quantum Global-Firma", zugeteilt. Diese Firma gehört an einen schweizerischen Geschäftsmann, dessen Hauptsitz sich in Genf-Zürich sowie in Mauritius befindet. Diese Firma verwaltet drei Milliarden Dollar, die in verschiedene von Bastos gegründete Investitionsfonds in der Steueroase Mauritius aufgeteilt werden.

Als die Mehrheit der afrikanischen Bevölkerungen Hunger, Krieg und Elend leidet, und viele Jugendliche, denen die politische und soziale Situation in ihren Heimaten unerträglich geworden ist, ergreift und mit vollem Bewusstsein, in dem sie wissen, dass sie in ihren Heimaten keine Perspektive mehr zu erhoffen ist, den gefähr-

---

116 Süddeutsche Zeitung von 9 November 2017

lichen Odysseus-Abenteuer in Kauf nehmen. Dennoch schaffen die europäischen und amerikanischen Institutionen, deren habgierige Gläubigen zusammen mit den afrikanischen Machthabern auf die Kosten des afrikanischen Reichtums ein paradiesisches Utopia, ungeachtet der menschlichen Tragödie.

Es zeichnet sich aus, wie die Geldgeber mit ihrer Doppelmoral mit bewusstem Gedanken so zu tun haben, ob über die korrupten Regierungen, die sie ihre Geschäfte abschließen, ihre miserablen Regierungen davon unwissend sind, in dem sie mit diplomatischen-heuchlerischen Umgang ihre Hilfe, die sich nicht an den armen Menschen ankommen wird, gewährleisten. Trotz des Missmanagements der Entwicklungshilfe, das durch Korruption den Machthabern und selbst den geldgebenden Ländern in Afrika zugutekommt, wird dennoch mehr Geld in das Land gepumpt, um mehr zu erreichen, den es sich als „Heavily Indebted Poor Country" bezeichnet. Mit ihrem Doppel-Moralischen-Mitleid zeigt sich, wie Entwicklungshelfer in Afrika ein Luxusleben führen, während arme Menschen vor ihrem Hotel-Luxus stehen und einige Cents für das Überleben betteln.
    Die Hilf-Agenturen bevorzugen eine Regierung, die ihre eigene Bevölkerung betrügt, anstatt von Regierungen, die ernsthaft für die Entwicklung des eigenen Landes ihre Verantwortung zeigen, um die verweilten Miseren zu befreien.

Diese Art von Hilfe ist eine von vielen, die Armut und Unterentwicklung verursacht und die Methode der to-

talen Abhängigkeit der Afrikaner an den westlichen Industrieländern verewigt.

Trotz Armut, Afrika ist das Zentrum der globalen ökonomischen Interessen, die ihren Reichtum nicht selbst
verwalten können, und daher wurden jeglicher Zugang
zu ihren Eigentümern durch politische Drücke und ökonomische Sanktionen sowie militärischen Angriff einzuschüchtern. („The earth's wealth generates humankind's
poverty „ – Walter Rodney; Newframe.com)

Diese beiden Phänomene sind nicht mit Naturkraft,
noch mit Genialität und Superiorität der einen Rasse
gegenüber anderen Rassen gekennzeichnet.

Im Zusammenhang mit Entwicklung und Unterentwicklung besteht eine Inter-Korrelation, die auf die unmenschliche Ausbeutung zurückzuführen ist.

Nach Walter Rodney: *„'Under colonialism, the ownership was complete and backed by military domination. Today,
in many African countries the foreign ownership is still pre-
sent, although the armies and flags of foreign powers have
been removed*[117].

---

117 Walter Rodney: „To develop Africa, break with Capitalism";
    New frame. Com (Facebook)

1.1 Wie verarmt und unterentwickelt ist das Programm der Anpassungsstruktur für afrikanische Länder?

Zum Thema IWF: Der Internationale Währungsfonds wurde 1944-45 gegründet und hat ein Mitglied von 189 Staaten, deren Stimmrechte an ihrem Kapitalanteil orientiert waren. Die Mitgliedstaaten mit den größten Stimmrechten sind die USA, Japan, China, Deutschland, Frankreich, Vereinigtes Königreich, Italien und die Schweiz. Sie haben 85 % der Stimmrechte und bestimmen, wie die Kredite an die armen Länder vergeben werden, die sie sich diktieren, die Konditionalität der Kreditvergabe.

„Die vom IWF gestellten Bedingungen für eine Kreditvergabe beschränken sich nicht auf die Festlegung der Rückzahlungsfrist und des Zinssatzes" [118], sondern nach Inhalt von konkreten wirtschaftspolitischen Auflagen:

- *„Abwertung der Währung;*
- *Abschaffung der Devisen- und Importkontrollen, dh. Liberalisierung des Handels- und des privaten Kapitalverkehrs;*
- *Anhebung der Zinssätze mit dem Ziel der Kreditverknappung;*
- *Verminderung der Staatsausgaben, wodurch erfahrungsgemäß der Sozialbereich am stärksten betroffen ist. Staatliche Lohn- und Preissubventionen müssen gestrichen werden;*

---

118 Paul Sandner, Michael Sommer, IWF-WELTBANK: Entwicklungshilfe oder Finanzpolitischer Knüppel, für >>Dritte Welt<<, Herausgegeben vom AK-Entwicklungspolitik im BDKJ, Schmetterling Verlag, Stuttgart, 1992, s.62

- *Lohnstopp bei gleichzeitigem Abbau von Preiskontrollen für die privaten Unternehmer;*
- *Steuererhöhung, die die Staatseinnahmen steigern und die Private Nachfrage drosseln;*
- *Herstellung von Bedingungen, die den freien Zufluss von ausländischen Investitionen begünstigen; hierunter sind zusätzliche Maßnahmen von Seiten des Staates zu fassen, wie Verbesserung der Infrastruktur und Investitionshilfen.*[119]

Der IWF ist nicht nur ein Kreditgeber, sondern auch ein Regulierer und kontrolliert die Ausgaben und justiert die wirtschaftliche Bewegung des Landes.

Der Internationale Währungsfonds springt ein, wenn die Regierung nicht mehr in der Lage ist, ihren verschuldeten Kredit bzw. die offene Rechnung, die der Staat von den westlichen Kreditgebern eingenommen hat, durch von IWF vorgeschriebene Konditionalitäten wieder in die „Wirtschaft des Landes zu beleben", um den aufgenommenen Kredit bezahlbar zu machen. Der IWF arrangiert und stellt ein neues Programm zur Verfügung, mit dem der Staat den Kredit austilgen könnte. Um den verarmten Staat mehr herauszuquetschen, zwingt der Fonds die Regierung, sich weiter zu verschulden, in den noch neuen Kredit aufzunehmen, aber mit Zwangskonditionalität: Der Fonds vereinbart sich mit der Regierung eine Reihe von staatlichen Ausgaben und Verkürzungen sowie:

---

119 Ebd

Die Erhöhung der Steuern, die Entlassung vieler Menschen aus der Dienstleistung, die Verkürzung der sozialen Ausgaben und der Bildung, die Anpassung des Wechselkurses; die Abwertung der nationalen Währung, um die Konkurrenz des internationalen Marktes zu unterbieten, unfähig zu machen.

Ihre Transaktion ist Handel, Waren aus dem Ausland zu importieren, aber sie müssen mit Devisen eingekauft werden, und ihre nationalen Produkte müssen sie mit ihrer abgewerteten Währung im internationalen Handel bzw. als wertlos anbieten, in der das Prokrustesbett des Konditionalitäten Abkommens besteht.

Der Fonds hat weitere Sparmaßnahmen induziert, sowie die Kürzung der Gehälter der Lehrer und die Verteuerung der Energie und Treibstoffs.

IWF beschreibt sich als „Allmächtiger Gottvater", der die Armen mit seinen Aktivitäten für die Menschheit mildert, obwohl er diese Länder in der Ungewissheit des Abgrunds führt.

„A main function of the IMF is to provide loans to countries experiencing balance-of- payments problems so that they can restore conditions for sustainable economic growth. The financial assistance provided by the IMF enables countries to rebuild their international reserves, stabilize their currencies, and continue paying for imports"[120].

---

120 William Easterly, The White Man's Burden, Oxford University Press, 2006-2007, s.187-188

Trotz der Tatsache, dass die Abgekommenen des IWF als kontraproduktiv erwiesen wurden, die verzweifelten Regierungen, die die Wirtschaft des Landes in den Bankrott verrichten mussten, versuchen aufgrund ihrer myopischen und Pfarrkirche-Denkform der Machterhaltung eines schnellen Geldes zu erwerben.

Egal, was die Folgen für den längeren Zeitraum sein werden; daher ist der IWF der richtige Adressat für ein schnelles Darlehen.

Der strategische Hintergrund ist, dass der Fonds viel Geld an die korrupten Regierungen, die ihre Länder maßlos beraubten und in den totalen Bankrott geführt haben, verleihen soll. Dieser Akt der Großmütigkeit sollte dazu dienen, diesen Regierungen in die Knie zu zwingen, sodass sie ihre Souveränität als Treuhand an die ausländischen Gläubigen freiräumen können.

Dieses Programm zielt nicht darauf ab, Armut und Unterentwicklung zu bekämpfen, sondern zielt darauf ab, den Rechtsstaat durch Bürgerkriege zu zerstören, die die souveränen Staaten verschwinden lassen. Das Land wird in kleine Teile zerstückelt, die von Banden und Warlords beherrscht werden.

Die Ressourcen werden das Land als freie Beute für die westlichen Industrieländer ohne Hindernisse und bilaterale Abkommen leicht bedienen. Statt mit anerkannter Regierung zu verhandeln, die sich Systematik auf Bodenoberfläche weggefegt hat, verhandeln sie nun mit den Banden von Warlords in der Gegenleistung mit Waffenaustausch. Die industrielle Mafia wird ohne irgendeine Regierung in Anspruch genommen, ohne Rücksicht auf die internationale anerkannte Regelung zu nehmen, deponieren sie ihre tödlichen Toxika, Nuklearen und Mühlen in das Land und Meer, in den jeweiligen Ländern.

Der Ausbruch maßloser Ausbeutung, die Zerstörung der Natur und des Lebensraums der Menschen sowie die Herrschaft der Habgierigen haben zu einem verehrenden Ausbruch von Exodus in vielen Teilen des Globus geführt. Diese gefährliche und tödliche Odysseus-Reise mit ihren Kindern endete und endet noch in dem Abgrund des Meeres.

2   Das verdammte Utopia

Der teuflische Abgrund des Odysseus, bevor das gelobte Europa erreicht wurde. Die utopische Hoffnung und Märchen, um ein menschenwürdiges Leben zu führen, endeten in den jenseits des Abgrunds:

Tag für Tag sterben vor den Küsten Europas hunderte von Menschen, die keine traut und vermisst, außer ihren Angehörigen zu Hause. Niemand hat sich für die tragischen Ereignisse interessiert, sogar Orban, der Regierungschef des Hungers, äußerte sich: „Null Toleranz, Null-Emigranten, abgesehen davon, dass wir unsere Grenzen gesichert haben, ist das Meer auch ein Schutz gegen den Einwanderer nach Europa." Die afrikanischen Machthaber sind apathisch, um eine Untersuchungskommission aufzustellen, die sich mit der ständigen Flucht, die tödlich endet, befasst. Auf den Ebenen der europäischen Regierungen und der UNO ist es verfehlt, diesem tragischen Szenario, das in dem Mittelmeer stets stattfindet, nachzugehen. Für einige Menschen sind die Ereignisse zu einer Spielfilm-Serie geworden.

2.1 Die reziproken Interessen der Natur-Beherrschung des kapitalistischen Abendlandes und der unbegrenzte Raub und Korruption der Autochthonen in den sogenannten Entwicklungsländern

Die Korruption der plutokratischen autochthonen Klassen und der unbegrenzte Raub der Natur-Ressourcen der westlichen Industriestaaten zerstören die Natur und das Lebensenvironment der Menschen, die zur Desertifikation und ewigen Dürre führen. Die Vergiftung des Meeres der Bio-Sphäre sowie die Zerstörung und Abholzung des Amazonas ermutigen und verstärken die Diktatur und erhellen die erbarmungslose Armut.

Die unermessliche Zerstörung der Natur durch die Habgier der Industrien ist grenzenlos, solange die Industrien die Verwertung nach unendlichen Nahrungsmitteln benötigen, die zur Gewinnmaximierung programmiert sind und wiederum den Wohlstand sichert sowie den Sozialfrieden der Menschen zügelt.

Das politische Credo des Kapitalismus ist, mehr Gewinn zu erzielen; den friedlichen Wohlstand im Stand zu halten, ihren eigenen Luxus zu sichern, und das System des Kapitalismus als eine Eschatologische in alle Ewigkeit zu monetisieren, Habgier nach Geld, Besitz und Ruhm ohne Ende instand zu halten.

Treibhaus: Die Verbrennung von Kohle und Erdöl führt zu einer Erwärmung des Planeten. In jeder internationalen Versammlung wurde unermüdlich über die Verbesserung und die Reduktion des Kohlendioxids diskutiert, aber ohne nennenswerte Ergebnisse wurden und werden erreicht.

Trotz vieler Proteste von „Friday for Future" und anderen Öko-Aktivisten sowie „Greenpeace" und ökologische politische Parteien bestimmen die kapitalistischen Lobbyisten jedes internationale politische Forum sowie deren Regierungen.

Die Treibhausgaskonzentration in der Atmosphäre ist mit Beginn der Industrialisierung deutlich angestiegen. Zahlreiche Messungen haben ergeben, dass dies der Fall ist. Sie ist heute so hoch wie nie zuvor in den zurückliegenden 800.000 Jahren, wo es nachgewiesene Klimaveränderungen aus verschiedenen, natürlichen Gründen gab (Quarternary Science Reviews: Köhler et al. 2010).

Erich Fromm zu Folge zitiert nach Albert Schweizer über seine Studie der: „'Verfall und Wiederaufbau der Kultur, (1973a, S.33-44) den modernen Menschen als >>unfrei<<, >>ungesammelt<<, >>unvollständig<<, >>pathologisch<< unselbstständig<< und >>an die Gesellschaft preis-gegeben< ... charakterisiert'"[121].

Die verjubelte Hoffnung der Industrienationen, bis hin zum heutigen Hi-Tech, sowie die ersehnte Verhei-

---

121 Erich Fromm, Haben und Sein, Deutsch Taschenbuch Verlag GmbH, Stuttgart, 1976, s.96

ßung des Hedonismus, die es sich den langen Kampf um Unabhängigkeit gegen die kolonisierten Länder führte, haben beiden durch die Habgier von Menschen in dem Leid und Zerstörung zum Verhängnis geworden.

Die schöne Idee der Entwicklungspolitik bzw. Entwicklungshilfe war die Beseitigung der Armut durch die Grundbedürfnisse der Menschen in den „Unterentwicklungsländern", mithilfe der Subvention, was natürlicherweise zum Selbstzweck der Selbsterhaltungstrieb der Profiterzeugung führt, war die tatsächliche Grundidee dessen an List und Betrug angehaftet: laut dessen politische Credo ist gekennzeichnet; „nicht „Sterben und nicht Leben".

„Die Widervernunft des totalitären Kapitalismus, dessen Technik, Bedürfnisse zu befriedigen, in ihrer vergegenständlichen, von Herrschaft determinierten Gestalt die Befriedigung der Bedürfnisse unmöglich macht und zur Ausrottung der Menschen treibt – ... Die Geschichte der Zivilisation ist die Geschichte der Introversion des Opfers. Mit anderen Worten: die Geschichte der Entsagung"[122].

3   Erbe-Plutokratie? Der Verfall der
       Nachahmung der Ideologien

Die Idee der Diskrimination ist bereits in ihrer ersten Phase entstanden, als sie die andere Rationalität als „Un-

---

122 Max Horkheimer, Theodor W. Adorno; Dialektik der Aufklärung (Philosophische Fragmente), Fischer Taschenbuch Verlag, Frankfurt am Mainz, Mai 1988, s.62

termensch und Barbaren" unterstellten. Sie hat sich ohne wirkliche Aufklärung bis hin zur Gegenwart an die Kultur und Geist der bürgerlichen Gesellschaft des Abendlands angehaftet.

Der Begriff Rassismus hat sich historisch zwischen den Klassen der gesellschaftlichen Unterschiede als politische Macht entwickelt. Rassismus war in der Gesellschaft zwischen den Klassen der Adligen und Leibeigenen sowie zwischen der Bourgeoisie und dem Proletariat, d. h. zwischen dem Haben und dem Nicht-Haben, politisch legitimiert, nicht nur Macht-Legitimation, aber wirtschaftliche Ausbeutung, die sie sich als politisch-ideologisch in die gesellschaftspolitischen Grundwerte des Abendlands etabliert. Es hat sich jedoch eine wissenschaftliche zu Bio-genetisch Rassen-Theorie entwickelt, die den Menschen nicht als kulturellen Menschen betrachtet, sondern als experimentelle Untersuchungskaninchen/Rate eingestuft hat.

In der Rassentheorie besteht eine Rechtfertigung für zwei Tendenzen zwischen Leben und Tod: Wer darf leben, wer darf sterben. Modus.

Martin Stingelin, der in seiner Arbeit Foucaults Theorie des Staatsrassismus anwendet, hat Folgendes angedeutet: *„Seine erste Funktion war es, Gruppe innerhalb der menschlichen Spezies gegeneinander zu differenzieren und zu hierarchisieren; denn nur unter Befreiung auf diese Hierarchie – und das war die zweite Funktion des Rassismus – konnte der Staat weiter Krieg führen, und zwar sowohl gegen seine äußeren wie gegen seinen inneren Feind: 'der Tod des Anderen, der Tod der bösen Rasse, der niederen (oder degenerierten oder anormalen) Rasse wird das Leben in allgemeinen*

gesunder machen; gesunder und reiner' (Michel Foucault, In
*Verteidigung der Gesellschaft. Vorlesungen am College der
France >1975-76<, S. 301). Der Nationalsozialismus war die
mörderischste Entfesselung dieser Logik*[123].

Die Darwin-Theorie ist eine Rassentheorie, die zur
Staatsideologie wurde, die die weiße Rasse nicht nur als
Superrasse gegenüber anderen Rassen erhob, sondern
mehr noch als Götter auf Erden verkörperte. Ihre Ko-
lonialpolitik hat nicht die Maximierung ihres Ausbeutungsmechanismus auf die Natur-Ressourcen beschränkt,
sondern die Menschen, ihr Menschsein durch Sklaverei
und Dezimierung als animalische Untermenschen (Arten) degradiert.

Um ihre Überlegenheit zu demonstrieren, haben Sie
die schwarze Rasse in unmenschlicher Weise versklavt,
sondern viele einheimische Rassen vollkommen aus der
Welt ausgerottet und ausradiert.

Die Rassenideologie des Genozids in Afrika, die Verstümmelung und die Beseitigung der einheimischen amerikanischen Indianer sowie die afrikanisch-amerikanische
Bevölkerung als naturbedingte Ereignisse beschönigte.

Rassismus ist ein menschliches Phänomen. Es ist
nicht das, was nur in der weißen Gesellschaft begrenzt
ist, sondern in allen Kulturen weltweit, was anderes und
nicht ihren eigenen Kulturstandards, anderes Denken,

---

123 Biopolitik und Rassismus, Herausgegeben von Martin Stin-
    gelin, Suhrkamp Taschenbuch Wissenschaft Verlag, Frank-
    furt am Mainz, 2003, s. 19

anderes Aussehen, die dem anderen Geschlecht einverleibt sind, ist abgegrenzt und diskriminiert.

Die weiße Gesellschaft hat durch ihre maßlose Habgier und Ausbeutung den Ausgang zu wirtschaftlichen und technologischen Wundern ermöglicht, in denen sie sich als überlegene Rasse positioniert und Rassismus als Staatsideologie definiert, um sich von anderen Rassen abzugrenzen. Sie haben nicht nur durch Gewalt ihre Kultur und Lebensraum zerstört, sondern auch komplett als aussätzigen Kranken unter Arten, die in der Weißen-Völkischen-Kultur-Identität unfähig sind anzupassen. Eines der wichtigsten Merkmale des Rassismus ist die traditionelle Denkweise des Okzidents, die die Hautfarbe Schwarz als „Dumm und Tumb hält und sich als Weiße sieht, sich als Selbst-Glorifizierung und Selbst-Optimierung Superrasse.

Charles Darwin war ein Zeitzeuge der Gräuel-Taten und massenhaften Vernichtungsereignisse gegen die Indios, wie die argentinische Regierung die Indianer der Pampe ausrottete: *„Aber auch er bekundete später schriftlich, daß solche Ausrottungsfeldzüge gegen mindere >>Rasse<< wohl unvermeidlich seien*[124].

Bis zum 21. Jahrhundert hat sich die Gräuel-Taten des Abendlandes gegen die nicht weiße Rasse nicht verringert. Nur die Strategie hat eine andere politische Form angenommen: Die Außenpolitik hat zwei strategische Formen entwickelt: 1) Kampf gegen den islamischen Terrorismus, 2) Menschenrechtsverletzungen als Vorwand

---

124 Ebd S. 73

bei direkten militärischen Angriffen gegen legitime Staaten, die sie sich zum Staatenlosen und ohne funktionierenden Rechtsstaat zugerechnet haben.

Einige Regierungen von Europa und Amerika richten ihren Staatsrassismus in zwei Richtungen: zum einen gegen die Muslime, die als terroristische Elemente verfolgt werden, aber durch die Verfolgung terroristischer Elemente in ihren Gesellschaften haben sie eine „Islamophobie und Islamhass" in ihren Gesellschaften erzeugt. Zudem sind der Hass und die Dezimierung der schwarzen Rassen ein wichtiger Faktor. Die schwarzen Menschen in Europa, Amerika, arabischen Staaten und China sind nicht nur diskriminiert, sondern auch willkürlich und systematisch gelyncht. George Floyd: „I can't Breath!"

4 Eine Utopie, die keine Utopie ist: eine Illusion?

In diesen Diskursen über die Idee der Utopie zu behandeln, ist nicht die Absicht oder Intention, sondern mehr über die Ideen, die sich über andere Rationalität als das Absolute darstellen. Trotz ihrer autokratischen und korrupten Herrschaftsstrukturen, die ihren Ländern und Bevölkerungen in einem Dilemma der Perspektivlosigkeit hineinführen, entzünden sie und stiften/stiftend Bürgerkrieg an, mit falschen Versprechungen von Unterstützung an die unzufriedenen Gesellschaften gegen ihre Regierungen. Dies führte zu einer Selbstvernichtungswelle ohne Wiederkehrer, die sich in vielen Teilen der Welt gegenwärtig befindet.

Welche Ziele verfolgt der Mensch aus seinen Heimaten im Jenseits, indem er sich durch seine Unwissenheit und unbewusste Politik mithilfe von Propagandamaschinerie von außen seine eigene Heimat komplett zerstören? Folglich nicht nur militärische Unterstützung oder direkte militärische Angriffe von fremden Regierungen, die ihre Länder vollständig zerstören, sondern auch eigene Armeen und Milizen.

Solange tyrannische, plutokratische, despotische und diktatorische Regime Macht auf die Menschen ausüben, ist nicht zu erwarten, dass eine Rechtsstaatlichkeit der Gerechtigkeit und Gleichheit in ihrem System entwickelt wird.

Im politischen System sind die Menschen in einer Situation der Perspektivlosigkeit gefangen, in der sie ihre Schicksale selbst überlassen. Sie ist ein Schicksal, das durch ihre Ohnmacht in eine Illusion umschlägt. Eine Utopie, die in einer Hoffnungslosen-Utopie aufscheint, die jedoch in einem ungewissen Jenseits der Selbstaufopferung verlangt. Mit den Prämissen, dass es immer besser werden wird, wenn wir das gelobte Land erreichen.

Dies wurde zu einer verhängnisvollen Qual, die von selbst erträumtem Utopia als unerfüllbare Hoffnung umgeschlagen und eine Illusion erwiesen hat. Sie hofften auf eine Zukunft, in der sie nicht mehr wissen konnten, wenn dem jeweiligen Gastland eine Absage erteilt wurde, die ihre Lage verschlimmerte. Dieser Teufelskreis führt zu einer aussichtslosen Lage und in der Folge zu Selbstmord.

Die existierenden politischen Systeme, die Machthaber und ihre Befürworter wurden durch die bezweifelten und orientierungslosen Volksaufstände in Bedrängnis gebracht. Wo Regime Change nach Demokratie gefördert wird und zu erwarten war, schlägt sich der tödliche und unmenschliche Bürgerkrieg, der Machtkampf, um.

Gibt es eine Utopie des Idealen-Staats, wo Gerechtigkeit und Gleichheit herrschen?

Wie definiert sich der Staat als Idealstaat, welcher den europäischen Klassikern als Idealstaat verkündigt wurde, während die Europäer weltweit an ihren Kulturen eines kolonialen Denkens verwurzelte Herrschaftsform monetisierte? In den vielen Staaten, die ihre Ideale Philosophie als das ideale Ideenmodell angenommen haben, führt die ständige Präsenz zum historischen Verfall des real existierenden Staates.

Daher ist es ein Versuchswert über die Staatslehre der europäischen Klassiker, wie ihre politische Staatsphilosophie der Staatsregierungen die Staaten in dieser Welt in ihrem Herrschaftssystem stark geprägt hat, egal, wie ihre Denkweise der politischen Philosophie sich voneinander unterscheidet.

Herbert Marcuse beschreibt in seinen Diskursen das Ende der Utopie vor seinen Studenten an der Freien Universität Berlin folgendermaßen: „Utopie ist einen historischen Begriff. Er bezieht sich auf Projekte gesellschaftlicher Umgestaltung, *die für unmöglich gehalten werden. Unmöglich aus welchen Gründen? In den gewöhnlichen Diskussionen der Utopie gilt die Unmöglichkeit der Verwirklichung des Projekts einer neuen Gesellschaft:*

1) Weil die Subjektiven und objektiven Faktoren einer gege-
benen gesellschaftlichen Situation der Umwandlung entge-
genstehen – die sogenannten Unreife der gesellschaftlichen
Situation, zum Beispiel kommunistische Projekte während
der französischen Revolution. Oder vielleicht heute: Sozialis-
mus in den höchstentwickelten kapitalistischen Ländern[125].

Laut Herber Marcuse sind die subjektiven und objektiven Faktoren, die der Umwandlung der Gesellschaften
zur Verwirklichung ersehnten Utopie entgegengestan-
den haben: durch Unwissenheit und Unreife, die den
Umständen befremdet waren/sind.

Er sagte, dass der Unreife der Menschen den Kommunismus während der französischen Revolution und
den Sozialismus in den höchstentwickelten kapitalistischen Ländern, weil subjektive und objektive Faktoren
vorhanden waren, einfach von bürgerlichen Bourgeoi-
sien überlisten würde.

Marcuse geht davon aus, dass der Diskurs der Utopie durch die subjektiven und objektiven Faktoren beeinflusst wird. Marcuse bezeichnet Marxismus als die
gesellschaftliche Umwandelung, die sich zur Utopie hinführen könnte, wenn die materiellen und intellektuellen
Kräfte, die für die Realisierung der Projekte notwendig
sind, zusammengeführt werden. Dies bedeutet, dass die
Wissenschaft und die Technologie sowie das menschliche
Know-how im Klang gebracht werden sollen.

---

125 Herbert Marcuse; Das Ende der Utopie; Herausgegeben von
Horst Kurnitzky und Hansmartin Kuhn; Verlag v. Ma-kow-
ski, Seminar an der FU-Berlin, s. 12-13

Aber; in der Wissenschaft und Technologie wurde mehr Lebensraum der Menschen durch maßlose Ausbeutung und Raub der Natur-Ressourcen, sowohl auf Land als auch ins Meer, verursacht. Armut, Kriege, Zerstörung und Exodus sind ihre Folgen.

Menschen, die ihre Habgier nicht zügeln wollen und immer ihre unbegrenzte Habgier als Freiheit der Notwendigkeit in Anspruch nehmen und rechtfertigen, richten die Welt im Abgrund mit ihren Übeln. Nach ihrer Habgier stiften und verbreiten sie willkürlich weltweit die teuflische Hölle. Trost durch hoch entwickelte Technologien, die Menschheit kann kein Gegenmittel zur Beendigung des Wahnsinns finden. Es herrscht Unvernunft, Unordnung, Orientierungslosigkeit und die Fähigkeit, alternative Ideen zu entwickeln. Die Menschheit hat sich gezwungen, nur in denselben Stellen herumzulaufen, und zwar in Ideologien, die sich als Illusion erwiesen haben.

Wie es auch sein mag, die Demokratie in Europa und Amerika ist mit Blut geschrieben. Durch die Infiltrierung anderer Kräfte, sowie Liberalen, Konservativen und Faschisten Parteien, hat sich eine „imperialistische Demokratie" entwickelt, die sich *„mit Hilfe einer Großmachts- und Reichspolitik die Mittel schaffen, um den Ausgleich zwischen Unternehmen und Arbeitern zu ermöglichen"*[126] soll.

„Ein demokratischer Staat in der Neuzeit ist folgerichtig ein Gemeinwesen, in dem eine der angegebenen Formen der

---

126 Arthur Rosenberg, Demokratie und Sozialismus, Athenäum Verlag GmbH, Frankfurt am Mainz, 1988, s. 303

modernen bürgerlichen Demokratie die Herrschaft hat. Wenn
den gesellschaftlichen Gehalt eines Staates richtig beurteilen
will, ist es nicht genug, die geltende geschriebene oder tradi-
tionelle Verfassung zu beachten, sondern es kommt darauf
an, wie die Einrichtungen des Staats auch wirklich funktio-
nieren, wie sich die einzelnen Klassen zueinander verhalten
und wer in jedem gegebenen Moment in Staat wirklich die
Macht hat"[127].

Um gesellschaftliche Veränderungen zu erreichen, müssen die Menschen zunächst ihre Denkweise verändern.
Umdenken, ob ihr Leben Sinn macht, wenn andere leiden.
Erlernen muss, wie man die eigenen „Ego" und „Habgier"
überwinden kann, durch Aufklärung und Wiedererziehung
der politischen Institutionen, Wirtschaftsinstitutionen
und Industrien, in die Familienleben, in die Kulturinsti-
tutionen. Die Demokratie ist nur ein Mittel zum Zweck,
aber nicht das eschatologische Ende. Wie in Afrika und
anderen despotischen Regierungen könnte eine Volksre-
gierung mit Rechtsstaatlichkeit und „Good-Governance"
auf dem Weg gebracht werden bzw. realisierbar werden?

---

127 ebd

VI-Kapitel

1   (Ideal-Staat) nach Platon: Politeia?

Es wäre möglich, die „Utopie" als gut funktionierende Staatsform in gesellschaftlichen Ordnungen zu verwirklichen.

Die Staatsform und Staatsordnung sind das philosophische Werk und die politische Theorie der „Politeia" des
Platon. Für die westliche Staatsphilosophie ist Platons
Staats-Idee eine Form der Grundpfeiler, die die philosophische Geschichte der Staatsordnung des Abendlands
geprägt haben.

Platons politische Vision war es, ein vollkommenes
Gemeinwesen zu schaffen, in dem alle Menschen glücklich sind und das auf der Grundlage des Gesetzes der Gerechtigkeit besteht.

Staat kann Gerechtigkeit ausüben, wenn er durch Fä-
hige, Weise, die von königlichen Philosophen herrschen
müssen, und alle Formen der Veränderung vorgeht: *Veränderung von Übel, die Ruhe aber göttlich ist*[128].

---

128 Karl Popper; Die offene Gesellschaft und ihre Feinde: Band
     I (der Zuber Platons; (Mohr Siebeck, Tübingen, 1945/1992),
     s 46

1.1 Ist ein Idealstaat zu erkennen, wenn Platos Staatsphilosophie mit menschenverachtenden Bildern anhaftet?

Negatives Frauenbild von Platon! Timaios ist der Ursprung der Arten, welcher des Menschenbilds von Platon zwischen zwei Arten von Menschen unterscheidet: Menschen, die in sich keine Götter besitzen und zu dem Prozess der Verfall und Degeneration verdammt bzw. entartet sind. Er bezeichnete diese Menschen als Feiglinge und Bösewichte, die sie suche, um zu einem weiblichen Wesen zu werden. Die rassistische Theorie von Kant, der den „Neger" als „läppisch" bezeichnet und er sich als untersten Teil der Menschheit befindet, die sie sich mit Prügeln, aufgrund ihrer Feigheit, auseinandergejagt müssen; wird von Kant auf Platons Äußerung und falsches Bild zu Weiblichen-Wesen zurückgeführt.

Bis zum heutigen 21. Jahrhundert ist der Idealstaat nach Platon nicht vorhanden, trotzdem Teile der Globus von demokratischem System als Staatsform regiert werden, und dennoch überwiegend die Mehrheit in Planeten-Erden von totalitären Regimen als Herrschaftssystem unterstellt sind.

Eine Herrschaft der Besten, als Idee, die mit guten Werten, der Gleichstellung von Menschen, ist die platonische Behauptung über den Idealen-Staat, in dem die Guten ohne Weiteres richtig handeln können. Platon hat erkannt, dass unter der Herrschaft von Aristokratie etwas Schlechtes, unfähiges und korruptes von einem System der Timokratie entstehen wird, das in der Tat besteht.

Dies sei eine Herrschaft von wenigen, die sich durch ihren Besitz und trotzdem ihr nicht ausreichend befähigtes Wissen zur herrschenden Macht begeben.

Eine weitere Form des Verfalls gegen die Oligarchie und rechtmäßig gewählte Regierungen ist eminent, solange die Regierende politisch verdroschen werden.

Die Oligarchien werden früher oder später ihre Herrschaft in irgendeiner Form verlieren, unabhängig davon, ob sie sich um eine demokratische politische Herrschaft verankert ist oder eine sozialistisch-kommunistische Ideologie handelt:

Solange es in den Gesellschaften kontroverse Interessen gibt. Der Verfall eines Staates kann auf vier unterschiedlichen Ebenen erfolgen: Der eine ist ein Militär-Putsch; der andere ist ein Volksaufstand bzw. eine Revolution, der dritte ist eine Militärinvention von außen. Die vierte ist sehr gefährlich, und sogar, wenn rechtsradikale Parteien zum eigenen Vorteil pervertieren; wenn sie die Demokratie als Mittel zum Zweck nutzen.

Die Demokratie hat sich selbst zum Feind gemacht, weil sie die Rechtspopulisten zu ihrem Vorteil nutzt und den Weg zur friedlichen Besetzung der Machtzentren ermöglicht.

Ein Nepotismus-System, das durch demokratische Mittel die Machtzentren erworben hat, oder durch Gewalt, List oder Betrug erobert hat, wird keine Stabilität und innerer Friede herrschen können. An einem solchen System wird niemals eine wirtschaftliche Entwicklung mit Rechtsstaatlichkeit gewährleistet. Denn das System steht unter der Bevormundung von wenigen Reichen, die Staatsgewalt in ihren besitzt. Die durch Geiz und Habgier geprägte Machtform regieren, führt dazu, dass das Land und das Volk zu einer steigenden Armut und Misswirtschaft verweilt.

Die Freiheit ist in eine Sackgasse geraten und unter dieser Staatsform lassen Begierde entstehen, in der die politische und soziale Ordnung ihre Vernunft verloren hat. Die Idee des Guten kann nun nicht mehr verfolgt werden, wenn die Gewalt als Mittel zur Machtergreifung eingesetzt wird.

Die politische Ordnung wiederherzustellen, indem eine Person zum Staatsoberhaupt erklärt wird, die sich zu Tyrannei entwickelt hat, oder es wird sich als „Failed State" ohne funktionierende zentrale Regierung disqualifiziert: Dies führt am Ende zu Chaos, Zerstörung und Massenflucht.

Somit ist die Verheißung, dass das Utopia in dem Verfall der Illusionsideologie sich verraten wird und wurde.

Erich Fromm hat die Gründe, warum die Verheißung nicht zu erfüllen ist, an folgenden Statements dargestellt: *„Dass sich die große Verheißung nicht erfüllt hat, liegt neben den Systemimmanenten ökonomischen Widersprüchen innerhalb des Industrialismus an den beiden wichtigen psychologischen Prämissen des Systems selbst, nämlich 1. dass das Ziel des Lebens Glück, das heißt ein Maximum an Lust sei worunter man die Befriedigung alle Wünsche oder subjektiven Bedürfnisse, die ein Mensch haben kann, versteht (radikaler Hedonismus= die Schicht, die unbegrenzte Reichtum besitzen); 2. dass Egoismus, Selbstsucht, und Habgier – Eigenschaften, die das System fördern muss, um existieren zu können – zu Harmonie und Frieden führen*[129].

---

129 Erich Fromm, Haben und Sein, Deutscher Taschenbuch Verlag, Stuttgart, 1976, s. 15

Vom 29. – 30. Oktober 2019 in der Friedrich-Ebert-Stiftung Berlin

> *Sehr geehrter Herr Hassen,*
> *„die Welt um uns wandelt sich rasant. Wir arbeiten mobil, handeln auf Plattformen und pflegen unsere Freundschaften im Internet. Bald wird unser Auto autonom fahren und unser Kühlschrank eigenständig für Nachschub sorgen können. Wir leben den digitalen Kapitalismus.*
> *Aber bringt die neue Wirtschaft wirklich den versprochenen Fortschritt für alle oder nur enorme Macht und Profite für wenige? Führt die Digitalisierung unweigerlich zu mehr Ungleichheit – im wirtschaftlichen Wettbewerb, auf dem Arbeitsmarkt und bei Einkommen und Vermögen? Wie können wir die Rahmenbedingungen so gestalten, dass alle am Fortschritt teilhaben und von den Potentialen der neuen Technologien profitieren?"*

Ich bedanke mich an für die Friedrich-Ebert-Stiftung Berlin für die Frage, die Sie mir gestellt haben. Ich kann folgende Fragen beantworten:

Ist diese Welt in allen Hoffnungen das Utopia entsagt, und befindet sich die Menschheit im Zeitalter des apokalyptischen Abgrunds? Kann die KI (künstliche Intelligenz), bzw. Hi-Tech, die für die Kunst des Krieges eingesetzt wird, eine kollektive Vernichtung der Menschheit in dieser Welt ermöglichen? Oder könnte es eine neue Hoffnung des Utopia auf dem Weg leiten?

Menschliche Eigenschaften wie Macht, Egoismus, Selbstsucht und Habgier können unmöglich sein, ihren angeborenen charakterlichen Attitüden entweder zu beenden oder zu zügeln: Nur sie werden unmittelbar diese Eigenschaften ohne ihren Willen scheiden lassen, in dem letzten Atemzug: dem Tod. Und wo landeten sie, was sie durch List, Betrug und Gewalt erwarben und Menschenleben in ihrer Gegenwart keine Werte hatten? Würden Sie alle diese Gegenstände ins Jenseits mitnehmen? Falls ja, welchen Wert werden sie im Jenseits haben? **»Diese Ansage ist nicht moralisch, sondern die Tatsache, dass jeder Mensch, willig oder unwillig, bevorsteht.«**

Schlussfolgerung

Was kommt nächst? Wir erleben ein Zeitalter der Nuklear-Kriege, die sich imminent ist, wo zu Zeit keine vernünftigen diplomatischen Lösungen für den Krieg zwischen Russland und Ukraine sowie zwischen Israel und Palästinensern, die sie sich unversöhnlich gegenseitig zerfetzen, gibt. Es besteht die Gefahr, dass dieser Krieg in den übrigen Europa einwirkt und möglicherweise eine Dritte-Welt auslösen könnte, weil Europa in einem politischen Dilemma befindet, in der sie sich durch die (Un)Vernunft der amerikanischen Politik angehaftet ist. Europa als dritte neutrale Macht, die sich Balancieren sollte zwischen den Kontrahänden und als Friedenstiftende Macht in der Welt hat von sich aus entfernten ließ.

Es wird ein Anlass sein, dass China Taiwan eingreift und dort eine andere Front eröffnet. In vielen Teilen der Welt wird es zu kriegerischen Auseinandersetzungen kommen. Die Weltordnung wird am Ende sein. Die Menschheit in diesen Jahrhunderten ist verdammt in einer Epoche von Ungewissheit, wobei unbekannte tödliche Viren und Krankheiten durch die Produktion von biologischen und chemischen Waffen verursachten und dagegen keine Heilmittel geben, stetig zu leben.

Die Welt ist von einer Ideologie geprägt, die zügellose Gier, Egoismus und Selbstsucht als Tugenden betrachtet. Mit rücksichtslosem Raub und der Zerstörung der Umwelt wird nicht nur Armut beschleunigt, sondern es wird zu einem kollektiven Abgrund hinführen. Das kapitalistische System verweigert die gesellschaftliche Transformation zu einem neuen Projekt des Umdenkens. Könnte eine lernende Umerziehung zu Altruismus in der industrialisierten-kapitalistischen Gesellschaft sowie der neuen Imperialen China möglich sein?

Der Glaube an die Kulturen und Lebensnormen, die seit Beginn der Industriezeit an die Gene des Abendlandes angehaftet haben, wird niemals revolutioniert werden, unabhängig davon, ob es sich um kapitalistische oder Satellitenstaaten handelt. Diese Illusionsideologie wurde den Kolonien als monotheistischer Glaube aufgezwungen, was die Verheißung des Utopia unmöglich machte: Diese Ideen sind eine Farce, da sie die politischen Ideen der „Sustainable Development in the 21 Century (SD21)" und der „Rio Prinzipals" der Europäischen Union an die UNO als einmalige Idee vorgelegt haben.

Die Idee ist nichts anderes als gesellschaftliche Kontrolle, sowohl individuelle als auch gesellschaftliche, die sich zu jeder Form von Innovationen und die Freiheit zu Selbstentwicklung und Selbstbestimmung aus dem Gefecht setzt. Wohltun wird mehr Einfluss auf die internationalen Lobbyisten ausüben: Ein anschauliches Beispiel dafür ist Somalia. Somalia ist eine direkte Kolonie der Vereinten Nationen und wird von der Europäischen Union und den Vereinigten Staaten kontrolliert und überwacht. Sie haben die Vollmacht an ihre Lobbyisten erteilt, die die Politik Somalias ohne weitere Absprache bestimmen. Und falls sich Somalia gegen die Bevormundung der UNO wehrt, dann wird sie die Clan-War-Lords und radikal-religiöse terroristischen Gruppen wieder zum Leben erwecken. Durch diesen Akt ermunterten und stiften sie diesen Kräften die Destabilisierung des Staates und die Terrorisierung der Menschen. Die Art und Weise, wie sie die Regierung Somalia erpressen oder ihre eigenen Interessen ausdrücken können, praktizieren diese Politiker in vielen Ländern der Welt.

Es ist nicht verwunderlich, dass einige Staaten in diesem Globus, vor allem die afrikanischen Staaten, von den westlichen Imperien abrücken und sich China und Russland zuwenden.

Als Alternative zu westlichen Imperien werden die BRICS-Staaten (Brasilien, Russland, China und Südafrika) verstärkt, mit einer alternativen Währung zu US-Dollar und Euro.

Die Frage, die sie sich zu stellen ist, wo blieb die Europäische Ideelle-Werte?

Wieso ist die Menschheit, die KI, bzw. HI-Tech und Nuklearwaffen gleichwohl biologische und chemische Waffen herstellen, nicht in der Lage, „Vernunft" zu erschaffen, um die Menschheit zu einem besseren Miteinander zu bewegen und die alles Wissen und Ressourcen gemeinsam auszunützen und somit Frieden und Freiheit möglich zu machen? Kann es nicht möglich sein, die vorhandenen Ressourcen in der Welt ohne die Umwelt und Menschen zu zerstören und ohne eine Gewinnmaximierung auf den Vordergrund zu stellen, für den Wohl der Menschheit und die Umwelt gemeinsam zu verwalten? Wohin steuert die Welt?

Literaturverzeichnis

Theodor W. Adorno; Prismen, Kulturkritik und Gesellschaft, dtv. München, 1955, Suhrkamp Verlag, Frankfurt a. Mainz. November 1963-1966,

Theodor W. Adorno; Studien zum autoritären Charakter, Suhrkamp Taschenbuch Wissenschaft, Arab News 45

Hannah Arendt; Vita Activa; oder Vom tätigen Leben, Serie Piper, GmbH & Co.KG, München, 1976,

Hannah Arendt, Macht und Gewalt, Piper Verlag, München, 1970,

Matthias Lutz-Bachmann; Grundkurs Philosophie, Band 7, Ethik, Philip Reclam jun. GmbH + Co.KG, Stuttgart, 2013,

Asafa-Wosse, Asserate, King of Kings (The Triumpf and Tragedy of Emperor Daile Selassie I of Ethiopia), Haus Publishing LTD. 70 Cadogan Place, London, swix 9A 2001H

Biopolitik und Rassismus, Herausgegeben von Martin Stingelin, Suhrkamp Taschenbuch

Wissenschaft Verlag, Frankfurt am Mainz, 2003,

Joachim Bischoff; Die Herrschaft der Finanzmärkte (Politische Ökonomie der Schuldenkrise)

VSA; Verlag 2012, St Georgs Kirchhoff 6, 20099 Hamburg,

Ernst Bloch; Geist Der Utopie; Erschien Erstmal 1918 im Verlag Duncker & Humblot,

München und Leipzig; Suhrkamp Verlag Frankfurt am Mainz 1971; Dieser Ausgabe Suhrkamp Verlag 2018,

Ernst Bloch, Subjekt-Objekt Erläuterungen zu Hegel, Suhrkamp Taschenbuch Verlag Frankfurt am Mainz, 1962,

Rutger Bregman, Utopia for Realists; and how we can get there, Bloomsbury Publishing, 50

Bedford Square? WCIB 3DP? UK, 2017

Terry Eagleton; Culture, Yale University Press; New Haven And London, 2016,

Ernst Bloch; Subjekt-Objekt Erläuterungen zu Hegel, Suhrkamp Taschenbuch Verlag Frankfurt am Mainz, 1962,

Ernst Bloch; Geist Der Utopie; Erschien Erstmal 1918 im Verlag Duncker & Humbolt,

München und Leipzig; Suhrkamp Verlag Frankfurt am Mainz 1971; Dieser Ausgabe Suhrkamp Verlag,

Eli Canetti, Masse und Macht; Fischer Taschenbuch Verlag, Frankfurter am Main, 1980, The Bretton Wood Conference, 1944; US Department of State Archive, online released; 20 January, 2001 to 20 January 209

Congressional Research Service; (IN-FOCUS), September, 4, 2019

William Easterly; The White Man's Burden, Oxford University Press, 2006-2007,

Terry, Eagleton, Culture, Yale University Press, New Haven London, 2016

Fest Joachim; Der zerstörte Traum; Von dem utopischen Zeitalter, Corso bei Siedler Verlag GmbH, 1991 Berlin,

Fromm, Erich; Haben oder Sein, Deutsche Taschenbuch Verlag GmbH und Co. KG, München, 1979, s.

Fromm Erich, Jenseits der Illusion: Die Bedeutung von Max und Freud, rororo Sachbuch,

Rowohlt, Frankfurt am Mainz, 1965,

Joachim Fest; Der zerstörte Traum (Vom Ende des utopischen Zeitalters),Corso bei Siedler

Verlag, Berlin, 1991,

Franz Fanon; Die Verdammten dieser Erde, Suhrkamp Taschenbuch, Frankfurt/Main, 1966,

Franz Fanon, Schwarze Haut, weise Masken; Suhrkamp Taschenbuch, Frankfurt/Main, 1980,

Michel Foucault; Wahnsinn und Gesellschaft, Suhrkamp Taschenbuch Wissenschaft,

Frankfurt am Mainz, 1969, s.161 Albert Schweitzer; Kultur und Ethik, Verlag C*H*Beck München, 1960,

Michel Foucault; Überwachung und Strafen; Die Geburt die Gefängnisse, Suhrkamp Verlag Frankfurt am Main, 1976,

Arno Gruen; Der Wahnsinn der Normalität; Realismus als Krankheit: Theorie der menschlichen Destruktivität, Deutscher Taschenbuch Verlag, München, 1993,

Graham Hancock; Händler der Armut (Wohin verschwinden unsere Entwicklungs-Milliarden?) Droemersche Verlags-anstalt Th.Knauer., München, 1989

Bruce, Hood; The Self-Illusion (Who do Think You are?), Constable & Robinson Ltd, 35-56

Russel Square, London, WC1B 4 HP, UK

Immanuel Geis; Geschichte des Rassismus; Neue Historische Bibliothek; edition Suhrkamp, Frankfurt am Main, 1988

Gerhard Hauck; Einführung in die Ideologiekritik, Argument Verlag, Berlin, 1992,

Chalmers Johnson; The Sorrows of Empire (Militarism, Secrecy, And the end of the Republic),

Vero Publication, 204, UK, 6 Meard Street, London WIF 0EG, s.5, 26

Christian Joppke; Is Multiculturalism Dead? Crisis and Persistence in the Constitutional State,

Polity Press, 65 Bridge Street, Cambridge CB12 1UR UK, 2017

Jürgen Habermas; Der philosophische Diskurs der Moderne, Suhrkamp Taschenbuch Wissenschaft Verlag, Frankfurt am Mainz, 1985,

Jürgen Habermas; Der philosophische Diskurs der Moderne, Suhrkamp Taschenbuch

Wissenschaft Verlag, Frankfurt am Mainz, 1985,

Stuart Hall; Populismus, Hegemonie, Globalisierung; Ausgewählte Schriften 5, Argument Verlag Hamburg, 2014

Jürgen von Kempski; Recht und Politik; Studien zur Einheit der Sozialwissenschaft, Schrift 2; Suhrkamp Taschenbuch Wissenschaft, Frankfurt am Mainz, 1992

Max Horkheimer; Kritische Theorie II; Frankfurt/ Main, 1969,

Max Horkheimer, Theodor W. Adorno; Dialektik der Aufklärung (Philosophische Fragmente),

Fischer Taschenbuch Verlag, Frankfurt am Main, Mai 1988,

Immanuel Kant, Kritik der praktischen Vernunft, Felix Meiner-Verlag, die Deutsche

Bibliothek, 2003, Einleitung, s. XXVI-XXVII; Internationale Verhandlung)

Jürgen Habermas; Der philosophische Diskurs der Moderne, Suhrkamp Taschenbuch

Wissenschaft Verlag, Frankfurt am Mainz, 1985,

Herbert Marcuse; Schriften 7, Der eindimensionale Mensch, Suhrkamp, Frankfurt am Mainz, 1989,

John Markakis, Ethiopia (the last two Fronts), James Curry, Eastern Africa Series, PO Box, 9, Woodbridge, Suffolk,IP 12 3DF UK

George H. Mead, Gesammelte Aufsätze (Band 1, Herausgegeben von Hans Joas), Suhrkamp

Taschenbuch Wissenschaft, Verlag, Frankfurt am Mainz 1980,

George H. Mead, Geist, Identität und Gesellschaft, Suhrkamp Taschenbuch Wissenschaft, Verlag, Frankfurt am Mainz, 1991,

Ulrich Menzel; Paradoxien der neuen Weltordnung, Politische Essays, Edition Suhrkamp, Frankfurt am Mainz, 2004,

Friedrich Nietzsche, Jenseits von Gut und Böse (Werk 3) Könemann Verlagsgesellschaft mbH,

Bonner Straße 126, D-50968 Köln; Herausgegeben von Rolf Toman, 1994,

Michael Pauen; Grundprobleme der Philosophie des Geists (eine Einführung), Fischer Verlag, Frankfurt am Mainz, 2001

Nicos Poulantzas; Staatstheorie (Politischer Überbau, Ideologie, Autoritärer Etatismus, VSA-Verlag Hamburg, Presses Universitaires de France, Paris, 1977

Jan Rehmann; Max Weber: Modernisierung als passive Revolution; Kontextstudien zu Politik,

Philosophie und Religion im Übergang zu Fordismus, Argument Verlag, 2013,

Jan Rehman; Einführung in die Ideologietheorie, Argument Verlag, Hamburg, 2008

Walter Rodney; "To develop Africa, break with Capitalism"; New frame. Com (Facebook)

Marquis De Sade; Die Hundertzwanzig Tage von Sodom, oder Schule der Ausschweifung,

Werk 1, Könemann Verlagsgesellschaft mbH, 1995, Bonner Straße 126, D-50968 Köln,

Sander, Paul und Sommer, Michael: IWF – WELT-BANK. Entwicklungshilfe? Oder

Finanzpolitische Knüppel für die Dritte Welt; Herausgegeben vom AK Entwicklungspolitik im BGKJ (Stuttgart)

Albert Schweitzer; Kultur Und Ethik, Verlag C*H*Beck München, 1960,

Shirley Sugerman; Narzissmus als Selbst Zerstörung, Walter-Verlag, Olten, und Freiburg im

Breisgau, 1978

Justin Stagl; Kultur-Anthropologie und Gesellschaft: Dietrich Reimer Verlag Berlin 1981,

Schweizerisches Jahrbuch für Entwicklungspolitik, Jahresbuch Schweiz- Dritte Welt 1994, (II.

Rede von Lord Thomas Babington Macaulay vor der Britischen Parlament, 2 Februar 1835 (aus dem Internet)

Tomothy, Synder; The Road to Unfreedom, Russia, Europe, America, Vintage, 20 Vauxhall Bridge Road, London, UK, 2018

Martin Stingelin (Herausgeber), Suhrkamp Taschenbuch Wissenschaft, Frankfurt am Mainz 2003

TAZ; taz-archiv; 9632831634466, 22.09.2020

Text zur Politischen Philosophie, Philip Reclam jun, GmbH, Stuttgart, 2014

Ed West; the Diversity Illusion, Gibson Square, London, UK 1988

Mohammed Ahmed Hassen (Zakaria)

Utopia disparue dans l'au-delà de l'incertitude

Corne de l'Afrique une utopie auto-justifiée dans au-delà de l'abîme destructeur :

L'imitation de l'idéologie de l'illusion s'est condamnée à se trahir elle-même et a été fatale à l'Afrique

Table des matières

Est-il possible d'intégrer un progrès aliéné sans reconstruire la morale traditionnelle et sans moderniser les habitats des cellules culturelles ?

Chapitre II

(Une utopie qui s'est transformée en illusion dyspeptique) : L'Afrique souffre-t-elle du syndrome de la «maladie dysostose-multiple» ?

1.2   La lutte de libération pour l'indépendance a été une lutte de moyens pour une fin (Une farce !).

Chapitre III

1   «L'instinct de destruction ne les dérangera plus, et l'abîme de la vie humaine fait partie du quotidien normal :

1.1   Comment les citoyens somaliens ont traversé et vécu l'expérience cruelle de la guerre civile avec leurs familles :

1.2   Comment l'éthique négative du colonialisme occidental (l'imitation de son idéologie illusoire) mène les sociétés africaines à leur perte :

l'exemple de la destruction de l'éthique traditionnelle somalienne et de la tradition morale :

1.2.1   En Somalie, ce n'est pas seulement l'État qui s'est effondré, mais aussi toutes les formes de tradition morale et de loi morale qui ont disparu avec lui :

1.3   La cupidité pousse les gens à s'affirmer par leur soif de pouvoir, d'argent, de mensonge et de sexe, sans aucun scrupule :

Chapitre IV

1   Imitation de l'idéologie occidentale de l'illusion :

2   L'anticolonialisme a pris la forme du néo-colonialisme et s'est finalement subsumé à la tutelle : le «sous-développement» en tant que terme interne coïncide avec le terme «non civilisé» : Ungeist :

1.1   Le plan de sauvetage et l'aide au développement vont-ils engendrer une mauvaise gouvernance ?

2   Somalie : l'utopie auto-jugeante : une imitation désastreuse d'une idéologie illusoire prescrite :

2.1   Un bref aperçu du commerce du pétrole et du gaz somaliens, comme moyen de chantage pour maintenir la Somalie en échec et la rendre éternellement ingouvernable :

2.2   USAID; la main tendue de la CIA :

et autres aides au développement occidentales; ou les ONG en tant que gardiens et instruments de blocage de toute tentative de mouvement du gouvernement somalien vers des entreprises de l'Etat de droit : l'interdiction de la souveraineté :

3   Les bases militaires de la Corne de l'Afrique comme stations de surveillance et de contrôle :

Leur mission est de contenir les mouvements politiques et économiques dans les régions de la Corne de l'Afrique et du Moyen-Orient.

3.1   La base militaire de Djibouti :

3.2   The Empire of Basis : La base militaire des empires :

3.3   Djibouti et les États-Unis :

Un petit Etat d'une superficie de 23.200 km2 et d'une population de 921.804, situé au carrefour stratégique entre Bab el Mandab, la Mer Rouge, le Golfe d'Aden et l'Océan Indien.

3.4   Chine et Djibouti :

3.5   Le port de Doraleh/Djibouti et la présence militaire chinoise à Djibouti :

4   Introduction : L'Éthiopie un mythe inventé ?

4.1   La fin de l'utopie éthiopienne :

4.2   Les formes primaire, secondaire et tertiaire de la politique d'assimilation de l'Abyssinie :

4.2.1   Intégration tolérable :

4.2.2   Complètement assimilée, mais désintégrée :

4.2.3   Assimilée, mais ségréguée :

4.2.4   Les quatre et cinq catégories sont soit totalement
         assimilées, soit éteintes :

soit les quelques-unes qui subsistent ont été transfor-
mées en spectacle folklorique pour touristes.
4.2.5) Une nation aliénée et colonisée :

L'autorité éthiopienne distingue sa politique de ségré-
gation en deux niveaux catégoriels : les opprimés et les
colonisés.

5   Les controverses et les conflits contradictoires
         entre le peuple somalien et l'Éthiopie :

5.1   Les barrières psychologiques qui conduisent
         l'Éthiopie vers l'abîme sont énormes :

5.2   La complaisance de l'idéologie illusionniste de
         l'éthiopianisme :

Par l'écriture erronée de l'histoire et l'assimilation iden-
titaire forcée de l'Abyssinie, qu'elle espérait ainsi cons-
truire sa propre utopie, elle s'est transformée en son
propre enfer.

5.2.1   «La logique qui sous-tend ce trouble est l'»apo-
         logie du négatif».

La perturbation culturelle ethnique comme première étape pour imposer la mythologie négationniste était le credo politique du TPLF/EPRDF :

6.0 Comprendre les trois caractéristiques philosophiques de la guerre en Éthiopie :

La discussion sur le centralisme, le fédéralisme ethnique et la question du droit à l'autodétermination jusqu'au détachement/l'indépendance face à un État unilatéral à caractère chauvin de la : Une nation, une langue, une religion et un drapeau.

6.1 Les trois facteurs qui conduisent l'Éthiopie à l'abîme :

Lutte de pouvoir

Le pouvoir hégémonique-central
Les antagonismes et les conflits interethniques :
Un bref aperçu de la politique d'assimilation et du système de pouvoir qui s'est imposé dans les sociétés éthiopiennes. En outre, l'histoire et l'État éthiopiens se sont construits à travers des coups d'État et des contre-coups d'État. Il n'y a pas ou n'a pas encore eu de transfert pacifique du pouvoir dans l'empire éthiopien :

6.1.1 Chronique du coup d'État contre le coup d'État : lutte pour le pouvoir de l'Abyssinie et des Hautes Terres :

L'abîme diabolique d'Ulysse, avant d'atteindre l'Euro-pe promise. L'espoir utopique et les contes de fées pour mener une vie digne de l'homme ont fini dans l'au-de-là de l'abîme :

2.1 Les intérêts réciproques de la domination de la nature par l'Occident capitaliste et le vol et la corruption illimités des autochtones dans les pays dits en développement :

3 Héritage-ploutocratie ? Le déclin de l'imitation des idéologies :

4 Une utopie qui n'en est pas une : une illusion ?

Chapitre VI

1 Etat idéal) selon Platon : Politeia ?

1.1 eut-on reconnaître un État idéal lorsque la philo-sophie de l'État de Platon s'attache à des images méprisantes pour l'homme ?

Conclusion

Utopia disparue dans l'au-delà de l'incertitude

Corne de l'Afrique une utopie auto-justifiée dans au-delà de l'abîme destructeur :
L'imitation de l'idéologie de l'illusion s'est condamnée à se trahir elle-même et a été fatale à l'Afrique :

Préface

Ce travail est basé sur mes deux premiers livres «Inconscience dans le pouvoir et dialectique négative de la contrainte de la réglementation sociale et politique; étude de cas :

Éthiopie et Égypte» «L'identité nationale détruite et la désintégration de l'État-nation; -Exemple de cas : la Somalie».

Ce livre traite des États qui se sont transformés en cauchemars après l'indépendance dont les populations colonisées avaient rêvé après une promesse d'utopie. Tout le sang versé et les slogans révolutionnaires n'étaient rien d'autre que des promesses cyniques et de profondes déceptions. Les gens vivent une oppression, des mutilations et des expulsions qu'ils laissent juger par une classe élitiste qui a usurpé le pouvoir. Malheureusement, la révolution a été menée dès le début par les classes élitistes, et plus précisément par ceux qui avaient mené la révolution en tant qu'avant-gardistes. Ces personnes se sont présentées comme la nouvelle classe, avec les familles de laquelle elles se sont établies, et ont mené et mené à une oppression et une corruption démesurées, condamnant leur propre population à la pauvreté et à la faim.

Les classes élitistes qui ont fait du pouvoir leur propre propriété, qu'elles avaient acquis lors de la lutte de libération contre les colonisateurs, ont néanmoins hérité des idéologies erronées de ces derniers.

Leurs gouvernements ont appliqué avec humilité les programmes politiques imposés par les anciennes puissances coloniales, sans tenir compte des droits démocratiques de leurs propres populations.

Lorsque les ordres de l'Occident, notamment lorsqu'ils s'interrogeaient sur les droits de l'homme, étaient critiqués, ils changeaient de tendance de jeu pour se tourner vers l'idéologie stalinienne maoïste, plus précisément vers la Chine ou la Russie. Tout ce qui ne correspondait pas à leur norme et à leur raison de vivre culturelles traditionnelles et qui était étranger à leur propre idéologie eschatologique a été transféré dans les sociétés africaines comme une maladie incurable.

Ces idéologies ont créé la culture des hommes en Afrique en tant qu'êtres non identiques. Elle a néanmoins condamné la tradition morale des populations africaines dans la régression de l'inutilité comme archaïque. Les idéologies culturelles étrangères ont entraîné la dépendance de l'Occident et de la Russie, de la Chine en masse, et ont forcé toute forme de développement innovant et d'idées de la population à se castrer.

Ce résultat a conduit à un gouvernement corrompu sans fin et à une pauvreté sans fin, sans perspective et à une dépendance sans fin envers le bailleur de fonds international.

Le résultat qu'ils en tirent est la désintégration de l'État de droit. Cette forme d'idéologies étatiques, que l'Afrique a héritées des anciennes colonies du Nord, a évolué vers l'abîme total des apatrides.

Ce livre s'intéresse à trois pays, la Somalie, Djibouti et l'Éthiopie.

La Somalie est le prototype de la désintégration totale de l'État, un État qui n'a pratiquement plus d'État fonctionnel.

Djibouti est l'un des États les plus corrompus du globe, qui se trouve sous le pouvoir d'une famille.

L'Éthiopie a mené sa propre idéologie de l'éthiopianisme à l'abîme en refusant de tirer parti de la diversité culturelle des différentes nations de l'empire. Elle a durci un monopole hégémonique, avec une idéologie chauvine archaïque comme forme d'État et l'a laissée s'ancrer fermement.

Ankündigen meiner Dankbarkeit

Ich möchte mich bei Djama Set, der Familie meiner Frau Amina Djama Set, meiner Schwester Fozia und meinem Bruder Abdurizak Ahmed Hassen bedanken, die an mich geglaubt und mir finanzielle Hilfe geleistet haben.

Darüber hinaus möchte ich mich bei Caffee Belle Vue (Place Rochefort 1/Forest-Bruxelles) bedanken. Dort haben mich die Mitarbeiter und Kunden sowie Nedelcu Stefania Ionela, Emallahiv Mhamed, Mohamed Hamlili, Philippas Karagiannis, Hamama Heroiud, Gabarre Manuel, Kharraj Abderrhmane, Topjani Bashbim, Dany Lenoir und andere für all die Jahre, in denen ich das Buch verfasst habe, geduldet und aufmerksam gemacht. Auch meinem Sohn Joel Hassen, der mir einige Änderungen an meinem Buch mitgeteilt hat, möchte ich meinen Dank aussprechen.

EIN HERZ FÜR AUTOREN A HEART FOR AUTHORS À L'ÉCOUTE DES AUTEURS MIA KAPΔIA
HJÄRTA FÖR FÖRFATTARE UN CORAZÓN POR LOS AUTORES YAZARLARIMIZA GÖNÜL VE
UN CUORE PER AUTORI ET HJERTE FOR FORFATTERE EEN HART VOOR SCHRIJVERS TEMO
SZERZŐINKÉRT SERCE DLA AUTORÓW EIN HERZ FÜR AUTOREN A HEART FOR AUTHORS
CORAÇÃO BCEЙ ДУШОЙ К АВТОРАМ ETT HJÄRTA FÖR FÖRFATTARE Á LA ESCUCHA DE
AUTEURS MIA KAPΔIA ΓΙΑ ΣΥΓΓΡΑΦΕΙΣ UN CUORE PER AUTORI ET HJERTE FOR FORFAT
YAZARLARIMIZA GÖNÜL VE SZERZŐINKÉRT SERCE DLA AUTORÓW EIN
UN CUORE PER AUTORI CORAÇÃO BCEЙ ДУШОЙ К АВТОРАМ ETT H

Der Autor

Hassen Zakaria ist in Dire Dawa/
Äthiopien geboren, lebte in Djibouti
und besuchte dann die Schule in Dire
Dawa und in Addis Abeba/Äthiopien
(The English School, jetzt bekannt
als International School). Er emig-
rierte nach Deutschland und wurde
Deutscher Staatsbürger. Der Autor
machte sein Fachabitur für Landwirtschaft in Witzehausen. Sein Diplom für BWL hat
er an der Hochschule für Wirtschaft und Recht in
Berlin absolviert. Er hat die Fakultät der Soziologie
an der FU-Berlin in seinem zweiten Diplomgang
abgeschlossen. Abgesehen von den Veröffent-
lichungen zweier Bücher hat er viele politische
und sozialwissenschaftliche Essays in den sozialen
Medien veröffentlicht, diese sind meistens auf
Englisch erschienen.